模拟刑事诉讼教程

MO NI XING SHI SU SONG JIAO CHENG

梁旭红 ◎ 编著

中国政法大学出版社

2018·北京

图书在版编目（ＣＩＰ）数据

模拟刑事诉讼教程/梁旭红编著. —北京：中国政法大学出版社，2018.8
ISBN 978-7-5620-8517-1

Ⅰ.①模… Ⅱ.①梁… Ⅲ.①刑事诉讼法－中国－高等学校－教材 Ⅳ.①D925.2

中国版本图书馆CIP数据核字（2018）第200134号

出 版 者　　中国政法大学出版社

地　　址　　北京市海淀区西土城路 25 号

邮寄地址　　北京 100088 信箱 8034 分箱　邮编 100088

网　　址　　http://www.cuplpress.com（网络实名：中国政法大学出版社）

电　　话　　010-58908586（编辑部） 58908334（邮购部）

编辑邮箱　　zhengfadch@126.com

承　　印　　固安华明印业有限公司

开　　本　　720mm×960mm　1/16

印　　张　　17.75

字　　数　　290 千字

版　　次　　2018 年 8 月第 1 版

印　　次　　2018 年 8 月第 1 次印刷

定　　价　　56.00 元

出版说明

  北方民族大学法学院法学专业 2012 年被确定为宁夏回族自治区重点建设专业，2015 年被批准为宁夏回族自治区"十三五"重点建设专业，专业建设项目负责人为余成刚。为支持专业建设，自 2016 年开始，宁夏回族自治区教育厅按年度批准立项一批"十三五"重点建设专业（群）及子项目，其中，梁旭红负责子项目"角色模拟在诉讼法教学中的运用"，本书是子项目成果，由法学专业建设项目经费资助出版。

前　言 **PREFACE**

　　《刑事诉讼法》是我国的基本法律之一，其效力仅次于宪法，居国家三大诉讼法之首，与《刑法》共同承担追究犯罪、惩罚罪犯、保护无辜的任务。《刑事诉讼法》既是法学专业的必修课，也是一门实践性很强的程序法课程。在现有的教学计划、教材内容中，存在着课时少、内容多，理论多、实践少，知识点多杂、系统性差，教材前后内容缺乏衔接，程序法的特点不能完全体现等弊端。这些问题不但加大了该课程的教学难度，也影响了学生的学习兴趣。笔者在教学中不断探索，试过用启发、提问、讨论、案例等多种教学方式来激发学生的学习兴趣，效果均不够理想。自1998年至2018年的20年间，在借鉴模拟审判的基础上，逐步将整个刑事诉讼过程的三个阶段（侦查、起诉、审判）及五个基本诉讼程序（立案、侦查、起诉、辩护、审判）全部采取模拟的形式，作为课程的实践环节引入到刑事诉讼法教学中，取得了良好的效果。

　　本书在总结多年刑事诉讼法实践教学经验的基础上，按照立案、侦查、起诉、辩护、审判五大诉讼程序的逻辑排列，再以相关知识链接的方式把刑事诉讼中的基本制度、强制措施、证据等内容分别放在相关程序中介绍。这样既突出程序法的特点、又能将重要的知识点贯穿起来，也便于学生学习和接受，避免程序法内容零散、不易学习掌握的缺陷。同时，抓住程序法实践性强的特点，加入模拟诉讼的实践环节。增强理论与实践的结合度，提高学生的学习兴趣和实际操作能力。对刑事诉讼法教学方法的研究与探索，没有终点，没有最好，只有更好。希望本书能给从事法学教育的同行和法学专业的学生提供教学参考，共同促进诉讼法实践课教学方法的不断完善。

目 录 CONTENTS

第一章

模拟刑事诉讼概述

第一节　刑事诉讼的特征与功能

一、刑事诉讼的特征

诉讼是阶级社会特有的现象，是国家用来解决社会矛盾和纠纷的一种方式和手段。在原始社会里，人们之间的争端与纠纷，是由当事人自己按照传统习惯解决的，如同态复仇、决斗等比较野蛮的方式。所以，原始社会里没有诉讼。

在阶级社会里，诉讼是一种三方组合，是处于平等对抗地位、有纠纷的双方，向处于中立地位的裁判方（国家专门机关）告诉，并请求裁判方解决其纠纷的活动。现代社会，诉讼已成为国家司法活动的重要内容，国家的司法权通过诉讼活动得以实现，从而达到解决社会纠纷、实现法律正义的目的。没有国家和法律，就没有实施法律的诉讼。因而，诉讼是国家司法机关，在双方当事人及其他诉讼参与人的参加下，依据法定程序解决纠纷的活动。它包括民事诉讼、行政诉讼和刑事诉讼。刑事诉讼就是国家司法机关在当事人及其他诉讼参与人的参加下，依照法定程序，解决被追诉者刑事责任问题的活动。其特征如下：

1. 刑事诉讼是法定的国家机关行使国家刑罚权的活动。国家的刑罚权，产生于抑制社会越轨行为、维护正常统治秩序的国家基本职能。刑事诉讼不单纯是寻求个体权益的救济，更是为了公正的处罚和有效的矫正，从而维护社会的正常秩序。刑事诉讼要解决的中心问题，是被告人的行为是否构成犯罪，应否处以刑罚，以及处以何种刑罚的问题。这一特征使它在诉讼形式及程序上与民事诉讼和行政诉讼相比有着重大区别，在奉行"以公诉为主，以自诉为辅"这一刑事追诉原则的前提下，刑事诉讼通常是"官诉民"，一般以国家为原告。

2. 在刑事诉讼中，国家权力的行使具有主动性、普遍性和深刻性的特点。所谓主动性，是指刑事诉讼实行国家追诉原则，通常采取国家侦查和国家公诉的方式主动发起，从而区别于民事和行政诉讼由相关的社会个体发动；所谓普遍性，是指在一般情况下，从案件侦查、起诉，到裁判、执行，都是国家权力行使的过程，而且在诉讼的每一阶段，都可能涉及国家权力的广泛使用；所谓深刻性，表现在国家权力的行使不是停留在诉讼的表面，而是深入其中，尤其表现在国家强制权力的使用，包括对犯罪嫌疑人、被告人的强制措施，如监视居住、拘留、逮捕等，对涉案物品的强制措施，如扣押、搜查、强制性检查等。可以说，国家权力尤其是国家强制权力的广泛使用，是刑事诉讼最重要的特征之一。因此，法律赋予执法和司法机关完成刑事诉讼任务所必需的权力。同时，也对执法和司法机关行使权力的范围，用程序法加以规范和限制，否则容易导致权力的滥用，损害诉讼中的个体权利，尤其是犯罪嫌疑人、被告人的合法权益，影响诉讼的公正性。

3. 刑事诉讼必须要有当事人参加。自古就有"两造具备，师听五辞"的说法，两造即双方当事人。当事人是诉讼的核心人物，没有当事人就没有诉讼。在刑事诉讼理论中，犯罪嫌疑人、被告人被称为"诉讼主体"，我国《刑事诉讼法》第 106 条第 2 项也规定，被害人、自诉人、犯罪嫌疑人、被告人、附带民事诉讼的原告人和被告人是刑事诉讼中的"当事人"。刑事诉讼不是司法机关单方面的行为，必须要有诉讼当事人，尤其是被告人、犯罪嫌疑人的参与。被告人、犯罪嫌疑人具有人身不可替代性，在刑事诉讼中被告人死亡，诉讼程序终结。为了保证犯罪追究程序的公正，刑事诉讼必须按照诉讼的原则，采用兼听各方意见、公开审判和辩护等诉讼制度，确保诉讼双方的主体地位和平等权利。

4. 刑事诉讼必须严格依照法定的程序进行。刑事诉讼以惩罚犯罪分子和保障无罪的人不受刑事追究为目的，不仅涉及国家的稳定和社会的秩序，而且关系公民人身、财产等重大权益，因此，司法机关权力界限的确定、当事人和其他诉讼参与人合法权利的保证，都需要法定程序的合理设定和严格执行。这就要求司法机关必须依照刑法规定，正确评断被告人行为的性质，同时要严格按照法律规定的程序实施司法行为和诉讼行为，以保证案件得到及时、正确的处理。当事人和其他诉讼参与人同样必须根据法律规定的权利和义务，采用法律规定的方式，遵照法律规定的手续进行诉讼活动。

二、刑事诉讼的功能

国家要剥夺任何人的自由、财产乃至生命，都必须经过正当的法律程序。"程序"在现代汉语词典中解释为：事情进行的先后次序，如工作程序、会议程序。在法哲学中，它是指按照人定的步骤、顺序和方式形成某一决定的过程。就程序而言可分为：立法程序、司法程序、行政程序、诉讼程序、非诉讼程序（如：调解、仲裁、公正）。国家通过立法对这种过程的规范和调整即形成专门的程序法。

法作为一种特定的社会规范，也有自己的功能，这就是对社会主体和社会关系所具有的调整、指引和保障的功能。即调整对一定主体有利的社会关系，以明确的方式指引一定主体的社会行为，以国家强制力保障一定主体的权益。法的功能是法所固有的功用和性能，是法的天然和内在属性，这对法律人来讲就意味着：一是充分尊重法的功能的本来面貌，而不能枉自增加、减少、改变甚至剥夺法的功能；二是善于发现、发掘和利用法的功能，使法具有的这种天然资源能够得以充分和有效的利用。从程序法的角度讲，刑事诉讼法有两个基本功能，即约束功能和保护功能。

约束功能是指通过法定的一整套顺序、阶段、步骤、方式等程序性规则，排除司法权在运行中的肆意与无序，限制司法机关及其人员的自由裁量权，防止其任意定罪，保证诉讼在规则范围内活动。刑事诉讼法首先强调未经正当的法律程序，法院不得对任何人定罪量刑；其次规定了非法证据排除、公诉案件举证责任承担、公诉条件法定等一系列限制侦查、公诉权力的具体规则。实质上就是对被告人所有不利的追诉活动都要受到严格的程序限制。程序对权力运行的过程、方式、范围进行规制，使权力自身围绕着既定的轨道运行，从而压缩权力恣意运行的空间。因此，以程序约束权力是依法治国、建设法治国家的主要手段和目的，程序已被视为实现"有节度的自由、有组织的民主、有保障的人权、有制约的权威、有进取的保守这样一种社会状态的最重要的基石"。[1]在法治社会进程中，程序的约束功能尤为重要。

---

〔1〕 季卫东：《法治秩序的建构》，中国政法大学出版社1999年版，第11页。

保护功能是指通过法定的一整套顺序、阶段、步骤、方式等程序性规则，为当事人尤其是犯罪嫌疑人、被告人在整个诉讼过程中提供平等参与的机会，使其合法利益得到同等的尊重。这是正当法律程序的必然要求和体现，刑事诉讼法一方面赋予犯罪嫌疑人、被告人辩护、回避、法庭质证与陈述、上诉等一系列程序性权利；另一方面通过程序规则、制度规范对侦查权、公诉权、审判权加以限制，防止司法权的滥用。从而保障犯罪嫌疑人、被告人在刑事诉讼中获得与控诉方平等参与的机会和对等权利，保障无辜者不被追究，保障人权不被践踏。

刑事诉讼法是我国三大程序法之一，按照刑事诉讼法的规定，一个刑事公诉案件通常要经过三个阶段、五个程序，才能最终将罪犯绳之以法。三个阶段即侦查阶段（公安机关）、起诉阶段（人民检察院）和审判阶段（人民法院）；五个程序即立案程序、侦查程序、起诉程序、辩护程序和审判程序。在追究犯罪、惩罚犯罪、保护无辜的过程中刑事诉讼法与刑法发挥着同等重要的作用。正如我国刑事诉讼法学理论的创建人夏勤教授在《刑事诉讼法要论》一书中所言"法有实体程序之分，实体法犹车也，程序法犹轮也。轮无车则无依，车无轮则不行，故国家贵有实体法，尤贵有程序法……"[1]

第二节　模拟刑事诉讼的基本内容

在提倡素质教育与能力培养的今天，实践教学和理论教学都是我们施教者必须重视的内容。尤其是像刑事诉讼法这类实践性较强的法学学科，实践教学是绝对不能忽略的。2009年3月，教育部明确规定，在大学本科教育中，要有不少于1年的实践时间。这就为我们大学本科教育提出了新的要求，也使实践教学有了时间保证。模拟刑事诉讼就是一种将法学理论与实际相结合的教学方法，也是培养学生实际操作能力的实践性教学环节。

一、模拟刑事诉讼的形成

在高等法学院校的法学教学中，刑事诉讼法是一门实践性很强的法学专业核心课程。单凭课堂讲授，学生对什么行为是犯罪，犯罪行为应如何处罚

---

〔1〕 夏勤：《刑事诉讼法要论》，中国政法大学出版社2012年版，第21页。

的实体内容比较容易掌握，也较感兴趣，而对追究刑事犯罪所用的方式和手段等程序内容却不够重视。一是程序法比较枯燥，二是实践性强。完全用课堂讲授的教学方法，就如纸上谈兵。比如，学生对开庭审理的概念及法律规定能背得相当熟练，但具体对该怎么开庭以及如何审理，就很难把握了，若不经过实际操作和演练，学生难以真正理解。这就决定了刑事诉讼法课程必须联系实际，才能让学生真正掌握这门法律学科的内容。因此，如何将实践环节引人刑事诉讼法的课堂教学中，就成了教师应探讨和研究的问题。国内一些法学院系，传统的做法是采用"模拟审判"的方式，配合诉讼法教学，这种方式一是局限性大，二是比较机械。学生只能将现成的案卷材料背下来，然后机械地将审判程序中的开庭审理阶段演示一遍。显然，这种方式忽略了刑事诉讼中的其他主要程序，如立案程序、侦查程序、公诉程序等，至于案卷材料从何而来又如何制作，案件怎样从侦查机关移送到公诉机关再到审判机关，更是不明确。为了让学生能较全面地掌握刑事诉讼的全过程，笔者探索将"模拟"的形式，运用到整个刑事诉讼程序中，经过多年的不断实践和总结，形成了一套比较实用的模拟刑事诉讼教学方法。

二、模拟刑事诉讼的含义与特点

模拟刑事诉讼是教师在讲授完刑事诉讼法的基本理论和基本程序后，把真实案例作为报案材料交给学生，指导学生按照法律规定，从立案、侦查、起诉到审判，完全模仿公检法三机关人员，让一起刑事案件的全部诉讼过程再现的教学方式。这种教学方法，不但解决了诉讼法课程实践性强的教学难题，而且提高了学生的学习兴趣，也培养了学生解决实际问题的能力，取得了良好的教学效果。多年的教学实践证明，模拟刑事诉讼教学方法具有以下几个方面的特征：

1. 模拟刑事诉讼具有很好的弥补性。模拟刑事诉讼改变了过去单纯的课堂讲授模式，使理论教学与实际操作同步进行。首先，它弥补了诉讼法内容枯燥的缺陷，激起了学生的学习热情。模拟诉讼教学法要求学生制作模拟侦查卷，卷中的各种法律文书，就是将诉讼理论、法律条文和实际案例相结合的过程。为了制作一份有理有据的法律文书，学生不但要翻阅大量的资料还要亲自到实践部门中进行咨询，学习的主动性和积极性大大提高了。其次，弥补了"模拟审判"的单一性，模拟审判只是将开庭审理的过程由学生演示一遍，而整个诉讼程序中的其他阶段都无法操作和体验，学生只知其然而不知其所以然。模拟刑事诉讼的运用不但使学生熟悉了立案、侦查、起诉程序，而且巩固和加深了诉讼理论知识，也熟悉了相关法律规定。

2. 模拟刑事诉讼具有较强的情景性。模拟刑事诉讼要求学生在学习基本理论和程序的基础上，将整个诉讼程序亲自操作一遍，也就是让学生自己充当侦查人员、审判员、公诉人、辩护人或被告人。扮演诉讼参与人的角色，本身也就是实践的过程。模拟诉讼教学方法要求每个学生自愿充任一个角色，为了扮演好各自的角色，亲自体验做审判长、公诉人、辩护人乃至被告人、证人的感受，学生们会积极开动脑筋，认真分析案情，寻找法律依据和理论根据，甚至思考每个角色的神态举止和语言特点，学生从担任角色到进入角色，其参与的积极性和主动性可得到最大限度的发挥。

3. 模拟刑事诉讼能促使学生发现、思考问题。模拟刑事诉讼让学生从编制卷宗、制作诉讼文书、案件起诉直到审判，每一个诉讼阶段应当完成哪些任务都要考虑到，每个诉讼程序之间的相互衔接，都需要按法律规定亲自操作。对于其中涉及的知识和遇到的问题，有的在课堂上讲过，有的在实践中才能发现。比如，送达是诉讼程序中由司法机关实施的一项诉讼行为，法律只规定了送达的概念与方式，司法机关如何履行送达行为？再比如，在开庭时被告人认为辩护人辩护不利，当庭拒绝其辩护时，合议庭该怎么处理？这些都是实际问题，也都是学生经过模拟诉讼后提出来的。模拟诉讼促使学生提出问题、思考问题，而这类实际问题的提出，对我们的教学也是一个促进，在课堂教学中，把诸如此类的问题，增加到有关章节中讲授，使教学内容更加充实、生动。

4. 模拟刑事诉讼具有易操作性。模拟教学具有较完整的操作步骤，教师只要按操作步骤精心组织，适当指导，学生就能很好地掌握内容。此外，模拟教学是以诉讼法为基本准则，只要教师在讲授完诉讼法的基本理论和程序后，再进行模拟，学生就更容易操作。

三、模拟刑事诉讼的基本内容

1. 选择真实案例。这是进行模拟的前提，需要教师认真筛选，一般要求案例有代表性或有些争议即可。必要时教师也可在案例中增加一些情节或证据，然后以报案材料的形式交给模拟侦查组的学生。

2. 成立模拟组。这是进行模拟的必要步骤，要在学生自愿报名的基础上，按学生的兴趣和特长分成模拟侦查组、模拟公诉组、模拟辩护组和模拟审判组，形成一个模拟诉讼组。

3. 制作模拟侦查卷。侦查卷是记载被告人犯罪经过和犯罪证据的原始材料，检察机关正是依据侦查卷中认定的主要犯罪事实和犯罪证据，按照法律规定对被告人提起公诉的。因此，侦查卷是提公诉的基础，当然也是进行模拟的基本保证。模拟诉讼组成立后，由侦查组的同学依据案例中的事实，按照立案、侦查程序中所需要的各种材料，如报案记录、立案报告、迅问笔录、各种证据材料等收集、整理、制作出来，而后将这些材料按照一定顺序编号装订，形成模拟侦查卷，并移交模拟公诉组。

4. 模拟公诉。模拟公诉组收到侦查组移交的侦查卷后，按照法律规定认真审查卷宗材料及相关证据，进一步核实犯罪事实，认为符合起诉条件的，应当制作起诉书连同全部案卷材料移送给模拟审判组。

5. 模拟审判。开模拟审判庭是模拟刑事诉讼的关键，模拟审判组接到模拟公诉组的起诉书后，应当按照法定程序确定开庭时间，并在开庭前 3 天张贴公告，公布开庭审判的时间、地点及案由。在开庭前，教师最好组织学生到法院进行旁听，增加学生对开庭程序的感性认识，然后再开庭。

四、模拟刑事诉讼应具备的条件

模拟刑事诉讼可以因地制宜，根据各学校的实际情况，只要具备基本条件即可。经济条件一般的学校，只要教室一间，国徽一枚，各种身份牌若干枚，桌椅若干套就可以了；经济条件好的学校，可以建立专门的模拟诉讼教室，配备电脑、投影仪、电脑控制的幻灯机；购置法官袍、检察官服、警官服、律师袍以及审判桌椅、旁听席位等。在课时安排上，一般一个模拟诉讼组在开庭时占用 2 课时，其他模拟诉讼阶段的工作都在课余时间完成。

第三节　模拟刑事诉讼角色的范围及职业要求

模拟刑事诉讼角色是我们进行模拟诉讼的内在要求。它源于"角色扮演"的心理学术语，"角色扮演"最早见于心理学家莫雷诺（J. D. Moreno）创设的心理剧。之后，角色扮演成为教学上的重要技术和方法。有学者认为，角色扮演作为一种教学方法和手段，能让充满好奇与想象力的学生有机会在各种可大可小、有时现实有时虚拟、表演性的或非表演性的、发生过的或从未发生过的情境中释放热情。因此，灵活运用角色扮演的方法，充分利用案件资源，培养法科学生的法律逻辑思维和职业道德素养，激发学生的学习积极性是我们的教学目标。模拟刑事诉讼角色就是以学生为中心，本着自愿和发挥特长的原则，让学生扮演刑事诉讼中的不同角色，通过阅读背景资料，感受角色的内心想法，并在设定的场景、情节中给学生以实际锻炼的机会。在模拟刑事诉讼角色中学生通过扮演的角色领悟相关法学理论知识，让法律知识变得生动具体。同时，在进入角色后体验社会现实，学生们会从中获得职业认同、专业认同和自我认同，提升学习法律专业知识的兴趣。

在刑事诉讼中，学生主要模拟的角色包括：法官（审判员）、检察官（公诉人）、警官（侦查员）、辩护人、被告人。从专业角度讲，除被告人以外每个角色都有各自的职业要求。

一、法官

我国历代对法官的称呼都不相同，传说最早的法官是尧舜时代的皋陶，旧中国法官被称为推事、法曹。新中国成立后，为强调司法的民主性而使用了审判员的概念。1995 年颁布的《法官法》正式确认了法官的名称，根据《法官法》第 2 条，法官是依法行使国家审判权的审判人员，包括各级法院院长、副院长、审判委员会委员、庭长、副庭长、审判员和助理审判员。审判权是对案件事实和适用法律的判断权和裁决权，具有亲历性、中立性、程序性等特点，以司法公正为首要价值目标。法官是审判权的行使者，承担着公平正义守护者的角色，应当具备较高的法律素养，具有较丰富的社会经验，并受到更严格的司法责任制和职业道德的约束。主要体现在：

1. 法官任职要求。如果说法院是法律帝国的宫殿，那么法官是法律帝国的王侯。在文明社会、法治国家中法官的社会地位之高，身份之尊贵是不言而喻的。同样，在中国社会主义法治进程中法官所起的作用也可想而知。然而，要想成为紧跟时代步伐的积极进取型法官，成为让人民群众信任的平民型法官，成为有效化解矛盾纠纷的务实型法官，成为推进社会主义法治进程的思想开放型法官，就要求法官必须具有强大的职业担当精神和忠诚履行职责的能力。因而国家设立的法官入职门槛很高，初任法官必须经过国家公务员考试和法律职业资格（司法）考试，具有相应的法律工作经历，并经过较长时间的任前培训。

2. 法官履职要求。法律是神圣的，法官职业亦是神圣的。神圣的使命与矛盾纠纷日益复杂的社会形势，要求法官要有良好的职业道德、维护法律权威的信念、化解矛盾纠纷的能力，最终树立法官公正的形象。法律对于群众来说是比较抽象的，他们对于法律的感知主要是从自己或亲朋好友的官司中获得的。因此，法官办案时的一言一行所体现出来的形象显得格外重要，维护法律的良好形象也就成了法官职责中应有之义。这就要求法官在司法过程中时刻把自己当成是折射中国法治建设的一面镜子，让法律在自己的工作与生活中得到展现，让群众从自己的官司中感受法治的阳光与法律的公正。根据中央的统一要求，法官员额将严格控制在中央政法专项编制的39%以内，入额法官要经过严格遴选。进入员额后，法官对其履行审判职责的行为承担责任，在职责范围内对办案质量终身负责。让能者审理，让审理者裁判，让裁判者负责。

3. 法官职业伦理要求。"任何人不能担任自己案件的法官"这是一条被普遍接受的体现程序正义理念的法官中立原则。一个人如果担任自己案件的法官，即使他作出的裁判再公正，也不能令人诚服。正是这种职业特殊性的要求，决定了法官在审判案件的过程中，不仅要受诉讼法中回避制度的约束，还要受到严格职业伦理的限制。根据最高人民法院《关于审判人员在诉讼活动中执行回避制度若干问题的规定》，法官离任2年内不得以律师身份担任诉讼代理人或辩护人，终身不得在原任职法院担任诉讼代理人或辩护人；法官的配偶、子女在该法官任职法院辖区内从事律师职业的，应当实行任职回避。

4. 职业道德要求。法官职业道德，是法官在行使审判权、履行审判职能的过程中或者从事与之相关的活动时，应当遵守的行为规范的总称。法官职业道德是评价法官职业行为的善恶、荣辱的标准，对法官具有特殊的约束力，法官具有良好的职业道德，对于确保司法公正、维护国家法治尊严至关重要。依据最高人民法院发布的《中华人民共和国法官职业道德基本准则》，从以下五个方面对法官的职业道德作了全面具体的规定。①忠诚司法事业。坚持和维护中国特色社会主义司法制度，认真贯彻落实依法治国基本方略，尊崇和信仰法律，模范遵守法律，严格执行法律，自觉维护法律的权威和尊严。热爱司法事业，珍惜法官荣誉，坚持职业操守，恪守法官良知，牢固树立司法核心价值观，以维护社会公平正义为己任，认真履行法官职责。维护国家利益，遵守政治纪律，保守国家秘密和审判工作秘密，不从事或参与有损国家利益和司法权威的活动，不发表有损国家利益和司法权威的言论。②保证司法公正。保证司法公正是司法工作的本质特征和生命线，法官在履行职责时，应当切实做到实体公正和程序公正，并通过自己在法庭内外的言行体现出公正，避免公众对司法公正产生合理的怀疑。③确保司法廉洁。确保司法廉洁是指法官应保持在物质利益和精神生活方面的纯洁与清廉，合理地处理公职与私利之间的关系，正确对待外部的不当利益，不得直接或者间接地利用职务和地位谋取任何不当利益。④坚持司法为民。牢固树立以人为本、司法为民的理念，强化群众观念，重视群众诉求，关注群众感受，自觉维护人民群众的合法权益。注重发挥司法的能动作用，积极寻求有利于案结事了的纠纷解决办法，努力实现法律效果与社会效果的统一。认真执行司法便民规定，努力为当事人和其他诉讼参与人提供必要的诉讼便利，尽可能降低其诉讼成本。尊重当事人和其他诉讼参与人的人格尊严，避免盛气凌人、"冷硬横推"等不良作风；尊重律师，依法保障律师参与诉讼活动的权利。⑤维护司法形象。坚持学习，精研业务，忠于职守，秉公办案，惩恶扬善，弘扬正义，保持昂扬的精神状态和良好的职业操守。坚持文明司法，遵守司法礼仪，在履行职责过程中行为规范、着装得体、语言文明、态度平和，保持良好的职业修养和司法作风。加强自身修养，培育高尚道德操守和健康生活情趣，杜绝与法官职业形象不相称、与法官职业道德相违背的不良嗜好和行为，遵守社会公德和家庭美德，维护良好的个人声誉。法官退休后应当遵守国家相关规定，不利用自己的原有身份和便利条件过问、干预执法办案，避免因个人不当言行对法官职业形象造成不良影响。

二、检察官

根据《检察官法》第6条的规定，检察官是依法行使国家检察权的检察人员，包括最高人民检察院、地方各级人民检察院和军事检察院等专门人民检察院的检察长、副检察长、检察委员会委员、检察员和助理检察员。法律是一门艺术，在一个人能够获得对它的认识之前，需要长期的学习和实践，对于担负法律监督职责的检察官而言更是如此。尤其是在社会生活日益复杂的今天，法律日益丰富和精密，法律活动也日益专门化、职业化。因此，国家对检察官的从业资格和职责要求更高。

1. 检察官任职要求。初任检察官除了具有检察官法规定的基本任职条件外，必须经过国家公务员考试和法律职业资格考试，具有相应法律工作经历，并经过较长时间的任前培训。

2. 检察官履职要求。《检察官法》第6条规定了检察官的职责是：依法进行法律监督工作；代表国家进行公诉；法律规定的其他职责。一方面检察官肩负着法律监督的职责，对国家和社会来讲，检察官的行为是实现法律秩序，保证国家法律统一实施，保持社会稳定的一个重要的手段，检察官是国家的"护法人"；另一方面，检察官又是代表国家行使追诉权的公诉人，检察官既肩负着追究犯罪的任务，又肩负保护个人权利，实现法律公正之责。首先，检察官必须严格遵守宪法和法律，以事实为根据，以法律为准绳，秉公执法，不得徇私枉法；其次，检察官在任何时候和任何情况下，对犯罪行为要严格按照法律的规定进行追究，既不能使犯罪者逃避法律的制裁，又不能让无罪的人受到错误的追究，应以维护国家利益、公共利益，维护自然人、法人和其他组织的合法权益为己任；最后，作为国家的护法人检察官在履行职责中必须清正廉明，忠于职守，遵守纪律，恪守职业道德，使每一个案件得到公正的处理。

3. 检察官职业伦理要求。《检察官法》明确规定，检察官之间有夫妻关系、直系血亲关系、三代以内旁系血亲以及近姻亲关系的，不得同时担任下列职务：①同一人民检察院的检察长、副检察长、检察委员会委员；②同一人民检察院的检察长、副检察长和检察员、助理检察员；③同一业务部门的检察员、助理检察员；④上下相邻两级人民检察院的检察长、副检察长。此外，检察官从人民检察院离任后2年内，不得以律师身份担任诉讼代理人或者辩护人；检察官从人民检察院离任后，不得担任原任职检察院办理案件的诉讼代理人或者辩护人；检察官的配偶、子女不得担任该检察官所任职检察院办理案件的诉讼代理人或者辩护人。

4. 检察官职业道德要求。依据《检察官职业道德基本准则》，检察官职业道德的基本要求有以下四方面。①忠诚：主要指检察官应当忠于党、忠于国家、忠于人民、忠于宪法和法律，牢固树立依法治国、执法为民、公平正义、服务大局、党的领导的社会主义法治理念，做中国特色社会主义事业的建设者、捍卫者和社会公平正义的守护者。②公正：主要指检察官应当树立忠于职守、秉公办案的观念，坚守惩恶扬善、伸张正义的良知，保持客观公正、维护人权的立场，养成正直善良、谦抑平和的品格，培育刚正不阿、严谨细致的作风；依法履行检察职责，不受行政机关、社会团体和个人的干涉，敢于监督，善于监督，不为金钱所诱惑，不为人情所动摇，不为权势所屈服。③清廉：主要指检察官应当以社会主义核心价值观为根本的职业价值取向，遵纪守法，严格自律，并教育近亲属或者其他关系密切的人员模范执行有关廉政规定，秉持清正廉洁的情操。不以权谋私，以案谋利，借办案插手经济纠纷。不利用职务便利或者检察官的身份、声誉及影响，为自己、家人或者他人谋取不正当利益；不从事、参与经商办企业、违法违规营利活动，以及其他可能有损检察官廉洁形象的商业、经营活动；不参加营利性或者可能借检察官影响力营利的社团组织。④文明：主要指检察官应当注重学习，精研法律，精通检察业务，培养良好的政治素质、业务素质和文化素养，增强法律监督能力和做群众工作的本领。弘扬人文精神，体现人文关怀；做到执法理念文明，执法行为文明，执法作风文明，执法语言文明。遵守各项检察礼仪规范，注重职业礼仪约束，仪表庄重、举止大方、态度公允、用语文明，保持良好的职业操守和风范，维护检察官的良好形象。不穿着检察正装、佩戴检察标识到营业性娱乐场所进行娱乐、休闲活动或者在公共场所饮酒，不参与赌博、色情、封建迷信活动。

三、侦查员

依据《中华人民共和国人民警察法》的规定，人民警察包括公安机关、国家安全机关、监狱、劳动教养管理机关的人民警察和人民法院、人民检察院的司法警察。公安机关的人民警察以其职能分为：刑事警察、巡逻察警、特种警察、交通警察、治安警察、户籍警察、缉毒警察、网络警察、外事警察、海警等。

刑事侦查员，即刑事警察（简称"刑警"），是本书中涉及和需要介绍的模拟角色之一。刑事侦查工作是公安工作的重要组成部分，刑事侦查部门是打击刑事犯罪的专职部门。在公安部设有刑事侦查局；在省级公安厅设有刑警总队；在地市级公安局（处）设有刑警支队；在县级公安局（分局）设有刑警大队。刑事警察负责侦破一般、重大、特大刑事案件；承担案件痕迹和物证提取、检验、鉴定。承担辖区内的禁毒、反黑、反恐工作；承担辖区内的经济犯罪侦查防范工作；承担涉外刑事案件、对外警务的联络和接洽。为侦查犯罪活动的需要，刑警可以依法执行拘留、搜查、逮捕或者其他强制措施。必要时，按照国家有关规定，可以优先使用机关、团体、企业事业组织和个人的交通工具、通信工具、场地和建筑物；为制止严重违法犯罪活动的需要，可以使用警械；遇有拒捕、暴乱、越狱、抢夺枪支或者其他暴力行为的紧急情况，可以使用武器。

1. 侦查员任职要求。担任刑事警察应当具备下列条件：①年满18岁的公民；②拥护中华人民共和国宪法；③有良好的政治、业务素质和良好的品行；④身体健康；⑤具有大专以上学历；⑥自愿从事警察工作。此外还必须按照国家规定，要通过公安专业知识考试以及体能、心理素质测评及考核。但是，曾因犯罪受过刑事处罚或被开除公职的不得担任人民警察。

2. 侦查员履职要求。刑事侦查人员负有查明案件类别和性质、决定何时进入刑事诉讼阶段、收集证据材料、抓获或控制犯罪嫌疑人、追缴赃款赃物、保障无罪的人不受刑事追究、保障证人、被害人安全、决定案件是否移交检察机关、预防犯罪等职责。依法行使：立案权；调查询问权；刑事鉴定申请权；刑事鉴定权；执行刑事强制措施权；讯问犯罪嫌疑人权；现场勘验、检查权；执行搜查权；执行扣押物品权；执行通缉权；组织辨认权；执行技术侦察权；决定移交案件权；中止侦查活动建议权；撤销案件建议权；合法使用警械、武器权；侦查实验权等侦查权。

3. 侦查员职业伦理要求。人民警察在办理刑事案件过程中的回避，适用《刑事诉讼法》的规定。

4. 侦查员职业道德要求。依据《人民警察法》，刑事警察应当按以下道德标准要求自己。①忠于职守：刑警工作任务繁重，责任重大，程序严格，需要认认真真的工作态度，勤勤恳恳的敬业精神，始终把维护国家安全，维护社会治安秩序，保护公民的人身安全、人身自由和合法财产，保护公共财产，预防、制止和惩治违法犯罪活动的责任装在心中。②严格执法：以宪法和法律为活动准则，不徇私情，不畏权势。杜绝弄虚作假，隐瞒案情，包庇、纵容违法犯罪行为；严禁刑讯逼供或者体罚、虐待人犯，做到不枉不纵。③清正廉洁：艰苦奋斗，克己奉公，防腐拒贿。身为执法者接受当事人及其代理人的请客送礼，从事营利性的经营活动或者受雇于任何个人或者组织，甚至敲诈勒索或者索取、收受贿赂，这些不清不廉的行为就是腐败，必须坚决杜绝。④严守纪律：服从命令，遵守制度，保守机密。强调服从，这是人民警察法规定的，是军事化管理所必须的，也是党的组织纪律的要求。刑警是管人管事的，如果自己不严守纪律，约束自己，随意泄露国家秘密和警务工作秘密。就不能严格执法、约束他人，履行好职责。⑤公正文明执法：2016年5月中央深改组审议通过《关于深化公安执法规范化建设的意见》，强调要深化公安执法规范化建设，保障执法质量和执法公信力不断提高，做到从接警、传唤到立案、强制措施、调查取证等执法全程每一个环节的权力运行都必须有章可循、有法可依，尽可能限缩警察在执法时自由裁量权的使用范围，并指引警察在必要的情境中能遵循比例原则而合理使用自由裁量权，从而减少因无章可循造成的客观失误，杜绝因个人情绪或私利导致的主观任意。"努力让人民群众在每一项执法活动、每一起案件办理中都能感受到社会公平正义。"

四、辩护人

在刑事诉讼中，辩护人是指接受犯罪嫌疑人、被告人委托或者法律援助机构指派，帮助犯罪嫌疑人、被告人行使辩护权，以维护其合法权益的人。辩护人与被告人同为辩护一方，依法执行辩护职能，与控诉职能、审判职能交织，共同推进刑事诉讼进程。

（一）辩护人的诉讼地位

①辩护人参加诉讼、进行辩护的权利源自犯罪嫌疑人、被告人的委托或法律援助机构的指派。辩护人参加刑事诉讼的决定权，通常是基于犯罪嫌疑人、被告人委托，一旦犯罪嫌疑人、被告人拒绝其辩护，辩护人即失去辩护资格，必须退出刑事程序。②辩护人与犯罪嫌疑人、被告人是刑事诉讼辩护职能的承担者，与控方主张相对立。辩护人执行着辩护职能，在一定程度上能影响审判进程和结果，然而辩护人与案件的最终处理结果无法律上的利害关系，这是辩护人与被告人之间最大的区别。③辩护人参加诉讼的宗旨是协助犯罪嫌疑人、被告人行使辩护权，依据事实和法律维护犯罪嫌疑人、被告人的合法权益而非全部利益。不能为了迎合犯罪嫌疑人、被告人而作悖离事实、曲解法律的辩护，如果发现犯罪嫌疑人、被告人不如实陈述案情，应说服其改正。犯罪嫌疑人、被告人坚持不改的，辩护人有权拒绝继续辩护，解除委托。④辩护人是具有独立诉讼地位，不附属于犯罪嫌疑人、被告人的诉讼参与人。辩护人独立于犯罪嫌疑人、被告人意志以外，以自己的意志开展辩护活动。在诉讼中，辩护人根据自己对法律的理解，对犯罪嫌疑人、被告人被指控事实的把握，斟酌辩护方式、理由和意见，而不能完全附和犯罪嫌疑人、被告人的意见，受犯罪嫌疑人、被告人无理要求的影响，成为犯罪嫌

疑人、被告人的"代言人"。

（二）辩护人的范围

根据《刑事诉讼法》第 32 条的规定，下列人员可以担任辩护人。①律师。取得律师执业证书的社会法律服务者。但国家机关现职人员；担任人大常委成员期间；曾任法官、检察官的律师，离任后 2 年内不得担任辩护人。②人民团体或犯罪嫌疑人、被告人所在单位推荐的人。"人民团体"指工会、妇联、青年团、学联等群性团体。③犯罪嫌疑人、被告人的监护人、亲友。"监护人"仅指嫌疑人、被告人是未成年人或精神病人。"亲友"：指除上述人以外的所有嫌疑人、被告人的亲友都可成为其辩护人。但是下列人员不能担任辩护人：①正在被执行刑罚或者处于缓刑、假释考验期间的人；②依法被剥夺、限制人身自由的人；③无行为能力或者限制行为能力的人；④人民法院、人民检察院、公安机关、国家安全机关、监狱的现职人员；⑤人民陪审员；⑥与本案审理结果有利害关系的人；⑦外国人或者无国籍人；⑧审判人员和人民法院其他工作人员从人民法院离任后 2 年内，不得以律师身份担任辩护人；审判人员和人民法院其他工作人员从人民法院离任后，不得担任原任职法院所审理案件的辩护人，但作为被告人的监护人、近亲属进行辩护的除外；⑨审判人员和人民法院其他工作人员的配偶、子女或者父母不得担任其任职法院所审理案件的辩护人，但作为被告人的监护人、近亲属进行辩护的除外。

人民法院、人民检察院、公安机关、国家安全机关、监狱的现职人员；人民陪审员；与本案审理结果有利害关系的人；外国人或者无国籍人，如果是被告人的监护人、近亲属，由被告人委托担任辩护人的，可以准许。

（三）辩护人的权利、义务

1. 辩护人享有下列权利。①职务保障权。辩护人依法履行辩护职责，受国家法律保护。辩护人有权根据事实和法律独立地进行辩护，不受任何机关、团体和个人的非法限制和干涉。②阅卷权。辩护律师自人民检察院对案件审查起诉之日起，有权查阅、摘抄、复制本案的诉讼文书、技术性鉴定材料；其他辩护人经人民检察院许可，也可以查阅、摘抄、复制上述材料。辩护律师自人民法院受理案件之日起，可以查阅、摘抄、复制本案所指控的犯罪事实的材料；其他辩护人经人民法院许可，也可以查阅、摘抄、复制上述材料。③会见权和通信权。辩护律师可以同在押的犯罪嫌疑人、被告人会见和通信。其他辩护人经人民法院、人民检察院许可，也可以同在押的犯罪嫌疑人、被告人会见和通信。辩护律师持律师执业证书、律师事务所证明和委托书或者法律援助公函要求会见在押的犯罪嫌疑人、被告人的，看守所应当及时安排会见，至迟不得超过48小时。危害国家安全犯罪、恐怖活动犯罪、特别重大贿赂犯罪案件，在侦查期间辩护律师会见在押的犯罪嫌疑人，应当经侦查机关许可。上述案件，侦查机关应当事先通知看守所。辩护律师会见犯罪嫌疑人、被告人时不被监听。④阅卷权。辩护律师自人民检察院对案件审查起诉之日起，可以查阅、摘抄、复制本案的案卷材料。其他辩护人经人民法院、人民检察院许可，也可以查阅、摘抄、复制上述材料。⑤调查取证权。辩护律师经证人或者其他单位、个人同意，可以向他们收集与本案有关的材料，如果证人或者有关单位、个人不同意，辩护律师可以申请人民法院收集、调取，或者申请通知证人出庭作证，人民法院认为确有必要的，应当同意；辩护律师申请向被害人及其近亲属、被害人提供的证人收集与本案有关的材料，人民法院认为确有必要的，应当签发准许调查书。辩护律师直接申请人民法院向证人或者有关单位、个人收集、调取证据材料，人民法院认为确有收集、调取必要，且不宜或者不能由辩护律师收集、调取的，应当同意。人民法院收集、调取证据材料时，辩护律师可以在场。⑥获得开庭通知的权利。人民法院在确定开庭日期时，应当考虑给辩护人留有准备出庭所需的时间；人民法院决定开庭后，辩护人有权在开庭3日以前获得法院的出庭通知书。⑦参加法庭调查、辩论权。在法庭调查阶段，辩护人经审判长许可，可以向被告人、证人、鉴定人发问；辩护人有权向法庭出示物证，让当事人辨认；有权提出新的证据；未到庭的证人证言、鉴定人的鉴定结论、勘验笔录和其他作为证据的文书当庭宣读后，辩护人可以提出自己的意见，并有进行质询的权利；在法庭审理中，辩护人有权申请新的证人到庭、调取新的物证、重新勘验或者鉴定。在法庭辩论阶段，辩护人可以对证据、案件事实、量刑等发表意见并可以同控方展开辩论。⑧保密权。辩护律师对在执业活动中知悉委托人的有关情况和信息，有权予以保密。但是，辩护律师在执业活动中知悉委托人或者其他人，准备或者正在实施危害国家安全、公共安全以及严重危害他人人身安全的犯罪的，应当及时告知司法机关。⑨拒绝辩护权。拒绝辩护是指律师接受委托后，因出现了法律规定的情形，拒绝继续担任被告人之辩护人的行为。我国律师法规定，律师接受委托后，无正当理由的，不得拒绝辩护或者代理。但有以下情形的，律师有权拒绝辩护：一是当事人的委托事项违法，二是委托人利用律师的服务从事违法活动，三是委托人隐瞒事实的。⑩其他权利。主要包括：辩护人在征得被告人的同意后，可以对第一审判决、裁定提起上诉；辩护人有权得到与其刑事辩护权有关的法律文书，如人民检察院的起诉书、抗诉书副本，人民法院的判决书、裁定书副本等。辩护律师向公安机关了解案件有关情况的，公安机关应当依法将犯罪嫌疑人涉嫌的罪名以及当时已查明的该罪的主要事实，犯罪嫌疑人被采取、变更、解除强制措施，延长侦查羁押期限等案件有关情况，告知接受委托或者指派的辩护律师。

2. 辩护人应当履行下列义务。①忠于职守的义务。辩护律师在接受委托或被指定担任辩护人以后，应当恪尽职守，为犯罪嫌疑人、被告人进行辩护，维护他们的合法权益，不能无故拖延，无正当理由不得拒绝辩护。②辩护人不得帮助犯罪嫌疑人、被告人隐藏、毁灭有罪、罪重证据，不得伪造无罪、罪轻证据或者帮助其串供；不得威胁、引诱证人改变真实证言或者作伪证。③辩护人不得违反规定会见法官、检察官。在诉讼中，辩护人不得向法官、检察官及其他有关工作人员请客送礼或行贿，也不得指使、诱导委托人及其亲友行贿。④辩护人有义务遵守诉讼纪律，如按照出庭通知中告知的时间、地点准时出席法庭进行辩护；在法庭上服从审判长的指挥；会见在押的犯罪嫌疑人、被告人时遵守看管场所的规定等。

（四）辩护人的责任

《刑事诉讼法》第35条规定："辩护人的责任是根据事实和法律，提出犯罪嫌疑人、被告人无罪、罪轻或者减轻、免除其刑事责任的材料和意见，维护犯罪嫌疑人、被告人的诉讼权利和其他合法权益。"依据此条规定辩护人应负有以下责任：

1. 对控方和法庭来讲，辩护人不承担举证责任。辩护人在刑事辩护中提出相关证据进行辩护，是行使诉讼权利而非履行诉讼义务。根据无罪推定原则，在刑事诉讼中，控方应当承担证明犯罪嫌疑人、被告人有罪的举证责任，而犯罪嫌疑人、被告人不承担证明犯罪嫌疑人、被告人无罪的举证责任。换言之，针对控诉方的指控，辩护人在不能提供相关证据反驳的情况下，依然可以为犯罪嫌疑人、被告人作无罪、罪轻或者减轻、免除其刑事责任的辩护，不承担举证不能的后果。

2. 对犯罪嫌疑人、被告人来讲，辩护人负有依法为其辩护的职责。辩护人不能曲解法律无视事实，强词夺理，应当根据事实和法律，提出犯罪嫌疑人、被告人无罪、罪轻或者减轻、免除其刑事责任的材料和意见。反驳对犯罪嫌疑人、被告人不正确的指控，帮助公安司法机关全面了解案情，正确适用法律，依法公正处理案件。

3. 辩护人在刑事诉讼中，不但要维护犯罪嫌疑人、被告人的实体权利，也要维护其诉讼权利，即程序性权利，维护程序性权利就应有程序性辩护。所谓程序性辩护是指以刑事程序法为依据，辩护人指出刑事办案人员在侦查、起诉或审判过程中严重违反有关程序法的规定，或者在办案过程中有严重侵犯嫌疑人、被告人基本权利的行为，从而否定某一证据的有效性或某一诉讼行为的有效性，将警察、检察官、法官的行为置于被审查的境地，阻却犯罪指控，从而维护被告人合法权益的辩护方法。程序性辩护有助于进一步强化刑事诉讼程序的地位，维护诉讼程序的尊严。程序性辩护对促进我国刑事司法制度的进一步法治化、文明化，对促进我国的人权制度发展和宪政建设都将起到积极的作用。程序性辩护的存在，使违反诉讼程序的行为、现象成为刑事辩护的对象，对于促进人们重视并遵守诉讼程序，无疑具有积极的意义。

4. 为犯罪嫌疑人、被告人提供其他法律帮助。辩护人应当解答犯罪嫌疑人、被告人提出的有关法律问题，代写有关诉讼文书，调取相关证据材料，调阅卷宗等。

（五）律师担任辩护人时应遵守的执业规范

依据《中华人民共和国律师法》和全国律协 2017 年制定的《律师办理刑事案件规范》及《律师执业行为规范（试行）》中的规定，律师接受刑事案件当事人委托，参与刑事诉讼应当做到：①拥护中国共产党领导、拥护社会主义法治；②诚实守信、勤勉尽责，依据事实和法律，维护当事人合法权益，维护法律正确实施，维护社会公平和正义；③接受委托后，应当在委托人委托的权限内开展执业活动，不得超越委托权限；④在辩护活动中，应当充分运用专业知识，在法律和事实的基础上尊重当事人意见，按照有利于当事人的原则开展工作，不得违背当事人的意愿提出不利于当事人的辩护意见；⑤遵守法庭纪律，遵守出庭时间、举证时限、提交法律文书期限及其他程序性规定；⑥担任刑事案件犯罪嫌疑人、被告人的辩护人，而同所的其他律师是该案件被害人的近亲属的应当主动提出回避，但委托人同意其代理或者继续承办的除外；⑦担任各级人民代表大会常务委员会组成人员的，任职期间不得从事诉讼代理或者辩护业务；⑧不得帮助犯罪嫌疑人、被告人隐匿、毁灭，伪造证据或者串供，不得威胁、引诱证人作伪证以及进行其他干扰司法机关诉讼活动的行为；⑨担任辩护人、代理人参加法庭审理，应当按照规定穿着律师出庭服装，佩戴律师出庭徽章，注重律师职业形象；⑩在法庭发言时应当举止庄重、大方，用词文明、得体。

五、被告人

陈瑞华教授曾言道："从本质上讲，对被告人的追诉是国家对一个孤立的个人发动的战争。在这场战争中，国家动用自己的全部资源、利用全体纳税人的钱来对一个公民采取追诉行为，相对于强大的国家机关，被告人则处于极其弱小的地位，因此，刑事诉讼的核心问题是关注被告人的保护问题。"[1]而被告人获得有效辩护，是对其最有利的保护，我国宪法规定："被告人有权获得辩护"。因此，辩护权是宪法和法律赋予犯罪嫌疑人、被告人的一项专属诉讼权利，它是针对指控而存在的，是被告人最基本、最核心的诉讼权利。辩护权也是国家民主和法制发展的产物，它的确立、发展和完善有着深厚的理论基础。

（一）辩护权的理论基础

1. 程序主体性理论。程序主体性理论的产生与发展主要是基于"尊重人的尊严"这一理念，它强调把人自身作为一种独立、自治的目的，而非被他人乃至社会用来实现某种外在目标的手段，强调人具有人格尊严，并在与他人交往中具有人格上的平等性和独立性。该理论为犯罪嫌疑人、被告人享有辩护权提供了强有力的理论支撑。程序主体性理论说明，在刑事诉讼中犯罪嫌疑人、被告人不能被当作客体予以对待，而是有尊严的主体，且主体间地位的平等性。不管是国家机关还是公民个人，在刑事诉讼过程中，权利义务平等，任何机关和个人不得超越法律之外，把自己的意志强加于他人。程序平等的一个基本要求就是程序参与各方可以互相交涉、辩论和说服，都可以对程序的结果施加相当的影响。犯罪嫌疑人、被告人的辩护权是体现其与司法机关享有平等地位的最重要的方面。由此可见，辩护权的存在是犯罪嫌疑人、被告人被视为程序主体的最低要求。

2. 无罪推定原则。无罪推定原则的精神实质是：刑事犯罪嫌疑人、被告人在未经法律规定的程序判决有罪之前，应当被假定为无罪之人。具体而言，

---

〔1〕 陈瑞华：《法律人的思维方式》，法律出版社 2011 年版，第 99 页。

对这一原则应作以下理解：其一，犯罪嫌疑人、被告人的罪行须经依法证明才能确定。因此在证明责任的分担上由追诉方承担举证责任，犯罪嫌疑人、被告人本身没有证明自己有罪或无罪的义务。如果追诉方提不出足够的证据，犯罪嫌疑人、被告人就会因为未被证实有罪而成为法律上无罪的人，无论他在事实上是否实施了犯罪。其二，只有根据法院作出的生效有罪裁判，才能对被告人量刑。无罪推定原则的一个重要功能，就是要让犯罪嫌疑人、被告人从传统的纠问式诉讼模式下的诉讼客体地位中解放出来，促进其诉讼主体地位的确立。主体意味着意思自治，辩护权作为犯罪嫌疑人、被告人享有的一项权利，其核心正在于意思表达的自由。由此看来，无罪推定原则是犯罪嫌疑人、被告人拥有辩护权的前提，即犯罪嫌疑人、被告人拥有辩护权是无罪推定待遇下的必然要求和结果。

3. 对立统一规律。对立统一规律是马克思主义唯物辩证法的三大规律之一，它认为世界上的一切现象和过程内部都包含着两个相互关联又相互排斥的方面，这两个方面既对立又统一，它们的对立和统一推动事物的运动和发展，因此应该采取矛盾分析的方法，全面、科学地观察事物和处理问题。刑事诉讼的任务首先在于查明案件事实，从这个角度说，它也属于一种认识活动，同样需要对立统一规律的指导。在刑事诉讼中要查明案件事实，就必须在控辩双方对抗的过程中求得实现。因此，赋予犯罪嫌疑人、被告人辩护权，就是靠对立的双方在陈述己方观点和理由，批驳对方的观点和理由的基础上，把案件事实全方位、多层次地展现在审判人员面前，不仅有利于案件真相的发现，也有利于提高法律适用的准确性，使裁判者作出正确的结论。

（二）辩护权的基本内容

辩护权是一项程序性权利，其主要内容包括以下几个方面。①陈述权。嫌疑人、被告人面对公安司法人员讯问时有权充分表达自己的意见，讯问人员应当给予其陈述的机会。②辩解权。嫌疑人、被告人面对公安司法人员讯问有权反驳和申辩。讯问人员应当给予其辩解的机会。③法律帮助权。在侦查阶段犯罪嫌疑人享有的权利，主要由辩护律师为犯罪嫌疑人提供法律帮助。包括：代理申诉、控告；申请变更强制措施；向侦查机关了解犯罪嫌疑人涉嫌的罪名和案件有关情况，提出书面意见。④发问权。刑事被告人享有的在庭审时可以对证人、鉴定人、翻译人员追问、询问的权利。⑤调取证据申请权。刑事被告人可以申请法院调取证据并申请法院传唤证人、鉴定人及请求与其他被告人对质的权利。⑥辩论权。刑事被告人享有的针对控诉方指控的犯罪事实、证据、法律及程序等问题进行辩论的权利。⑦委托辩护权。犯罪嫌疑人、被告人有权委托辩护人为自己提供法律帮助，代其进行辩护的权利。公安机关在第一次讯问犯罪嫌疑人或者对犯罪嫌疑人采取强制措施的时候，应当告知犯罪嫌疑人有权委托律师作为辩护人，并告知其如果因经济困难或者其他原因没有委托辩护律师的，可以向法律援助机构申请法律援助。在侦查期间，犯罪嫌疑人只能委托律师作为辩护人，在审查起诉期间，犯罪嫌疑人可以委托律师作为辩护人，也可以委托人民团体或者所在单位推荐的人以及监护人、亲友作为辩护人。⑧申请回避权。为了避免有回避原因的司法人员不回避而影响案件的公正处理，而赋予被告人回避申请权，以资补救。⑨申诉或者控告权。被告人认为公检法机关及其工作人员阻碍其依法行使诉讼权利的，有权向同级或者上一级检察院申诉或者控告。

（三）辩护权的行使

1. 犯罪嫌疑人、被告人自己行使辩护权。这是犯罪嫌疑人、被告人为自己进行的辩护。它贯穿于刑事诉讼整个过程中，无论是在侦查阶段、起诉阶段，还是在审判阶段，犯罪嫌疑人、被告人都可以为自己辩护，自己行使辩护权也是十分有效并经常被使用的辩护方式之一。

2. 委托他人行使辩护权。这是犯罪嫌疑人、被告人通过与法律允许的人签订委托合同，由他人代为行使辩护权。这里的他人可以是律师，也可以是法律规定的其他公民，一般应是知晓法律的人员。委托辩护更有利于犯罪嫌疑人、被告人充分行使辩护权，因此成为现代刑事诉讼中最为主要的一种辩护方式。

3. 法律援助机构指派律师行使辩护权。在刑事诉讼中遇有法律规定的特殊情况时，法律援助机构为没有委托辩护人的被告人指定律师为其行使辩护权。

（四）被告人的诉讼地位

被告人特殊的诉讼地位决定了对其诉讼权利保护的重要性，这也是程序法存在的价值之一。

1. 被告人是享有广泛诉讼权利的诉讼主体。刑事诉讼主体理论的核心应当是被告人诉讼地位的确定问题。一个刑事诉讼制度如果承认被告人的诉讼主体资格，就应当允许他们对追诉者和裁判者进行平等的对话和理性的交涉。能够直接对抗公诉机关的指控，并对裁判者的裁判施加积极、有效的影响。具体要看被告人在诉讼中有无基本的人格尊严；能否在涉及个人基本权益的事项上拥有影响力和选择性；能否积极、主动地决定自己的诉讼命运。

2. 被告人具有人身不可替代性，没有被告人就没有刑事诉讼。被告人死亡，刑事诉讼程序即告终结，被告人的口供是重要的证据来源。

在以审判为中心的刑事司法制度改革中，只有通过公正的刑事审判才能确保被告人辩护权的实现。

第四节 模拟刑事诉讼的操作规范

一、操作步骤

第一步：旁听审判实况。采取"请进来、走出去"的办法，组织学生到法院观摩、旁听。同时，观看庭审录像，增加学生对审判程序的感性认识，然后再进行模拟诉讼。

第二步：成立模拟诉讼组。这是模拟的必要步骤，具体做法是：按学生的兴趣和特长分别成立模拟诉讼侦查组、公诉组、辩护组和审判组，形成一个模拟诉讼组。每个模拟诉讼组一般需要 12~14 人，即侦查组 3 人，起诉组 2 人，辩护组 3 人（其中辩护 2 人，被告人 1~2 人），审判组 6 人（其中合议庭 3 人，书记员 1 人，法警 2 人）。一个班的学生能组成 3~4 个模拟诉讼组，每个人都能担任角色，人人都有机会参与模拟诉讼活动。

第三步：选择基本案情材料。这是进行模拟的前提，由教师筛选出典型且存有一定争议的真实案情，以案发材料的形式提供给学生，由模拟侦查组的学生从中选定一个，作为该组进行模拟诉讼的基本案情材料。

第四步：制作模拟侦查卷。侦查卷是记载案犯的犯罪经过和犯罪证据的原始材料，检察机关正是依据侦查卷中认定的主要犯罪事实和犯罪证据，按照法律规定对犯罪嫌疑人提起公诉的。因此，侦查卷是提起公诉的基础，也是进行模拟诉讼的基本保证。具体做法是，模拟诉讼侦查组的同学依据案情材料中的基本事实及相关信息，对案情进行研判，明确侦查手段和证据收据对象后，把所需要的立案报告表、立案决定书、拘留证、拘留通知书、提请批准逮捕书、逮捕证、起诉意见书、犯罪嫌疑人身份证明、前科材料、现场勘查记录和勘查图、现场照片、讯问笔录（按时间顺序排列）、犯罪嫌疑人亲笔供词、被害人陈述材料、报案材料、证人证言材料、扣押物品和文件清单、随案移交的物品和文件清单等收集、制作出来，再将这些材料按照一定顺序编号装订，形成模拟侦查卷。

第五步：模拟公诉。按照法定程序，侦查组将侦查卷宗连同证据一并移送给公诉组。公诉组进一步核实案情及材料，认为犯罪事实清楚、证据确实充分、犯罪嫌疑人确定的情况下，对犯罪嫌疑人提起公诉，并制作起诉书连同全部案卷材料向审判组移送。

第六步：开模拟审判庭。开模拟审判庭是进行模拟诉讼的关键。具体做法是：审判组接到公诉组移送来的起诉书后，先由合议庭审查，认为可以开庭时，通知辩护组与公诉组开庭审判的时间、地点及案由，并在开庭前3日张贴公告。开庭时担任审判员、公诉人及辩护人的同学都要着装，由担任审判长的同学主持整个法庭进程，要求完整地将开庭审理的每个阶段（包括：开庭、法庭调查、法庭辩论、被告人最后陈述、评议宣判），都要规范地演示出来。

第七步：教师点评。教师点评应当充分肯定学生表现的精彩之处，同时也需要诚恳地指出本次模拟中存在的问题以及需要改进的地方。用总体评价和个体评价的方式进行，点评的主要内容包括：各小组准备是否充分；庭审程序是否合法、规范；法律语言表达是否流畅；庭审言行举止是否得体；临场应变是否镇静自如；法律运用是否正确，说理是否透彻；法律文书制作是否规范；案件的争议焦点和关键是否把握准确等。

第八步：成绩评定。开模拟审判庭时，由教师和高年级学生代表，组成评审委员会（3人或5人），评委在旁听模拟审判的基础上，按照评分标准给每个参加模拟诉讼的学生打分。计算方法是：每位评委给出的分数相加后得出的平均分，就是该位学生的实践课成绩。

第九步：卷宗归档。卷宗归档是司法实务中的基本工作。无论侦查员、检察官、法官还是律师，在每一宗案件审结后都必须进行卷宗归档。因此，在模拟诉讼完成后，要求学生进行卷宗归档，可以培养学生良好的司法工作习惯。同时，要求学生将零乱的诉讼文书、庭审记录、证据材料等收集、整理起来，按照一定的规则、流程和顺序装订归档，不仅有利于教师发现、总结存在的问题，也为以后的教学积累了原始资料。

第十步：效果评价。在模拟刑事诉讼教学环节结束后，要求学生提交一份参加模拟刑事诉讼的总结。一是通过总结明确自己在学习中存在的不足及今后的努力方向，二是对模拟诉讼教学方法提出完善建议并给出评价意见，提高学生对专业学习的认可度。法学院 13 届学生徐建功在其总结中写道："参加完模拟诉讼感慨良多，一方面感叹其过程的艰辛，一方面高兴从中得到了锻炼，其中酸甜苦辣不能——尽述，总结出三点以记其事：第一，模拟诉讼的准备过程充满了欢笑与泪水。当老师把模拟诉讼案情材料发下来的时候，我们便开始狂沙淘金，为了更好地发挥控辩双方的能力，我们先对案例进行了讨论，接下来便是案件的侦查，重任直接落到了侦查组的肩上，由于侦查工作的庞大与繁琐，侦查组略显力不从心。公诉组与辩护组都在寻找证据使案件朝有利于自己的方向发展，于是公诉组与辩护组之间充满了浓浓的火药味，大家啊啊啊……挥手回望，其中的艰辛不足为外人道也！第二，从角色看自我定位。在李飞涉嫌故意杀人一案中，我担任李飞的辩护人，法学是我喜欢的专业，当一名律师是我一直的心愿。常常在宿舍里讨论，作为一个辩护人是很难与强大的国家公诉机关对抗的，但我有敢为天下先的决心和勇气，'为合法权利而斗争'是辩护人神圣的使命。对于这样一个涉嫌杀人的案件，不定罪是不可能的，但定何罪则具有不同的意义，思来想去，决定从故意伤害方面去辩护，我调取了大量的证据和事实，站在事实的基础上说话，重点从犯罪的主观方面进行了辩护，对故意杀人与故意伤害的犯罪构成进行详尽的分析，在主观和客观统一的基础上，发表了辩护意见，值得欣慰的是，合议庭采纳了我们的辩护意见。从参与模拟刑事诉讼实践中体会到，做一名律师难，做一名好律师更难，摆在我面前的是一条需要不断提高能力，艰辛而曲折的路，加油！第三，从模拟诉讼看团队精神。在模拟诉讼中，每位同学都充当一个角色，每个人都必须把自己这个角色做好，如果有一个人没有做好，其最终的结果都会影响大局。在我们组中，也出现了不合作的现象，个别同学集体荣誉感不强，没有意识到肩上的重担，从而影响了我们组模拟诉讼的进程。因此，在参与本次模拟诉讼的过程中，我充分意识到团队精神、整体协作的重要性，这对我们未来走向社会有一定的启示。我感谢这次模拟刑事诉讼，它会在我的大学生涯中留下难以磨灭的印迹！"

二、成绩评定

模拟刑事诉讼是《刑事诉讼法》课程的实践教学环节，按照法学院法学专业本科的培养方案，《刑事诉讼法》课程共安排了 64 学时的教学。其中理论讲授 48 学时，实践 16 学时，这 16 学时主要包括学生完成模拟侦查、起诉、辩护等前期准备时间和后期的旁听、开模拟审判庭的时间，模拟实践通常在开课学期的第 11~14 周进行，模拟实践成绩占《刑事诉讼法》课程期末总成绩的 30%。模拟成绩评定是刑事诉讼实践环节的关键也是难点。经过不断的探索和改进，形成了评分点量化、模拟角色明确化、成绩具体化的评分标准。这个评分标准根据刑事诉讼法的规定和学生担任的诉讼角色划分为 38 个评分点，基本实现了角色不同评分标准也不同的要求，使实践课成绩更趋合理。详见以下评分表：

表 1-1 模拟诉讼量化评分表（侦查组）

班级：　　　　　组别：　　　　　　案由：

评分标准（满分 100 分）	评　分		
1. 能依据程序法律规定开展侦查活动，收集相关证据 10 分；基本能依据程序法律规定开展侦查活动，收集相关证据 8 分；不能依据程序法律规定开展侦查活动，收集相关证据 5 分。	侦查员 1： 具体分工： 得　分：		
2. 对基本案情研判准确，待证对象明确，侦查手段得当，证据收据客观全面 25 分；对基本案情研判比较准确，待证对象比较明确，侦查手段比较得当，证据收据比较客观全面 20 分；对基本案情研判不够准确，待证对象不够明确，侦查手段不够得当，证据收据不够客观全面 10 分。	1.	2.	3.
	4.	5.	6.
	侦查员 2： 具体分工： 得　分：		
3. 能依据证据特征固定、保全相关证据，提交的证据材料与实物没有瑕疵 25 分；能依据证据特征固定、保全相关证据，提交的证据材料与实物基本没有瑕疵 20 分；不能依据证据特征固定、保全相关证据，提交的证据材料与实物存在瑕疵 10 分。	1.	2.	3.
	4.	5.	6.
	侦查员 3： 具体分工： 得　分：		
4. 法律文书制作规范，格式正确 10 分；法律文书制作比较规范 8 分；法律文书制作不规范 5 分。	1.	2.	3.
5. 卷宗材料规范、齐全，装订顺序正确 20 分；卷宗材料比较规范、齐全，装订顺序比较正确 15 分；卷宗材料不规范、不齐全，装订顺序不正确 10 分。	4.	5.	6.
6. 成员之间能团结协作积极配合 10 分；成员之间配合基本能团结协作积极配合 5 分；成员之间不能团结协作积极配合 0 分。			
评分人（签名）：	时间：　　年　月　日		

表1-2　模拟诉讼量化评分表（公诉组）

班级：　　　　　组别：　　　　　　　案由：

评分标准（满分100分）	评　分		
1. 能依据程序法律规定提起公诉15分；基本能依据程序法律规定提起公诉10分；不能依据程序法律规定提起公诉5分。 2. 指控犯罪事实清楚，定性准确，举证充分、有力20分；指控犯罪事实比较清楚，定性比较准确，举证比较充分、有力15分；指控犯罪事实不清，定性不准确，举证不够充分、有力10分。 3. 能围绕案件争议焦点陈述控方观点，析理释法清楚、透彻15分；基本能围绕案件争议焦点陈述控方观点，析理释法比较清楚、透彻10分；不能围绕案件争议焦点陈述控方观点，析理释法不够清楚、透彻5分。 4. 法律语言表达准确10分；法律语言表达比较准确8分；法律语言表达不准确，有错误5分。 5. 在法庭上情绪稳定，思维敏捷，应变自如10分；在法庭上情绪比较稳定，应变比较自如8分；在法庭上情绪不冷静，缺乏应变5分。 6. 法律文书制作规范，格式正确10分；法律文书制作比较规范8分；法律文书制作不规范5分。 7. 举止得体，着装整齐10分；举止比较得体，着装比较整齐5分；举止不得体，着装不够整齐0分。 8. 成员之间能团结协作积极配合10分；成员之间配合基本能团结协作积极配合5分；成员之间不能团结协作积极配合0分。	公诉人1： 得　分：		
	1.	2.	3.
	4.	5.	6.
	7.	8.	
	公诉人2： 得　分：		
	1.	2.	3.
	4.	5.	6.
	7.	8.	
评分人（签名）：	时间：　　年　月　日		

表1-3　模拟诉讼量化评分表（辩护组）

班级：　　　　　组别：　　　　　　　案由：

评分标准（满分100分）	评　分		
1. 辩护人能根据事实和法律，提出犯罪嫌疑人、被告人无罪或者免除其刑事责任的材料和意见20分；能根据事实和法律，提出犯罪嫌疑人、被告人罪轻或者减轻其刑事责任的材料和意见15分；不能根据事实和法律，提出减轻犯罪嫌疑人、被告人刑事责任的材料和意见的5分。	辩护人1： 得　分： |1|2|3|4| |5|6|7|		
2. 能围绕案件争议焦点陈述辩方观点，充分质证，析理释法清楚、透彻20分；基本能围绕案件争议焦点陈述辩方观点，积极质证，析理释法比较清楚、透彻15分；不能围绕案件争议焦点陈述辩方观点，不能积极质证，析理释法不够清楚、透彻5分。	辩护人2： 得　分： |1|2|3|4| |5|6|7|		
3. 法律语言表达准确15分；法律语言表达比较准确10分；法律语言表达不准确，有错误5分。 4. 在法庭上情绪稳定，思维敏捷，应变自如10分；在法庭上情绪比较稳定，应变比较自如8分；在法庭上情绪不冷静，缺乏应变5分。 5. 法律文书制作规范，格式正确15分；法律文书制作比较规范10分；法律文书制作不规范5分。 6. 举止得体，着装整齐10分；举止比较得体，着装比较整齐8分；举止不得体，着装不整齐0分。 7. 成员之间能团结协作积极配合10分；成员之间配合基本能团结协作积极配合5分；成员之间不能团结协作积极配合0分。	被告人： 得分（满分90分）： |①|②|③| ①语言表达贴近角色40分；②行为举止符合模拟身份30分；③能与辩护人共同履行辩护职责20分；		
评分人（签名）：	时间：　　　年　月　日		

表 1-4　模拟诉讼量化评分表（审判组）

班级：　　　　　组别：　　　　　案由：

评分标准（满分100分）	评　分			
1. 庭审程序合法、规范，引用法律正确，析理释法清楚 25 分；庭审程序比较规范，引用法律比较正确，析理释法比较清楚 20 分；庭审程序不规范，引用法律有误，析理释法不够清楚 15 分。 2. 庭审每个环节紧凑、有序 20 分；庭审每个环节比较紧凑、有序 15 分；庭审每个环节不够紧凑且无序 5 分。 3. 法律语言表达准确 10 分；法律语言表达比较准确 8 分；法律语言表达不准确，有错误 5 分。 4. 案件争议焦点总结合理、准确 15 分；案件争议焦点总结比较合理、准确 10 分；案件争议焦点总结不合理、不准确 5 分。 5. 法律文书制作规范 10 分；法律文书制作比较规范 8 分；法律文书制作不规范 5 分。 6. 庭审举止得体，着装整齐 10 分；庭审举止比较得体，着装比较整齐 5 分；庭审举止不得体，着装不整齐 0 分。 7. 成员之间能团结协作积极配合 10 分；成员之间配合基本能团结协作积极配合 5 分；成员之间不能团结协作积极配合 0 分。	审判长： 得　分：			
	1	2	3	4
	5	6	7	
	审判长： 得　分：			
	1	2	3	4
	5	6	7	
	审判员： 得分：			
	1	2	3	4
	5	6	7	
	书记员： 得　分（满分90分）：			
	①		②	③
	①宣读法庭纪律声音洪亮，表达清楚 30 分； ②法庭记录准确、完整、规范 40 分； ③庭审举止得体，着装整齐 20 分。			
评分人（签名）：	时间：　　年　月　日			

表1-5 模拟诉讼量化评分表（参与组）

班级：　　　　　　组别：　　　　　　案由：

评分标准（满分85分）	评　分		
一、证人 ①能依据程序法律规定出庭作证，能清楚表达所见事实50分；基本能依据程序法律规定出庭作证，能比较清楚表达所见事实45分；不能依据程序法律规定出庭作证，不能清楚表达所见事实40分； ②能积极配合相关模拟诉讼组工作35分；基本能积极配合相关模拟诉讼组工作30分；不能积极配合相关模拟诉讼组工作20分。 二、被害人 ①语言表达贴近角色40分；语言表达尚能贴近角色20分； ②行为举止符合模拟身份30分；行为举止尚能符合模拟身份20分； ③能协助公诉人履行控诉职责15分；尚能协助公诉人履行控诉职责10分。	公诉方		
	证人1：		
	证人2：		
	得分	1	2
	①	②	
	①	②	
	辩护方		
	证人1：		
	证人2：		
	得分	1	2
	①	②	
	①	②	
	被害人：		
	得　分：		
	①	②	③
三、诉讼代理人 ①能依法履行诉讼代理人职责，维护被害人的合法权利50分；基本能依法履行诉讼代理人职责，维护被害人的合法权利40分； ②法律语言表达准确35分；法律语言表达不够准确25分。 四、法警 ①警容整洁，值庭认真负责30分；警容较为整洁，值庭比较认真负责20分；警容不整，值庭不认真负责，行为不合规范10分； ②行为符合规范30分；行为较合规范20分；行为不合规范10分； ③能积极配合模拟诉讼组完成庭审工作25分；基本能配合模拟诉讼组完成庭审工作15分；不能配合模拟诉讼组完成庭审工作5分。	诉讼代理人：		
	得　分：		
	①	②	
	法警1：		
	得　分：		
	①	②	
	③		
	法警2：		
	得　分：		
	①	②	
	③		
评分人（签名）：	时间：　　年　月　日		

第二章

模拟刑事诉讼程序

第一节　立案程序

引导语：立案程序是刑事诉讼程序开始的标志，是每一个刑事案件必须经过的法定程序，也是决定刑事案件能否进入侦查、起诉和审判程序的关键，具有相对独立性。模拟这一程序，学生应当掌握和领会以下基本知识点。

一、立案的法律依据

《刑事诉讼法》第 107 条规定："公安机关发现犯罪事实或者犯罪嫌疑人，应当按照管辖范围，立案侦查。"第 112 条规定："对于自诉案件，被害人有权向人民法院直接起诉。被害人死亡或者丧失行为能力的，被害人的法定代理人、近亲属有权向人民法院起诉。人民法院应当依法受理。"可见，立案是国家法律赋予公安司法机关的一项专门职权，除此以外，其他任何机关、团体、企事业单位或个人都无权立案。刑事诉讼中的立案，是指公安机关、人民法院对于报案、控告、举报、自首等方面的材料，依照管辖范围进行审查，以判明是否确有犯罪事实存在和应否追究刑事责任，并依法决定是否作为刑事案件进行侦查或审判的一种诉讼活动。

立案作为刑事诉讼开始的标志，是每一个刑事案件都必须经过的法定阶段，具有相对独立性。立案阶段的任务就是决定是否启动刑事追诉和审判程序。公安机关、法院在行使立案决定权时，必须严格遵守立案的法定程序，依据立案的条件和标准，不能超越各自的管辖范围和逾越法定职权界限，既要准确、及时打击、惩罚犯罪，又要充分保护公民的合法权益不受侵犯。立案在刑事诉讼程序中具有十分重要的作用。

1. 立案是刑事诉讼的开始和必经程序。立案、侦查、起诉、审判和执行，是刑事诉讼法所确立的前后相继衔接的诉讼程序。其中，立案是刑事诉讼中必须首先解决的一个程序性环节，立案程序不启动，刑事诉讼就无法开始，只有经过立案，其他诉讼程序才能依次进行。公检法三机关进行刑事诉讼，必须严格依照法定程序，不能随意超越、颠倒任何一个诉讼阶段，只有这样，才能保证准确、及时、有效地处理刑事案件，保证刑事诉讼目的和任务的实现。

2. 立案有利于迅速揭露犯罪、证实犯罪和惩罚犯罪。公安机关在审查决定立案后，可以采取监视居住、取保候审、拘留等强制措施和讯问犯罪嫌疑人、勘验检查、搜查、辨认等侦查手段，及时发现、收集相关证据，揭露犯罪、证实犯罪，使一切依法应当追究刑事责任的犯罪分子受到法律的制裁。

3. 立案能有效地保护公民的合法权益不受侵犯。刑事诉讼法所确立的保障无罪的人不受刑事追究，保护公民的人身权利、民主权利和其他合法权益不受侵犯的任务，体现在立案阶段，就是要求公安司法机关通过立案前的审查，如果发现不具有犯罪事实或者依法不应当追究被控告人刑事责任的情形时，就不能立案。避免对不应当追究刑事责任的无辜者错误地追究，减少冤假错案，从刑事诉讼的第一道关口，就保障公民的合法权益不受侵犯。

4. 立案有利于加强社会治安综合治理。在立案过程中，公安司法机关通过对立案材料的接受和审查，可以及时发现和掌握一定时期内各种违法犯罪活动的基本情况。研究和分析犯罪活动的特点、规律和发展态势，为公检法三机关确立打击重点、制定防范措施，提供基础信息和依据，将打击犯罪与制止、减少和预防犯罪有机结合起来，搞好社会治安的综合治理。

二、立案的材料来源

立案的材料来源是指公安司法机关获取有关犯罪事实及犯罪嫌疑人情况材料的渠道或途径。立案必须有确实的根据，即可靠的材料来源，立案材料来源的可靠性，直接关系到立案的准确性。公检法三机关是否立案的决定，正是在审查立案材料来源是否真实可靠、是否符合立案条件的基础上作出的。因此，对于来源不明、匿名举报或道听途说等材料，在未经查证属实之前，均不能作为立案的依据。根据我国《刑事诉讼法》的规定及司法实践，立案的材料来源主要有以下几个方面。

1. 公安机关发现的犯罪事实或者犯罪嫌疑人。公安机关作为国家治安保卫机关，常常处在与犯罪作斗争的第一线，在日常工作中，特别是在侦查过程中，一旦发现有犯罪事实，并需要追究犯罪嫌疑人刑事责任的，应当按照管辖范围，主动、迅速立案。对于不属于自己立案管辖范围的案件，应当及时移送有关主管机关，避免和克服工作中可能出现的"等案上门"以及职责不清甚至越权管辖的现象。至于人民法院在审理案件过程中，以及国家安全机关、军队保卫部门、监狱等在依照刑事诉讼法的有关规定办理刑事案件的过程中，发现和获得的犯罪事实及犯罪嫌疑人的材料，符合立案条件的，应当按照管辖规定，迅速立案或者及时移送有关主管机关。

2. 单位和个人的报案或者举报。《刑事诉讼法》第108条第1款规定："任何单位和个人发现有犯罪事实或者犯罪嫌疑人，有权利也有义务向公安机关、人民检察院或者人民法院报案或者举报。"单位和个人的报案或者举报，是公安司法机关决定是否立案的最主要、最普遍的材料来源。其中报案是指单位和个人发现有犯罪事实发生时，向公安机关、人民检察院、人民法院告发的行为；举报则是指单位和个人出于公民责任，将自己了解到犯罪事实和嫌疑人向公安机关、人民检察院或人民法院告发、揭露的行为。举报除了能够向公检法三机关提供犯罪事实以外，还能提供比较具体的犯罪嫌疑人。向公安司法机关报案或者举报犯罪事实或者犯罪嫌疑人，既是单位和个人依法享有的权利，也是其依法应当履行的义务。从司法实践的情况看，许多案件，特别是一些重大案件多是通过举报所提供的线索而得以破获的。因为犯罪总是发生在一定的时间、空间范围内，总要留下蛛丝马迹，而且任何一种犯罪行为都是对国家、社会和个人利益的侵犯，因此任何单位和个人在发现犯罪事实和犯罪嫌疑人时，都应当主动向公安司法机关报案或举报。为方便单位和公民报案或举报，公安司法机关应设置举报电话或专门机构，提高人民群众同犯罪作斗争的积极性，体现刑事诉讼实行专门机关与群众相结合的原则。

3. 被害人的报案或者控告。被害人作为遭受犯罪行为直接侵害的对象，一方面具有揭露犯罪、追究犯罪的强烈愿望和积极主动性，另一方面在许多案件中，又因为被害人与犯罪嫌疑人有过直接接触，能够提供较为详细、具体的有关犯罪事实和犯罪嫌疑人的情况，从而使其控告对于追究犯罪具有重要的证据价值。因此，被害人的报案或者控告也是立案材料的主要来源。《刑事诉讼法》第 108 条第 2 款规定："被害人对侵犯其人身、财产权利的犯罪事实或者犯罪嫌疑人，有权向公安机关、人民检察院或者人民法院报案或者控告。"其中，控告是指被害人（包括自然人与法人）就其人身、财产权利遭受不法侵害的事实及犯罪嫌疑人的有关情况，向公安司法机关进行揭露与告发，要求依法追究其刑事责任的诉讼行为。这里还应当说明的是，根据《刑事诉讼法》的有关规定，被害人死亡或者丧失行为能力的，其法定代理人、近亲属也有权提出控告。被害人的报案与其他任何单位和个人的报案在范围及主体方面有明显区别：被害人报案的范围，仅限于其人身、财产权利遭受犯罪行为侵害的事实，且被害人与案件的处理结果有直接利害关系，是刑事诉讼的当事人；而其他任何单位和个人的报案，其范围不受犯罪行为性质的限制和约束，并且报案的主体通常与案件也没有直接的利害关系。

4. 犯罪人的自首。自首，是指犯罪人在实施犯罪行为之后，自动投案，如实交代自己的罪行并接受公安司法机关的审查和审判的行为。自首一般是指在犯罪行为未被发觉，或者虽被发觉但尚未被公安司法机关查获或被公民扭送时，犯罪人自己或者在其家属、监护人、亲友陪同、护送的情况下，主动向公安司法机关如实交代自己的罪行。但根据最高人民法院 1998 年 4 月 6 日通过的《关于处理自首和立功具体应用法律若干问题的解释》，犯罪人向其所在单位、城乡基层组织或其他有关负责人投案的；犯罪人因病、伤或者为了减轻犯罪后果，委托他人代为投案，或者先以信件、电话投案的等，都应视为投案自首。根据《刑法》第 67 条第 1 款的规定，对于自首的，可以从轻或者减轻处罚。其中，犯罪较轻的，可以免除处罚。因此，《刑事诉讼法》将犯罪人的自首确立为立案材料的重要来源之一，含有鼓励犯罪分子积极主动投案自首，以争取国家法律宽大处理的用意。

以上是刑事诉讼法规定的四种立案材料来源，除此以外，在司法实践中，上级机关交办的案件以及有关机关移送的案件，通常也是刑事立案的重要材料来源。例如，工商、税务、审计、纪检监察、海关等行政执法机关在执法活动中如果发现行为人的行为已经构成犯罪，需要追究刑事责任的，应当按照有关管辖规定向公安司法机关移送案件，通过刑事诉讼程序依法追究行为人的法律责任。

三、立案的条件

立案必须以一定的事实材料为依据，但这并不意味着有了一定的事实材料就能够立案。作为立案依据的材料所反映的事实必须符合立案的法定条件。《刑事诉讼法》第 110 条规定："人民法院、人民检察院或者公安机关对于报案、控告、举报和自首的材料，应当按照管辖范围，迅速进行审查，认为有犯罪事实需要追究刑事责任的时候，应当立案；认为没有犯罪事实，或者犯罪事实显著轻微，不需要追究刑事责任的时候，不予立案……"根据这一规定，立案必须同时具备三个条件：

1. 有犯罪事实。有犯罪事实作为立案的事实条件，包括以下两方面的含义。①在刑事诉讼中，需要立案追究刑事责任的必须是依照《刑法》规定构成犯罪的行为，而非一般违法、违纪或违反社会主义道德的行为。即立案首先要划清罪与非罪的界限。②必须有一定的证据证明确已发生和存在犯罪事实，绝非出于公安司法人员的主观想象或猜测，更不是道听途说、捕风捉影或凭空捏造。当然，由于立案只是刑事诉讼的起始阶段，尚不能要求证据达到能够证实犯罪嫌疑人为何人以及犯罪的目的、动机、手段、方法等一切情节的程度。查明犯罪嫌疑人、查清案件的全部事实情节，应当是立案以后侦查阶段的任务。立案时只要具有能够足以证明犯罪事实已经发生的证据材料即可。

2. 需要追究刑事责任。需要追究刑事责任作为立案的法律条件，是指行为人的行为已构成犯罪，并且依照刑法的有关规定应当处以刑罚。立案是以追究行为人的刑事责任为前提的，但依照法律规定并非所有的犯罪行为都需要追究刑事责任。因此，法律规定不追究刑事责任的，公检法三机关就不应当立案。所谓法律规定不追究刑事责任，主要是指《刑事诉讼法》第 15 条规定的六种情形。除此之外，对于某一犯罪行为，如果已经依法审理且判决已经生效，除非再审，不得就同一罪行再次立案追究其刑事责任。

3. 立案机关对案件有管辖权。《刑事诉讼法》第 18 条明确规定了公安司法机关各自立案管辖的案件范围。总之，法律规定的三个立案条件必须同时具备，缺一不可。在司法实践中，公安司法机关办理刑事案件，一定要准确把握立案的条件，并将法律规定的立案条件作为审查确定是否开始刑事诉讼程序的根本依据，保证刑事诉讼活动从一开始就能正确、合法、及时地进行，进而保证案件的质量，以顺利完成刑事诉讼法的任务。为了统一执行国家的刑事法律，正确把握立案的条件，最高人民法院、最高人民检察院和公安部根据《刑事诉讼法》的有关规定，对各自管辖的刑事案件分别或联合制定了具体的立案标准，如2008年最高人民检察院、公安部《关于公安机关管辖的刑事案件立案追诉标准的规定（一）》和2010年最高人民检察院、公安部《关于公安机关管辖的刑事案件立案追诉标准的规定（二）》等。立案条件是立案标准的法律依据，而立案标准是立案条件的具体化。对于公检法三机关而言，在作出是否立案的决定时，立案条件和立案标准都是应当掌握和执行的法律依据。

四、立案的标准

1. 自诉案件。由于自诉案件不经过侦查程序，自诉人向人民法院起诉后，如果符合立案条件，人民法院就应当受理，并直接进入审判程序。因此自诉案件的立案条件应当高于公诉案件，即自诉案件除了应当具备公诉案件的两个立案条件以外，根据最高人民法院《关于适用〈中华人民共和国刑事诉讼法〉的解释》第259条的规定，还应当具备下列条件：①属于法律规定的自诉案件范围；②属于本院管辖；③刑事案件的被害人告诉；④有明确的被告人、具体的诉讼请求和能证明被告人犯罪实的证据。如果该案件属于《刑事诉讼法》第170条第3项规定的自诉案件，还应当符合《刑事诉讼法》第86条、第145条的规定。

2. 公诉案件。公安机关立案除了应当具备公诉案件的两个立案条件以外，对其管辖的治安类犯罪案件和经济类犯罪案件还要根据2008年最高人民检察院、公安部《关于公安机关管辖的刑事案件立案追诉标准的规定（一）》和2010年最高人民检察院、公安部《关于公安机关管辖的刑事案件立案追诉标准的规定（二）》的规定立案。以走私假币罪为例，《刑法》第151条规定："走私伪造的货币的，处七年以上有期徒刑，并处罚金或者没收财产；情节特别严重的，处无期徒刑或者死刑，并处没收财产；情节较轻的，处三年以上七年以下有期徒刑，并处罚金。"根据2010年《关于公安机关管辖的刑事案件立案追诉标准的规定（二）》第2条的规定："走私伪造的货币，总面额在二千元以上或者币量在二百张（枚）以上的，应予立案追诉。"

五、立案程序启动

立案程序是指立案活动中各种诉讼活动进行的先后步骤和形式。它主要包括对立案材料接受、审查和处理三个环节。

（一）材料接受

根据《刑事诉讼法》第108、109条和《公安机关办理刑事案件程序规定》第166条的规定，公安机关、人民检察院或者人民法院对于扭送、报案、控告、举报、自首的人都应当接受。问明情况，并制作笔录，经核对无误后，由扭送人、报案人、控告人、举报人、自动投案人签名、捺指印。必要时，应当录音或者录像。

报案、控告、举报可以用书面或者口头提出。接受口头报案、控告、举报的工作人员，应当写成笔录，经宣读无误后，由报案人、控告人、举报人签名或者盖章。

公安机关、人民检察院或者人民法院应当保障报案人、控告人、举报人及其近亲属的安全。报案人、控告人、举报人如果不愿公开自己的姓名和报案、控告、举报的行为，应当为他保守秘密。接受控告、举报的工作人员，还应当向控告人、举报人说明诬告应负的法律责任。但是，只要不是捏造事实，伪造证据，即使控告、举报的事实有出入，甚至是错告的，也要和诬告严格加以区别。

（二）立案审查

立案审查是指法院和公安机关要严格按照立案的三个条件对报案、控告、举报、自首等各种材料和情况进行审核查实。首先，要审查材料来源是否真实；其次，要看材料中反映的事实是否属于犯罪事实，应否追究刑事责任。最后，要审查各种材料反映的情况是否属于本机关的管辖范围。经过审查，认为有犯罪事实，但不属于自己管辖的案件，应当立即报经县级以上公安机关负责人批准，制作移送案件通知书，移送有管辖权的机关处理，并且通知报案人、控告人、举报人；对于不属于自己管辖而又必须采取紧急措施的，应当先采取紧急措施，然后移送有管辖权的机关。

（三）审查后处理

审查后法院和公安机关认为有犯罪事实需要追究刑事责任的时候，应当立案，并制作《立案决定书》；认为没有犯罪事实，或者犯罪事实显著轻微，不需要追究刑事责任的时候，不予立案，并制作《不予立案通知书》，将不立案的原因通知控告人。控告人如果不服，可以申请复议。

相关链接 管　辖

管辖是法院和公安机关在直接受理刑事案件上的权限划分以及法院之间（同级和上下级）在受理第一审刑事案件上的权限划分。刑事诉讼管辖分为立案管辖和审判管辖。

一、立案管辖

立案管辖也称职能管辖，是法院和公安机关在直接受理刑事案件上的分工。

1. 公安机关立案侦查的刑事案件。《刑事诉讼法》第 18 条第 1 款规定，刑事案件的侦查由公安机关进行，法律另有规定的除外。

另有规定是指：①自诉案件；②自侦案件；③危害国家安全的案件；④由军队保卫部门和监狱机关立案侦查的案件；⑤海关走私犯罪侦查部门立案侦查的案件。这几类案件不属公安机关管辖，但是涉税案件、破坏市场经济秩序案件（走私罪例外）、伪证罪、拒不执行判决、裁定罪、公司、企业人员行贿受贿案件由公安机关管辖。

2. 法院直接受理的案件。依据《刑事诉讼法》第 18 条第 3 款规定，法院直接受理自诉案件：第一，告诉才处理的案件：侮辱、诽谤、暴力干涉婚姻、虐待、侵占他人财物；第二，被害人有证据证明的轻微的刑事案件；第三，被害人有证据证明被告人侵犯自己人身、财产权利的行为应当依法追究刑事责任，而公安机关或者检院不予追究被告人刑事责任的案件。有四个条件限制：①被害人提供犯罪的充分证据；②被告人行为当究责任；③被告人行为侵犯了被害人人身、财产权；④公检机关当究而不究的。

二、审判管辖

审判管辖：是指各级法院之间、同级法院之间以及普通法院与专门法院之间的在受理第一审刑事案件上的分工。包括级别管辖和地区管辖。

我国刑事诉讼法划分级别管辖的主要依据是：案件的性质；罪行轻重程度和可能判处的刑罚；案件涉及面和社会影响的大小；以及各级人民法院在

审判体系中的地位、职责和条件等。刑事诉讼法对各级人民法院管辖的第一审刑事案件，作了明确的规定。

1. 基层人民法院管辖的第一审刑事案件。《刑事诉讼法》第 19 条规定："基层人民法院管辖第一审普通刑事案件，但是依照本法由上级人民法院管辖的除外。"可见，基层人民法院是普通刑事案件第一审的基本审级，普通刑事案件的第一审原则上由基层人民法院管辖，基层人民法院分布地区广，数量也最多，最接近犯罪地，也最接近人民群众。

2. 中级人民法院管辖的第一审刑事案件。《刑事诉讼法》第 20 条规定，中级人民法院管辖下列第一审刑事案件：①危害国家安全、恐怖活动案件；②可能判出无期徒刑、死刑的普通刑事案件。这两类刑事案件，属于性质严重，危害极大，案情复杂的案件，因此，必须更加慎重。同时，处理这几类案件，无论在案件事实的认定上还是在适用法律上，难度往往也比较大，这就需要法律、政策水平更高、业务能力更强的司法工作人员。

3. 高级人民法院管辖的第一审刑事案件。《刑事诉讼法》第 21 条规定："高级人民法院管辖的第一审刑事案件，是全省（自治区、直辖市）性的重大刑事案件。"高级人民法院是地方各级人民法院中最高一级的法院，也就是一个省（自治区、直辖市）的最高一级的审判机关，它的主要任务是审判对中级人民法院裁判的上诉、抗诉案件、死刑复核案件、核准死缓的案件，以及监督全省（自治区、直辖市）的下级人民法院的审判工作。所以，高级人民法院管辖的第一审刑事案件不宜过宽。况且，高级人民法院管辖第一审刑事案件的多少，又直接关系着最高人民法院第二审的负担。

4. 最高人民法院管辖的第一审刑事案件。《刑事诉讼法》第 22 条规定："最高人民法院管辖的第一审刑事案件，是全国性的重大刑事案件。"最高人民法院是全国的最高审判机关，除死刑复核案件外，由最高人民法院作为第一审审判的刑事案件只应当是极个别的，在全国范围内具有重大影响的、性质、情节都特别严重的刑事案件。这样，利于最高人民法院集中主要精力监督、指导全国法院的审判工作。

三、地域管辖

地域管辖，是指同级人民法院之间，在审判第一审刑事案件上的权限划分。确定地域管辖的原则有四个：

1. 以犯罪地法院管辖为主，被告人居住地法院管辖为辅。《刑事诉讼法》第24条规定："刑事案件由犯罪地的人民法院管辖。如果由被告人居住地的人民法院审判更为适宜的，可以由被告人居住地的人民法院管辖。"这是我国确定案件地区管辖的首要原则，涉及犯罪地和被告人居住地。但两者在地区管辖中的地位并不是并列的，而是以犯罪地作为确定地区管辖的基本原则，被告人居住地则作为确定地区管辖的辅助性原则。

刑事案件如果由被告人居住地的人民法院审判更为适宜的，可以由被告人居住地的人民法院管辖。这里所说的被告人居住地，包括被告人的户籍所在地、居所地。

2. 以最初受理地法院管辖为主，主要犯罪地法院管辖为辅。在司法实践中，经常会遇到被告人在几个人民法院的辖区内实施犯罪行为的案件，因而就可能出现几个犯罪地的法院都有管辖权的情况。为了解决这个问题，《刑事诉讼法》第25条明确规定："几个同级人民法院都有权管辖的案件，由最初受理地（避免管辖权争议，利于及时审结案件）的人民法院审判。在必要时，可以移送主要犯罪地（数罪中性质严重的；同罪中数额较大或情节严重的）的人民法院审判。"

3. 指定管辖。当案件出现管辖权不明等原因时，由上级法院指定某一下级法院审判该案件的规定。指定管辖适用于两类案件：一是地区管辖不明的案件，有管辖权的几个法院发生争议，协商解决不成的，由其共同上级法院指定其中一个法院管辖；二是由于各种原因，原来有管辖权的法院，不宜（集体回避）或不能（自然灾害）审判案件，由上级法院指定该下级将其管辖的案件，移送给其他法院管辖。

第二节 侦查程序

引导语：侦查是刑事立案程序后启动的又一个重要程序，只有公安机关决定立案的公诉案件，才能进入侦查程序。模拟这一程序，学生应当掌握和领会以下基本知识点。

一、侦查程序的特点

在现代刑事诉讼中，侦查居重要地位。一方面，侦查以国家强制力作后盾，侦查活动的开展以限制甚至剥夺有关公民的法定权利为代价，侦查权力的不当行使，有可能对公民合法权益造成严重侵犯。另一方面，由于犯罪的特点，使得绝大多数案件非经侦查，无从收集固定证据，非经侦查，无从发现犯罪嫌疑人。因此，侦查是刑事诉讼中不可或缺的基础性程序。

侦查的实质就是犯罪再现。世界上任何事物，不论是过去存在过的事物，还是现在存在着的事物，都不可避免地会留下物质运动所形成或产生的这样那样、或多或少的物质痕迹。这些痕迹储存着事物运动的各种信息，为人们认识事物的变化提供了物质依据。犯罪行为既是人的一种行为，又是一种物质运动，这决定了犯罪行为必然会留下犯罪痕迹。犯罪痕迹能如实反映形成痕迹的犯罪行为的各种特征，储存着全貌犯罪信息，为侦查提供了理论依据和物质依据。因此，侦查人员可以依据犯罪信息来认识犯罪行为，使犯罪再现。侦查具有以下特点：

1. 侦查的职权性。"职权"兼有"职责"和"权力"之意，职责意指职务和责任，权力是指合法获得职务者在其职务范围内的支配性力量。将侦查定性为一种职责，理由在于侦查主体的范围是由法律明确规定的，法定的侦查机关一经确定，侦查工作就成了其一项必须承担并保证完成的任务，同时要承担侦查任务完成过程和结果等方面的责任。将侦查定性为一种权力，理由在于法定侦查机关在实施侦查时，具有绝对支配性力量，不受任何非法力量和因素的阻碍、干扰。同时，这项权力对于没有被法律许可的其他机关、团体、组织、个人而言，是不得行使的。在我国，法定侦查机关只有公安机关、人民检察院、国家安全机关、军队保卫部门和监狱五种，它们在法定权限范围内履行职责、行使权力。

2. 侦查的程序性。程序从法律学的角度来看，主要体现为按照一定的顺序、方式和手续来作出决定的相互关系。在我国，侦查是刑事诉讼的一道基本程序，开始于立案之后，终结于移送审查公诉之前。侦查的程序性主要表现在：①侦查活动是一个历时性过程，大体经过案件确立、现场勘查、调查访问、有关侦查措施的采取、对犯罪嫌疑人的讯问、侦查终结，各种侦查行为的实施表现出一种先后次序的过程；②侦查活动中一切措施的实施必须严格遵守法律法规，办理相应的法律手续，体现出一种程式化特征；③侦查结论的作出，除了要求有实质标准外，还要求有形式标准，即程序标准。如某些证据材料的获得必须符合法律规定的形式，否则即便它能证明案件事实，也会因是非法证据而被排除；④侦查终结结论的作出，并非侦查机关的一方断言，而是多方程序主体相互交涉的结果，如犯罪嫌疑人的供述和辩解、辩护律师的意见、鉴定人的鉴定结论、被害人的陈述等。因此，侦查既是公诉案件立案后必经的诉讼阶段，也是提起公诉之前的准备阶段。只有经过侦查，收集确实、充分的证据，查明案件事实，公诉案件才能进入起诉阶段。

3. 侦查的证明性。所谓证明，就是用证据来明确或表明。证明的本质内涵就是向他人进行合理性、可信服性的说明。侦查的中心任务和根本目标是收集证据，通过证据来揭示犯罪案件的全部事实真相。对犯罪事实真相的揭示，并不只是要求达到侦查人员自身能够了解和明确案件事实的程度，它还要求达到其他诉讼主体尤其是公诉机关、审判机关能够了解和明确案件事实的程度，即"犯罪事实清楚，证据确实、充分"的法定标准。侦查机关通过调查研究明确了案件真相，是"查明"；用证据让别人明确案件真相，是"证明"。仅"查明"了案件真相是不够的，更重要的是要向公诉机关、审判机关乃至整个社会"证明"案件真相。

4. 侦查是采用专门调查手段的强制性活动。专门调查手段是指《刑事诉讼法》所规定的讯问犯罪嫌疑人、询问证人、勘验、检查、搜查、扣押物证、书证、鉴定、通缉等。应当注意的是这种专门调查活动与法院在庭审过程中调查核实证据时所进行的勘验、检查、扣押、鉴定和查询、冻结等活动具有不同的法律性质，后者属于审判中的调查活动而不属于侦查活动的范畴。所谓强制性，是指为保证专门调查工作的顺利进行，侦查机关在必要时采取的诸如强制搜查、强制扣押等强制性方法，以及为防止犯罪嫌疑人逃跑、毁灭罪证、串供等而采取的限制或剥夺人身自由的强制措施，如拘传、取保候审、监视居住、拘留和逮捕。

5. 侦查程序、侦查手段和强制性措施的合法性。侦查行为以国家强制力为后盾，每一项侦查活动的进行都不同程度地带有强制性，稍有不慎便会侵犯公民的合法权益。因此，侦查机关在行使侦查权进行侦查活动时，只有严格遵守法律规定，才能客观全面地收集证据，查明案件事实，充分保护公民的合法权益不受侵犯，更好地实现刑事诉讼法的目的和完成刑事诉讼法所赋予的任务。

二、侦查措施

有侦查权的公安等机关经过侦查，对有证据证明有犯罪事实的案件，应当进行预审，对收集、调取的证据材料予以核实。根据案件需要，一般刑事案件可以采取以下侦查手段和措施。

（一）讯问犯罪嫌疑人、被告人

讯问犯罪嫌疑人、被告人是指侦查人员依照法定程序，以言词方式向犯罪嫌疑人查问案件事实和其他与案件有关问题的一种侦查措施。根据《刑事诉讼法》第116~121条的规定，讯问犯罪嫌疑人应当严格遵守下列程序：

1. 讯问犯罪嫌疑人必须由侦查人员负责进行，讯问时侦查人员不得少于2人。除法律规定以外，其他任何机关、个人都无权行使这项专有职权。

2. 对于不需要拘留、逮捕的犯罪嫌疑人，可以传唤到犯罪嫌疑人所在市、县内的指定地点或者到他的住处进行讯问，但是应当出示公安机关或者人民检察院的证件。

3. 侦查人员在讯问犯罪嫌疑人的时候，应当首先讯问犯罪嫌疑人是否有犯罪行为，让他陈述有罪的情节或者无罪的辩解，然后向他提出问题。在侦查阶段，犯罪嫌疑人是否有罪还处在不确定状态，需要经过进一步的侦查才能予以证实。如果犯罪嫌疑人否认有犯罪事实，则让其作无罪的辩解，然后就其供述或辩解中与认定案件事实有关、影响定罪量刑的问题向犯罪嫌疑人提问。根据法律规定，犯罪嫌疑人对侦查人员的提问，应当如实回答。但是对与本案无关的问题，有权拒绝回答。至于是否与本案无关，应当以是否对查明本案的全部事实情节有证据价值为准。对于共同犯罪案件的同案犯罪嫌疑人的讯问，应当分别进行，未被讯问的犯罪嫌疑人不得在场，以防止同案犯串供或者影响彼此的供述。第一次讯问，应当问明犯罪嫌疑人的姓名、别名、曾用名、出生年月日、户籍所在地、现住地、籍贯、出生地、民族、职业、文化程度、家庭情况、社会经历、是否属于人大代表、政协委员、是否受过刑事处罚或者行政处理等情况。

4. 在侦查人员讯问聋、哑犯罪嫌疑人时，应当有通晓聋、哑手势的人参加，并将这种情况在笔录中加以注明；讯问不通晓当地通用语言文字的犯罪嫌疑人时，应当有翻译人员参加；讯问未成年犯罪嫌疑人时，应当通知其法定代理人到场，以保障未成年人和生理上有缺陷的犯罪嫌疑人辩护权的充分行使和讯问工作的顺利进行。

5. 讯问犯罪嫌疑人应当制作笔录。讯问笔录应当如实记载在场人的情况和提问、回答的内容。讯问笔录应当交犯罪嫌疑人核对，对于没有阅读能力的，应当向他宣读。如果记录有遗漏或差错，应当允许犯罪嫌疑人补充或者更正，并捺指印。笔录经犯罪嫌疑人核对无误后，应当由其在笔录上逐页签名、捺指印，并在末页写明"以上笔录我看过（或向我宣读过），和我说的相符"。拒绝签名、捺指印的，侦查人员应当在笔录上注明。侦查人员、翻译人员应当在讯问笔录上签名。

犯罪嫌疑人请求自行书写供述的，应当准许；必要时，侦查人员也可以要求犯罪嫌疑人亲笔书写供词。犯罪嫌疑人应当在亲笔供词上逐页签名、捺指印。侦查人员收到后，应当在首页右上方写明"于某年某月某日收到"，并签名。

6. 侦查人员讯问犯罪嫌疑人，必须严格遵守法律规定的程序，切实保障犯罪嫌疑人的诉讼权利，严禁刑讯逼供或以威胁、引诱、欺骗以及其他非法的方法进行讯问。对于侦查人员侵犯其诉讼权利的违法行为，犯罪嫌疑人有权提出控告；构成犯罪的，应当依法追究刑事责任。为了进一步保障犯罪嫌疑人在侦查阶段的诉讼权利，根据《刑事诉讼法》第33条的规定，犯罪嫌疑人自侦查机关第一次讯问或采取强制措施之日起，有权委托律师为其辩护人。犯罪嫌疑人聘请律师的，可以自己聘请，也可以由其亲属代为聘请。在押的犯罪嫌疑人提出聘请律师的，看守机关应当及时将其请求转达办理案件的有关侦查机关，侦查机关应当及时向其所委托的人员或者所在的律师事务所转达该项请求。犯罪嫌疑人只是提出聘请律师的要求，但提不出具体对象的，侦查机关应当及时通知当地律师协会或者司法行政机关为其推荐律师。

（二）询问证人、被害人

询问证人、被害人是指侦查人员依照法定程序，以言词方式向证人、被害人调查了解案件情况的一种侦查手段。根据《刑事诉讼法》的规定，询问证人应当遵守下列程序：

1. 询问证人、被害人只能由侦查人员进行。询问证人、被害人，可以在现场进行，也可以到证人、被害人所在单位、住处或者证人、被害人提出的地点进行。在必要的时候，可以通知证人、被害人到公安机关提供证言。

侦查人员对询问证人、被害人的地点选择，应当从有利于获取证言、保证证人、被害人作证的积极性方面考虑。为了方便证人、被害人作证，消除其不必要的紧张情绪，得到其单位的支持和及时了解情况，侦查人员一般应到证人、被害人所在单位或者住处进行询问。只有在案件涉及国家秘密，证人、被害人所在单位或者住处周围的人与案件有利害关系，证人、被害人在侦查阶段不愿意公开自己的姓名和作证行为等情况下，为保守秘密，保证证人、被害人安全，防止他人的干扰，侦查人员才能通知证人、被害人到人民检察院或公安机关进行询问。

在现场询问证人、被害人，侦查人员应当出示工作证件。到证人、被害人所在单位、住处或者证人、被害人提出的地点询问证人、被害人，应当经办案部门负责人批准，制作询问通知书。询问前，侦查人员应当出示询问通知书和工作证件。

2. 侦查人员询问证人、被害人应当个别进行。为了避免证人之间相互影响，保证证言的真实性，同一案件若有几个证人时，应当个别询问，即不能采用"座谈会"的方式将多名证人召集在一起进行询问，更不能让多名证人共同出具一份书面证词。

3. 侦查人员在询问前，应当了解证人、被害人的身份，证人、犯罪嫌疑人、被害人之间的关系。询问时，应当告知证人、被害人必须如实地提供证据、证言和有意作伪证或者隐匿罪证应负的法律责任。

所要负的法律责任，主要是指《刑法》第305条规定的"伪证罪"和第310条规定的"窝藏、包庇罪"。明确告知证人、被害人作伪证或隐匿罪证所应当承担的法律责任，有利于证人、被害人如实提供证据和证言。同时，侦查人员也应当告知证人、被害人依法享有的各项诉讼权利。

4. 侦查人员在询问证人、被害人时，一般先让证人、被害人就他所知道的案件情况作连续的详细叙述，然后针对其所陈述的事实，问明来源和根据。提出的问题应当明确清楚，不得用提示性、暗示性的方式询问，更不得以暴力、胁迫、引诱、欺骗等非法的方法逼取证言。

5. 询问证人、被害人，应当制作笔录。证言笔录应当如实记载证人、被害人的陈述，询问结束后，交证人、被害人核对或者向他宣读。如果记载有遗漏或差错，允许证人、被害人补充或者纠正。证人、被害人确认笔录无误后，证人、被害人和侦查人员都应当在笔录上签名、捺指印。如果证人、被害人愿意提供书面证言，应当允许，必要时，侦查人员也可以让证人、被害人亲笔书写证词。但是书面证言不能代替口头询问。

（三）勘验、检查

勘验、检查是侦查人员对于与犯罪有关的场所、物品、人身、尸体进行勘验或者检查，及时提取、采集，固定犯罪活动所留下的痕迹、物证、生物样本的一种侦查手段。包括：勘验现场、物证检验、尸体检验、人身检查和侦查实验五种。

1. 侦查实验，是指侦查人员为了确定和判明与案件有关的某些事实或行为在某种情况下能否发生或怎样发生，而按照原有条件实验性地重演该行为的一种侦查活动。根据《刑事诉讼法》及《公安机关办理刑事案件程序规定》的有关规定，为查明案情，在必要的时候，经县级以上公安机关负责人批准，可以进行侦查实验。进行侦查实验，禁止一切足以造成危害、侮辱人格或者有伤风化的行为。

侦查实验是一种特殊的侦查手段，因此在侦查过程中不宜广泛采用，只有基于下列目的才能进行侦查实验：①确定在一定条件下能否听到或者看到；②确定在一定时间内能否完成某一行为；③确定在什么条件下能够发生某种现象；④确定在某种条件下某种行为和某种痕迹是否吻合一致；⑤确定在某种条件下使用某种工具可能或者不可能留下某种痕迹；⑥确定某种痕迹在什么条件下会发生变异；⑦确定某种事件是怎样发生的。侦查实验，应当由侦查人员进行，在必要时也可以聘请具有专门知识的人参加。侦查实验的经过和结果，应当制作侦查实验笔录，由参加侦查实验的人员和见证人签名或者盖章。

2. 侦查人员执行勘验、检查，必须持有人民检察院或者公安机关的证明文件。

3. 对于死因不明的尸体，公安机关有权决定解剖，并且通知死者家属到场。

4. 为了确定被害人、犯罪嫌疑人的某些特征、伤害情况或者生理状态，可以对人身进行检查，可以提取指纹信息，采集血液、尿液等生物样本。如果犯罪嫌疑人拒绝检查，而侦查人员认为必要的时候，可以强制检查。

5. 检查妇女的身体，应当由女工作人员或者医师进行。

（四）搜查

搜查是指侦查人员依法对犯罪嫌疑人以及可能隐藏犯罪嫌疑人或者罪证

的人的身体、物品、住处和其他有关地方进行搜寻、检查的一种侦查手段。搜查直接关系到我国《宪法》所规定的公民的人身自由和住宅不受侵犯的权利，因此《刑事诉讼法》明确规定了搜查应当遵守的法律程序。

1. 搜查只能由侦查人员进行，其他任何机关、团体和个人都无权对公民的人身和住宅进行搜查。否则，情节严重构成犯罪的，将依法追究其刑事责任。搜查的目的是收集犯罪证据，查获犯罪嫌疑人。搜查的对象和范围，既可以是犯罪嫌疑人，也可以是其他可能隐藏犯罪嫌疑人或者犯罪证据的人；既可以对人身进行搜查，也可以对被搜查人的住处、物品和其他有关场所进行搜查。侦查机关不得违背法律规定的搜查目的随意进行搜查，也不得超越法律所规定的搜查对象和范围滥用搜查权。

2. 搜查时，必须向被搜查人出示搜查证，否则被搜查人有权拒绝搜查。但是，侦查人员在执行逮捕、拘留的时候，遇有紧急情况，不用搜查证也可以进行搜查。根据《公安机关办理刑事案件程序规定》第 219 条的规定，紧急情况是指下列情形之一：①可能随身携带凶器的；②可能隐藏爆炸、剧毒等危险物品的；③可能隐匿、毁弃、转移犯罪证据的；④可能隐匿其他犯罪嫌疑人的；⑤其他突然发生的紧急情况。

3. 任何单位和个人，都有义务按照公安机关和人民检察院的要求，交出可以证明犯罪嫌疑人有罪或者无罪的物证、书证、视听资料。遇有拒绝者，侦查机关可依法强制提取。

4. 搜查时，应当有被搜查人或者他的家属、邻居或者其他见证人在场。这主要是为了保证搜查所取得的证据的真实性以及监督侦查机关合法进行搜查。

5. 搜查的情况应当制成笔录，由侦查人员和被搜查人员或者他的家属、邻居或者其他见证人签名或盖章。如果被搜查人在逃或者他的家属拒绝签名、盖章的，应当在笔录上注明。

（五）查封、扣押物证、书证

查封、扣押物证、书证是指侦查机关依法强制提取、留置和封存与案件有关的物品、文件的一种侦查手段。查封、扣押的目的在于取得和保全证据。根据《刑事诉讼法》的规定，侦查人员扣押物证、书证应当遵守下列程序：

1. 扣押物证、书证只能由侦查人员进行。侦查人员如果在勘验、检查和搜查中发现需要扣押物品、文件时，凭勘查证和搜查证即可予以扣押；如果是单独进行扣押，则应持有侦查机关的证件，如侦查人员的工作证。

2. 扣押的范围仅限于与查明案件有关的具有证据意义的各种物品、文件，与案件无关的物品、文件不得随意扣押。如果发现是违禁品，无论是否与本案有关，都应先行扣押，然后交有关部门处理。凡是应当扣押的物品、文件，持有人拒绝交出的，侦查机关可以强行扣押。

3. 对于扣押的物品和文件，应当会同在场的见证人和被扣押物品、文件的持有人查点清楚，当场开列清单，写明物品或者文件的名称、编号、规格、数量、重量、质量、特征及其来源，由侦查人员、见证人和持有人签名或者盖章。持有人及其家属拒绝签名时，不影响扣押的进行，但应当在扣押清单上注明。对于应当扣押但不便提取的物品，应当现场加封，责成专人负责，妥善保存。

4. 对于扣押的物品、文件，侦查机关应当妥善保管或者封存，不得使用、损毁或丢弃。对于涉及国家秘密的文件、资料，应当严格保守秘密。

5. 侦查人员认为需要扣押犯罪嫌疑人的邮件、电报时，经公安机关的批准，即可通知邮电机关将有关的邮件、电报检交扣押。不需要继续扣押时，应当立即通知邮电机关。

6. 公安机关根据侦查犯罪的需要，可以依照规定查询、冻结犯罪嫌疑人的存款、汇款、债券、股票、基金份额等财产。侦查机关只要查明汇款、存款是属于犯罪嫌疑人的，不管是以犯罪嫌疑人的名字存入、汇出、汇入的款项，还是以其假名、化名、亲友名字或者以转交方式存入、汇出、汇入的款项，都可以依法予以查询和冻结。对于已经冻结的犯罪嫌疑人的存款、汇款、债券、股票、基金份额等财产，侦查机关不得重复冻结，但可以要求有关银行、邮电机关在对犯罪嫌疑人的存款、汇款解冻前，通知公安机关。需要强调的是，在侦查、审查起诉的过程中犯罪嫌疑人死亡，对犯罪嫌疑人的存款、汇款应当依法予以没收或者返还被害人的，可以申请人民法院裁定通知冻结犯罪嫌疑人存款、汇款、债券、股票、基金份额等财产的金融机构上缴国库或者返还被害人。

7. 对于扣押的物品、文件、邮件、电报或者冻结的存款、汇款、债券、股票、基金份额等财产，经查明确实与案件无关的，应当在 3 日以内解除扣押、冻结措施，退还原主或者原邮电部门。

（六）鉴定

鉴定是指侦查机关为查明案情，指派或聘请具有专门知识和技能的人员，就案件中某些专门性问题进行科学鉴别和判断并作出书面鉴定意见的一种侦查手段。依据《刑事诉讼法》的规定，鉴定应当遵循下列程序：

1. 侦查机关指派或聘请的鉴定人必须具有鉴定人的资格，且与本案或本案当事人没有利害关系。

2. 侦查机关应当及时向鉴定人送交相关检材和对比样本等原始材料，介绍与鉴定有关的情况，但是不能强迫或暗示鉴定人。

3. 鉴定人鉴定后，应当出具鉴定意见，并签名。对于人身伤害的医学鉴定有争议的或者对精神病的医学鉴定，由省级政府指定的医院进行作出的鉴定意见由鉴定人签名，医院加盖公章。

（七）通缉

通缉是指公安机关以发布通缉令的方式对应当逮捕而在逃的犯罪嫌疑人，通报缉拿归案的一种侦查手段。通缉是公安机关内部通力合作、协同作战，及时制止和打击犯罪的一种重要手段，同时又是公安机关动员和依靠民众同犯罪作斗争的重要手段。根据《刑事诉讼法》及《公安机关办理刑事案件程序规定》的规定，通缉应当遵守下列程序：

1. 只有县级以上的公安机关有权发布通缉令，其他任何机关、团体、单位、组织和个人都无权发布。人民检察院在办理自侦案件的过程中，需要追捕在逃的犯罪嫌疑人时，经检察长批准，作出通缉决定后，通知公安机关，由公安机关发布通缉令。

2. 各级公安机关在自己管辖的地区以内，可以直接发布通缉令，如果超出自己管辖的地区，应当报请有权决定的上级机关发布。

3. 被通缉的对象必须是依法应当逮捕而在逃的犯罪嫌疑人。包括依法应当逮捕而在逃的和已被逮捕但在羁押期间逃跑的犯罪嫌疑人。

4. 通缉令中应当尽可能写明被通缉人的姓名、别名、曾用名、绰号、性别、年龄、民族、籍贯、出生地、户籍所在地、居住地、职业、身份证号码、衣着和体貌特征并附被通缉人近期照片，还可以附指纹及其他物证的照片。除了必须保密的事项以外，应当写明发案的时间、地点和简要案情。

5. 通缉令发出后，如果发现新的重要情况可以补发通报。通报必须注明原通缉令的编号和日期。

6. 有关公安机关接到通缉令后，应当及时布置缉查。抓获犯罪嫌疑人后，应当迅速通知通缉令发布机关，并报经抓获地县级以上公安机关负责人批准后，凭通缉令接押。原通缉令发布机关应当立即进行核实，依法处理。对于通缉在案的犯罪嫌疑人，任何公民都有权扭送公安机关、人民检察院或人民法院处理。

7. 被通缉的人已经归案、死亡，或者通缉原因已经消失而无通缉必要的，发布通缉令的机关应当立即发出撤销通缉令时通知。

（八）辨认

辨认是在侦查人员的主持下，让被害人、证人或者犯罪嫌疑人对与犯罪有关的物品、文件、尸体、场所或者犯罪嫌疑人进行辨认的一种侦查手段。辨认应遵守以下程序：

1. 主持辨认的侦查人员不得少于 2 人。几名辨认人对同一辨认对象进行辨认时，应当由辨认人个别进行。

2. 辨认时，应当将辨认对象混杂在特征相类似的其他对象中，不得给辨认人任何暗示。辨认犯罪嫌疑人时，被辨认的人数不得少于 7 人；对犯罪嫌疑人照片进行辨认的，不得少于 10 人的照片；辨认物品时，混杂的同类物品不得少于 5 件。

3. 对辨认经过和结果，应当制作辨认笔录，由侦查人员、辨认人、见证人签名。必要时，应当对辨认过程进行录音或者录像。

根据《刑事诉讼法》第 152 条的规定，采取侦查措施收集的材料在刑事诉讼中可以作为证据使用。如果使用该证据可能危及有关人员的人身安全，或者可能产生其他严重后果的，应当采取不暴露有关人员身份、技术方法等保护措施，必要的时候，可以由审判人员在庭外对证据进行核实。

三、侦查终结

侦查终结是指侦查机关对于其立案侦查的案件，经过一系列的侦查活动，认为案件事实已经查清，证据确实、充分，足以认定犯罪嫌疑人是否有罪和应否对其追究刑事责任而决定结束侦查，并对案件依法作出处理或提出处理意见的一种诉讼活动。侦查终结是侦查任务已经完成的标志。

（一）侦查终结的条件

根据《刑事诉讼法》第 160 条的规定，公安机关负责侦查的案件和人民检察院自行侦查的案件，必须具备下列条件才告终结：

1. 案件事实清楚。案件事实包括犯罪嫌疑人有罪或无罪、罪重或罪轻以及是否应受刑事处罚的全部事实和情节。案件事实清楚，是侦查终结的首要条件。因此，在侦查终结时，对于犯罪嫌疑人犯罪的时间、地点、动机、目的、情节、手段和危害结果等情况应当全部予以查清，并且没有遗漏任何罪行。对于共同犯罪的案件，还应当查清每个犯罪嫌疑人在共同犯罪中的地位和作用，且没有遗漏其他应当追究刑事责任的同案人。

2. 证据确实、充分。证据确实、充分是侦查终结的重要条件。它要求侦查终结的案件，证明犯罪事实、情节的每一个证据来源都是可靠的，经查证属实、核对无误的，并且证据与证据之间能够相互印证，形成一个完整的证明体系，足以排除其他可能性。

3. 法律手续完备。法律手续完备，同样是侦查终结必不可少的条件。它要求侦查机关进行的专门调查工作和采取的有关强制性措施的各种法律文书及其审批、签字、盖章等手续都是齐全、完整并符合法律规定要求的。如果发现有遗漏或不符合法律规定之处，应当及时采取有效的措施予以补充或改正。同时要将案件移送情况告知犯罪嫌疑人及其辩护律师。

（二）制作结案报告

结案报告应当包括以下内容：①犯罪嫌疑人的基本情况；②是否采取了强制措施及其理由；③案件的事实和证据；④法律依据和处理意见。

（三）案卷移送

侦查终结后，应当将全部案卷材料按照要求装订立卷。将诉讼案卷材料、证据，以及辩护律师提出的意见一并移送同级人民检察院审查，侦查卷由公安机关存档备查。同时，将案件移送情况告知犯罪嫌疑人及其辩护律师。

（四）侦查终结的案件处理

1. 提请检察院审查起诉，制作《起诉意见书》。

2. 撤销案件。撤销案件应制作《撤销案件报告书》。

相关链接一 刑事证据

证据问题是刑事诉讼中的一个核心问题，整个刑事诉讼活动都是围绕着收集证据、审查判断证据和运用证据展开的，证据是认定刑事案件事实的客观依据，也是起诉和定罪量刑的基础。

一、证据的特性

（一）证据的含义

根据《刑事诉讼法》第48条的规定，可以用于证明案件事实的材料，都是证据。具体而言，刑事诉讼证据就是指：在刑事诉讼过程中公安、检察、审判人员依照法定程序收集或者由当事人及其法定代理人、辩护人依法提出的，用以确定或者否定犯罪事实，并以法定形式证明案件事实的材料。在刑事诉讼过程中，控辩双方都会收集能够证明案件事实的材料，这些材料都是证据。当然，这些材料中既可能有真，也可能有假，必须经过查证属实后，才能作为证据使用。

（二）证据的特性

1. 证据的客观性也称真实性，是指证据是客观存在的，而非人们臆想的产物。

（1）证据是一种客观存在的事实，而不是一种理论、学说，也不是一种观点和看法。即：证人只能就其所看见的有关案件的事实情节作证，而不能对案件进行分析推断。

（2）证据是不依赖于司法人员的主观意志而独立存在的客观事实。证据是伴随着刑事案件的发生而出现的各种物品、痕迹和现象，司法人员只能认识、收集和发现它，不能用想象、推测来替代证据，更不能任意改变、替换收集到的证据。如：某山区发生一起抢劫案，当地公安机关逮捕嫌疑犯周某的证据是：第一，本地是一偏僻山区，外乡人作案的可能性很小，周某是本地人；第二，周某平时游手好闲，有小偷小摸行为；第三，周某被传讯时，脸色苍白，语无伦次。这些证据材料基本上是办案人员的主观推测，并非案件的客观事实。周某实际是一个越狱在逃犯，与这起抢劫案无关。

2. 证据的关联性，是指任何证据都必须是同刑事案件有客观联系，对案情有实际证明作用的。

（1）肯定联系与否定联系。无论是有罪证据还是无罪证据，都必须是与案件有客观联系的事实。如：怀疑甲盗窃丙家，证人A说甲9点去找丙，而证人B说9点多见甲与丙一同从丙家出来。

（2）内在的必然联系。在证明犯罪发生时，在案件中的特定时间、特定环境里，合乎逻辑地、必然地只能由特定的被告人作案，而不可能是其他人作案。如：在一盗窃现场提取了一枚指纹，经过技术鉴定，认定是被告人的，那么这枚指纹就与案件有内在的必然联系。证据是客观存在的事实材料，但并非所有客观存在的事实材料都是证据，只有与案件紧密相关的事实材料才能成为证据，这就要求办案人员对事实材料要依法收集，还要认真审查判断。

3. 证据的合法性，是指证据必须经侦查、检察、审判人员依照法定程序和方法进行收集，且具有合法形式。

（1）证据必须依照法定程序和方法收集。收集证据必须由公安司法机关的法定人员依照法定程序和方法收集，用非法方法收集的证据，适用非法证据排除规则予以排除。

（2）证据必须具有合法形式。如：以机关团体的名义出具的证明材料、占卜、警犬识别，测谎仪等形式出现的证据材料，不能认为是合法形式。

（3）定案证据还必须经过合法程序查证属实。除涉及国家秘密，个人隐私的证据外，所有证据都必须在法庭出示，经控辩双方质证后，才能作为定案的依据。

二、证据的种类（证据的法定形式）

（一）物证及其特点

物证，是指以其外部特征、存在场所和物质属性证明案件事实的实物和痕迹。如作案工具、赃款赃物、指纹、脚印以及其他有关实物和痕迹等。

物证是以其本身所具有的物质特征（内部特征——物理结构、化学成分；外部特征——形状、数量、重量等）来证明案件事实的。物证具有相对稳定性，有证明案件消极性、间接性的特点。

（二）书证及其特点

书证是以文字、符号、图画等记载的内容和表达的思想来证明案件事实的书面文件和其他物品。书证具有证明案件的积极性。

物证与书证的关系：

区别：书证是以其记载的内容和表达的思想起证明作用的，而物证则是以其外部特征、存在场所和物质属性起证明作用的。一个物品即使是记载有文字、符号、图画等，如果不是以其记载的内容或表达的思想来证明案件事实的，它也不是书证而是物证。

联系：如果一个物品不仅能以其记载的内容或表达的思想来证明案件事实，而且也能以其外部特征、存在场所或物质属性证明案件事实，这个物品既是物证，又是书证。在理论上，这种情况有时称为物证、书证同体。例如，发案现场收集到一封书信，通过信的内容查出了被告人，属于书证，同时又通过笔迹鉴定得出该信是被害人本人所写，则为物证。

（三）证人证言及其特点

证人证言是指证人就其了解的案件情况向公安司法机关和人员所作的陈述。特点：①具有证明案件的直接性；②既有真实性又有虚假性。2010年5月30日，最高法、最高检、公安部、国家安全部和司法部发布《关于办理死刑案件审查判断证据若干问题的规定》第12条第3款规定："证人的猜测性、评论性、推断性的证言，不能作为证据使用，但根据一般生活经验判断符合事实的除外。"

（四）被害人陈述及其特点

被害人陈述，是指被害人就自己遭受犯罪行为侵害的事实和所了解的犯罪嫌疑人的情况向有关机关和人员所作的陈述。被害人陈述，既包括公诉案件被害人所作的陈述，也包括自诉案件中作为自诉人的被害人和刑事附带民事诉讼中作为附带民事诉讼原告的被害人关于案件事实的陈述。

被害人陈述的内容一般有两个方面：其一是关于遭受犯罪侵害情况的叙述；其二是对犯罪嫌疑人的控告、揭发。其中有的被害人能够明确指控谁是犯罪嫌疑人，有的仅能提供查获犯罪嫌疑人的线索，有时被害人则对犯罪嫌疑人一无所知。

被害人陈述的特点：具有积极真实性；也有夸大事实情节的特点。

（五）犯罪嫌疑人、被告人的供述与辩解及其特点

犯罪嫌疑人、被告人的供述与辩解是指犯罪嫌疑人、被告人就有关案件情况，向侦查、检察和审判人员所作的陈述，即口供。包括：有罪供述、无罪辩解和揭发他人犯罪的陈述（也称攀供）三方面内容。

犯罪嫌疑人、被告人是刑事诉讼中的核心人物，他所处的特殊诉讼地位决定了犯罪嫌疑人、被告人供述和辩解这种证据有以下特点：可能全面、直接地反映案件事实情况，也可能避实就虚有虚假的一面，往往真假混杂；具有双重的诉讼性质，由于犯罪嫌疑人、被告人在诉讼中所处的特殊地位，其供述和辩解一方面是对案件事实情况的陈述，是证据的一种，具有证明案件

事实的性质，另一方面又是对控诉内容所作的辩解，具有辩护的性质。犯罪嫌疑人、被告人的供述和辩解是犯罪嫌疑人、被告人的一项法定诉讼权利，而不是他的诉讼义务，他可以利用供述和辩解的机会来充分行使其辩护权，提出自己无罪或罪轻的材料和意见，也可能利用陈述的机会编造假象，进行无理狡辩。但无论怎样公安司法人员都应依法保障其诉讼权利，因此当犯罪嫌疑人、被告人拒绝陈述、辩解或无理狡辩时，也不能采取非法手段强迫其供述和辩解。

（六）鉴定意见及其特点

鉴定意见是指在诉讼活动中鉴定人接受公安司法机关的指派或聘请，运用自己的专门知识和现代科技方法，对诉讼中涉及的专门性问题进行检测、分析判断后，出具的结论性书面意见。

鉴定意见的特点：是由鉴定人针对案件中专门性问题作出的书面意见；有一定的科学性，但绝非科学结论；鉴定意见是案发后形成的。

常见的鉴定意见有：法医鉴定、司法精神病鉴定、痕迹鉴定、化学鉴定、会计鉴定、文书鉴定、DNA 鉴定等。

（七）勘验、检查、辨认、侦查实验笔录及其特点

勘验、检查是指公安司法人员对与案件有关的场所、物品、人身、尸体进行勘验、检查时所作的书面记录。常见的勘验、检查有：现场勘验、检查；尸体勘验、检查；物证勘验、检查；人身勘验、检查。

辨认是在侦查人员主持下由被害人、证人、犯罪嫌疑人对犯罪嫌疑人、与案件有关或怀疑与案件有关的物品、尸体、场所进行识别认定的一项侦查措施。辨认笔录是以记录的方式全面、客观地记载辨认过程和辨认结果，并由在场相关人员签名的笔录。

侦查实验是为了确定与案件有关的某一事件或者事实，在某种条件下能否发生或者怎样发生而按照原来的条件，将该事件或者事实重演或者试验的一种证据调查活动。侦查实验笔录是侦查机关对进行侦查实验的时间、地点、实验条件以及实验经过和结果等所作的客观记录，并由进行实验的侦查人员、见证人及其他参加人员签名或者盖章的笔录。

这类证据的特点：由公安司法人员制作；是案发后所作的记录。

（八）视听资料、电子数据及其特点

视听资料是指以录音、录像及其他电子科技设备所储存（如电子监控系

统）的声像资料，用以证明案件事实情况的一种证据。其特点有：客观性、直观性、动态性和连续性。

电子数据，也称之为电子资料或者电子证据，是指以电子形式存在的、用作证据使用的一切材料及其派生物。它既包括反映法律关系产生、变更或消灭的电子信息正文本身，又包括反映电子信息生成、存储、传递、修改、增删等过程的电子记录，还包括电子信息所处的硬件和软件环境。具体来说，在当今网络社会经常使用的电子邮件、电子数据交换、网上聊天记录、网络博客、手机短信、电子签名、域名、电子公告牌记录、电子资金划拨记录等文件均属于电子数据。综观这些电子数据，具有如下特点：虚拟性；易传播、易重复使用、比较直观；也有不确定性和易删改等特点。

三、证据的收集与审查

（一）收集证据

收集证据是指在刑事诉讼过程中，公安司法人员、当事人及其辩护人、诉讼代理人运用法律许可的方法和手段，发现、采集、提取证据和固定与案件有关的各种证据材料的活动。收集证据要求：

1. 收集证据应当依照法定程序。在刑事诉讼中，为了查明案件事实，正确处理案件，法律赋予侦查人员、检察人员和审判人员调查收集证据的权力。《刑事诉讼法》第50条规定，公安司法人员"必须依照法定程序，收集能够证明犯罪嫌疑人、被告人有罪或者无罪、犯罪情节轻重的各种证据。严禁刑讯逼供和以威胁、引诱、欺骗以及其他非法的方法收集证据，不得强迫任何人证实自己有罪。必须保证一切与案件有关或者了解案情的公民，有客观地充分地提供证据的条件，除特殊情况外，并且可以吸收他们协助调查"。《刑事诉讼法》第116~147条对如何讯问犯罪嫌疑人，询问证人、被害人，如何勘验、检查、搜查、扣押、鉴定等程序都作出了具体规定。

只有严格依照法定程序进行侦查活动，才能保证获得客观真实的证据，而以刑讯逼供或威胁、引诱、欺骗等非法的方法取得的犯罪嫌疑人、被告人供述、证人证言、被害人陈述，都不能作为定案的根据。当事人及其辩护人或诉讼代理人在收集证据时，也应当遵守相关的法律规定。

"不得强迫任何人证实自己有罪"，来源于"任何人无义务控告自己"的古老格言。迄今为止，很多国家和地区在本国诉讼法乃至宪法中都确立了反对强迫自证其罪的权利。联合国《两权公约》第 14 条第 3 款（庚）项规定："不被强迫作不利于他自己的证言或被强迫承认犯罪。"我国新修《刑事诉讼法》在借鉴联合国《两权公约》有关规定的基础上，增加规定了"不得强迫任何人证实自己有罪"的规定。我们应从以下几点理解：

（1）"强迫"是指采用各种直接或间接的身体或心理压力的形式，以及以强加司法制裁的方式，迫使人承认犯罪。如采用酷刑、不人道或有辱人格尊严的方式获取口供的，均构成强迫自证其罪。此处的"强迫"着重指的是"刑讯逼供"。

（2）"强迫"的主体和对象。"不得强迫任何人证实自己有罪"的主体是侦查人员、检察人员和审判人员。对象是"任何人"，既包括刑事诉讼中的犯罪嫌疑人、被告人，还应当包括证人、被害人等。

2. 收集证据应当迅速及时。收集证据是一项时间性很强的工作，迅速及时地开展调查收集证据的工作，可以提高办案的效率，保证办案的质量。实践证明，离案件发生的时间越近，与案件有关的痕迹、物品就越容易被发现和提取，了解案情的人也就越容易查找；离案件发生的时间越近，证据内容的变化就越小，收集到的证据也就越可靠。因此，迅速、及时地开展收集证据的工作，有利于发现各种有价值的证据或线索，为迅速侦破案件提供有利的条件。

3. 收集证据应当客观全面。依据《刑事诉讼法》第 50 条规定：办案人员应收集能够证明犯罪嫌疑人、被告人有罪或者无罪、犯罪情节轻重的各种证据。为了查明案件的真实情况，认识案件事实的本来面目，公安司法人员在收集证据时，必须坚持实事求是的科学态度，客观、全面地收集各种证据。所谓客观地收集证据，就是要从客观实际情况出发去收集客观存在的证据材料，既不能用主观猜想代替客观事实，也不能按主观需要去收集证据，更不能弄虚作假、歪曲事实、制造假证据。主观擅断、先入为主是办理刑事案件的大忌，收集证据切不可按照预先设想的框框，偏听偏信，而应当是对能够反映案件真实情况的一切证据材料都要收集。所谓全面地收集证据，就是对查明案件事实真相有意义的一切证据都要如实收集。全面收集证据，是查明案件真实情况的基础，只有全面地调查取证，才能了解案件事实的全貌，从而对案件事实作出正确的结论。在收集证据的过程中，既要注意收集能够证明犯罪嫌疑人、被告人有罪、罪重的证据，也要注意收集能够证明犯罪嫌疑人、被告人无罪、罪轻的证据，既要注意听取被害人的陈述和证人的证言，又要注意听取犯罪嫌疑人、被告人的辩解。凡是能够证明案件事实的各种证据，都要全面地加以收集。

4. 收集证据应当深入细致。深入细致地收集证据，就是要有认真负责的态度，深入实际，调查研究，收集一切与案件有关的证据，对于任何可疑线索都不能马虎和错过。在调查收集证据的过程中应当注意：凡是与案情有关的地方都要认真检查、勘验；凡是与案情有关的物品和痕迹都要提取；凡是与案情有关的一切单位和个人都应调查、询问，不放过任何细微的情况和线索。否则，就有可能遗漏重要证据，给查明案件事实真相带来一定的困难甚至造成不能结案的后果。

5. 收集证据应当依靠群众。在办理刑事案件过程中走群众路线，是我们一贯坚持的优良传统，也是刑事诉讼法的基本要求。《刑事诉讼法》第50条规定："必须保证一切与案件有关或者了解案情的公民，有客观地充分地提供证据的条件，除特殊情况外，并且可以吸收他们协助调查。"法律不仅赋予了公安司法人员进行调查取证的权力，而且要求在调查取证过程中应当依靠和相信群众。实践中，不少犯罪嫌疑人就是根据群众所提供的线索和情况而被发现和得以证实的。因此，充分相信和依靠群众，在人民群众的支持下收集证据，是查明案件真相的有效途径。

6. 收集证据应当充分运用现代科学技术手段。为了更准确、细致地查明案情，在收集证据时应当注意运用现代化的科学知识和先进的技术设备。现代化的科学技术已经广泛地应用于社会生活的各个领域，科学技术的应用给人类生活带来了巨大的变化，也给社会带来了一些负面影响，比如一些违法犯罪分子利用高科技手段从事违法、犯罪行为并能够轻易地逃避侦查、调查。计算机网络犯罪已经成了一种新的犯罪形式。这些犯罪分子实施犯罪留下的证据，采用一般的方法很难被发现，必须注意运用科学技术手段，及时发现、收集揭露和证实他们犯罪的重要证据。此外，伴随着案件的发生，也会产生一些不明显的、微量的痕迹证据，这些证据单靠传统的方法难以被发现、收集和提取，因此必须将科学技术的最新成果运用到证据的收集活动中，用现代科学技术手段提取证据。

（二）审查证据

1. 审查证据的含义。审查判断证据是指国家专门机关、当事人及其辩护人或诉讼代理人对于各种证据材料进行分析研究，鉴别真伪，确定其有无证明力及证明力大小，并对整个案件事实作出合乎实际的结论的程序。传统理论观点认为，审查证据的主体是国家专门机关，审查证据的活动被看作是基于侦查权、起诉权和审判权而进行的职权行为。事实上，除国家专门机关为了准确认定案件事实需要对证据进行审查和判断外，当事人及其辩护人或者诉讼代理人也要对证据材料进行审查和判断，以便向公安司法人员提出如何认定案件事实的意见和主张。因此，他们也是审查判断证据的主体。审查判断证据的活动是一种思维认识活动，如果说收集证据是人的认识过程的第一阶段即感性认识阶段，那么审查判断证据则是认识过程的第二阶段即理性认识阶段，是在收集证据的基础上，通过分析、判断和推理等形式来完成的。审查、判断证据与收集证据不能截然分开，两者是互相联系，交错进行的。证据的收集是审查判断的前提，没有收集到一定的证据，审查判断就无从谈起；对证据的及时审查与判断，又可以指导进一步的证据收集活动。公安司法人员对案件事实的正确认识，正是在不断收集证据、审查判断证据的过程中逐步实现的。

2. 审查与认定证据的基本要求。

(1) 对单一证据的审查。审查鉴别证据的真伪、证据能力（即证据资格）的有无和证明力（证明案件的程度）的大小，即审查每一份证据的来源、内容及与案件事实的联系等，以判断其是否真实可靠，是否具有证据能力和证明力。对单个证据的审查判断，也就是对每一份证据的真实性、关联性和合法性的审查判断，应注意根据每种证据的不同特点来进行审查。比如，对物证应当着重审查以下内容：物证是否为原物，是否经过辨认、鉴定；物证的照片、录像、复制品或者书证的副本、复制件是否与原物相符，是否由二人以上制作，有无制作人关于制作过程以及原物存放于何处的文字说明和签名；物证的收集程序、方式是否符合法律、有关规定；经勘验、检查、搜查提取、扣押的物证，是否附有相关笔录、清单，笔录、清单是否经侦查人员、物品持有人、见证人签名，没有物品持有人签名的，是否注明原因；物品的名称、特征、数量、质量等是否注明清楚；物证在收集、保管、鉴定过程中是否受损或者改变；物证与案件事实有无关联；对现场遗留的与犯罪有关的具备鉴定条件的血迹、体液、毛发、指纹等生物样本、痕迹、物品，是否已作 DNA 鉴定、指纹鉴定等，并与被告人或者被害人的相应生物检材、生物特征、物品等比对；与案件事实有关联的物证是否全面收集等。通过逐一审查，筛除那些明显虚假、无证明价值或者不具有证据能力的证据材料。同时应注意：据以定案的物证应当是原物。原物不便搬运，不易保存，依法应当由有关部门保管、处理，或者依法应当返还的，可以拍摄、制作足以反映原物外形和特征的照片、录像、复制品。物证的照片、录像、复制品，不能反映原物的外形和特征的，不得作为定案的根据。物证的照片、录像、复制品，经与原物核对无误、经鉴定为真实或者以其他方式确认为真实的，可以作为定案的根据。

（2）对全案证据的审查。是对案件中的所有证据材料进行综合的分析、研究和鉴别，看其相互间所反映和证明的案件事实是否协调一致、相互印证，是否能证明案件的全部事实。对全案证据进行审查判断，主要是审查证据的充分性问题，这就要求公安司法人员不仅要对各种证据进行对照审查，而且要将证据与案件事实联系起来进行考察。在对每一份证据进行逐一审查的基础上，结合全部证据材料，进行综合分析与判断，对全案证据进行审查判断，最基本的方法就是将案件中的各个证据进行比较，看相互之间是否印证。通过对比，注意审查全案证据之间有无矛盾；全案证据同认定的事实之间有无矛盾；将全案证据联系起来，能否得出排他性的结论；审查全案事实与结论是否符合情理。有些案件从表面上看，事实清楚、证据确实充分，实际上却与情理不符，同社会生活规律相矛盾，对此应十分慎重。

相关链接二 非法证据排除

一、非法证据排除的法定含义

根据《刑事诉讼法》及其司法解释的相关规定，非法证据包括非法言词证据和非法实物证据。非法言词证据是指使用肉刑或者变相肉刑，或者采用其他使犯罪嫌疑人、被告人在肉体上或者精神上遭受剧烈疼痛或者痛苦的方法收集的犯罪嫌疑人、被告人供述和采用暴力、威胁等非法方法收集的证人证言、被害人陈述。非法实物证据是指违反法定程序收集的物证、书证，可能严重影响司法公正，不能予以补正或者作出合理解释的。对于非法言词证据和实物证据，不能作为定案的根据，应当依照法定程序予以排除。确立非法证据排除规则的意义：

1. 切实防范冤假错案的发生。证据是认定案件事实的基础，是保证办案质量的关键。近些年发现并纠正的"呼格吉勒图案"等冤假错案，都是在证据和事实认定方面出现了错误，都与刑讯逼供、非法取证紧密相关。特别是重大冤假错案能反映的突出问题，明确非法证据的认定标准，完善非法证据的排除程序，对侦查、起诉、辩护、审判等工作提出高标准、严要求，有助于促使办案人员严格依法收集、审查和运用证据，有效防范冤假错案的发生。

2. 对加强人权司法保障具有重大推进作用。2004 年，我国将"国家尊重和保障人权"明确写入宪法，这对刑事诉讼制度具有重大而深远的影响。随着社会经济文化的发展，人权保障和正当程序等现代法治理念逐步深入人心，刑事诉讼要在更高层次上实现惩治犯罪与保障人权相统一，牢固树立尊重和保障人权的观念。实行非法证据排除规则，既有助于规范办案人员的取证行为，促使侦查机关转变办案方式，提高执法办案的法治化、文明化、规范化水平，也有助于切实保障公民的人身权等基本人权，切实保障无罪的人不受刑事追究。

3. 推进了司法理念和制度的创新。新时期新阶段司法改革的过程，本质上是司法理念和司法制度的创新过程。针对传统的"重打击、轻保护""重实体、轻程序""重口供、轻证据"等思想观念，以科学的司法理念为引领，建立健全事实认定符合客观真相、办案结果符合实体公正、办案过程符合程序公正的法律制度。非法证据排除规则的确立，为办理刑事案件提供更加明确规范的根据指引，对遏制刑讯逼供和非法取证发挥了积极作用。

二、非法证据排除程序的启动

1. 公检机关主动排除非法证据。在办理刑事案件时，公检机关只要发现有属于法律规定的非法证据之情形，均有主动排除非法证据之义务。《刑事诉讼法》第 54 条第 3 款规定："在侦查、审查起诉、审判时发现有应当排除的证据的，应当依法予以排除，不得作为起诉意见、起诉决定和判决的依据。"

2. 被告人、辩护人、诉讼代理人申请法院排除非法证据。即法院根据被告人、辩护人提出的控诉方某证据系非法取得的申请，并依据其提供的相关线索或者材料，对证据收集的合法性进行调查。此时控诉方不仅要承担证明证据收集合法的举证责任，且应当证明至完全排除该证据系非法取得之可能，否则该证据要被排除。控诉方要有针对性地逐一说明并驳斥辩方提供的非法取证的事实不存在，从而消除法庭对该证据是否合法取得的疑问。如果控诉方无法有力地否定辩护方的有关证据或线索属实，那么就可以认为控诉方对该证据系合法取得的证明没有达到"确实、充分"的程度。如果辩护方虽然主张某一控诉证据系非法取得，但既没有提供相关证据，又没有提供线索，则控诉方无须对该证据的合法性进行证明。

3. 法院主动对非法证据启动排除程序。在案件审理中，法院认为某证据系非法取得，而启动调查程序。控诉方有义务对证据的合法性加以证明，即提供能够证明该证据系合法取得的证据，如讯问时的所有录音录像资料、身体检查证明等以此证明审判前的讯问没有刑讯逼供，完全是被告人自愿陈述；再如利用搜查证、搜查笔录、扣押清单等资料证明该实物证据系合法取得等。

三、两院三部对非法证据排除的规定

为了完善非法证据排除规则，加强对刑讯逼供和非法取证的源头预防。2017 年 6 月 20 日最高人民法院、最高人民检察院、公安部、国家安全部、司法部联合印发了《关于办理刑事案件严格排除非法证据若干问题的规定》（以下简称《规定》），该《规定》共 42 条，由最高人民法院会同中央政法各部门研究制定，经中央全面深化改革领导小组第 34 次会议审议通过。

最高人民法院、最高人民检察院、公安部、国家安全部、司法部《关于办理刑事案件严格排除非法证据若干问题的规定》

为准确惩罚犯罪，切实保障人权，规范司法行为，促进司法公正，根据《中华人民共和国刑事诉讼法》及有关司法解释等规定，结合司法实际，制定如下规定。

一、一般规定

第一条 严禁刑讯逼供和以威胁、引诱、欺骗以及其他非法方法收集证据，不得强迫任何人证实自己有罪。对一切案件的判处都要重证据，重调查研究，不轻信口供。

第二条 采取殴打、违法使用戒具等暴力方法或者变相肉刑的恶劣手段，使犯罪嫌疑人、被告人遭受难以忍受的痛苦而违背意愿作出的供述，应当予以排除。

第三条　采用以暴力或者严重损害本人及其近亲属合法权益等进行威胁的方法，使犯罪嫌疑人、被告人遭受难以忍受的痛苦而违背意愿作出的供述，应当予以排除。

第四条　采用非法拘禁等非法限制人身自由的方法收集的犯罪嫌疑人、被告人供述，应当予以排除。

第五条　采用刑讯逼供方法使犯罪嫌疑人、被告人作出供述，之后犯罪嫌疑人、被告人受该刑讯逼供行为影响而作出的与该供述相同的重复性供述，应当一并排除，但下列情形除外：

（一）侦查期间，根据控告、举报或者自己发现等，侦查机关确认或者不能排除以非法方法收集证据而更换侦查人员，其他侦查人员再次讯问时告知诉讼权利和认罪的法律后果，犯罪嫌疑人自愿供述的；

（二）审查逮捕、审查起诉和审判期间，检察人员、审判人员讯问时告知诉讼权利和认罪的法律后果，犯罪嫌疑人、被告人自愿供述的。

第六条　采用暴力、威胁以及非法限制人身自由等非法方法收集的证人证言、被害人陈述，应当予以排除。

第七条　收集物证、书证不符合法定程序，可能严重影响司法公正的，应当予以补正或者作出合理解释；不能补正或者作出合理解释的，对有关证据应当予以排除。

二、侦查

第八条　侦查机关应当依照法定程序开展侦查，收集、调取能够证实犯罪嫌疑人有罪或者无罪、罪轻或者罪重的证据材料。

第九条　拘留、逮捕犯罪嫌疑人后，应当按照法律规定送看守所羁押。犯罪嫌疑人被送交看守所羁押后，讯问应当在看守所讯问室进行。因客观原因侦查机关在看守所讯问室以外的场所进行讯问的，应当作出合理解释。

第十条　侦查人员在讯问犯罪嫌疑人的时候，可以对讯问过程进行录音录像；对于可能判处无期徒刑、死刑的案件或者其他重大犯罪案件，应当对讯问过程进行录音录像。

侦查人员应当告知犯罪嫌疑人对讯问过程录音录像，并在讯问笔录中写明。

第十一条　对讯问过程录音录像，应当不间断进行，保持完整性，不得选择性地录制，不得剪接、删改。

第十二条　侦查人员讯问犯罪嫌疑人，应当依法制作讯问笔录。讯问笔录应当交犯罪嫌疑人核对，对于没有阅读能力的，应当向他宣读。对讯问笔录中有遗漏或者差错等情形，犯罪嫌疑人可以提出补充或者改正。

第十三条　看守所应当对提讯进行登记，写明提讯单位、人员、事由、起止时间以及犯罪嫌疑人姓名等情况。

看守所收押犯罪嫌疑人，应当进行身体检查。检查时，人民检察院驻看守所检察人员可以在场。检查发现犯罪嫌疑人有伤或者身体异常的，看守所应当拍照或者录像，分别由送押人员、犯罪嫌疑人说明原因，并在体检记录中写明，由送押人员、收押人员和犯罪嫌疑人签字确认。

第十四条　犯罪嫌疑人及其辩护人在侦查期间可以向人民检察院申请排除非法证据。对犯罪嫌疑人及其辩护人提供相关线索或者材料的，人民检察院应当调查核实。调查结论应当书面告知犯罪嫌疑人及其辩护人。对确有以非法方法收集证据情形的，人民检察院应当向侦查机关提出纠正意见。

侦查机关对审查认定的非法证据，应当予以排除，不得作为提请批准逮捕、移送审查起诉的根据。

对重大案件，人民检察院驻看守所检察人员应当在侦查终结前询问犯罪嫌疑人，核查是否存在刑讯逼供、非法取证情形，并同步录音录像。经核查，确有刑讯逼供、非法取证情形的，侦查机关应当及时排除非法证据，不得作为提请批准逮捕、移送审查起诉的根据。

第十五条　对侦查终结的案件，侦查机关应当全面审查证明证据收集合法性的证据材料，依法排除非法证据。排除非法证据后，证据不足的，不得移送审查起诉。

侦查机关发现办案人员非法取证的，应当依法作出处理，并可另行指派侦查人员重新调查取证。

三、审查逮捕、审查起诉

第十六条　审查逮捕、审查起诉期间讯问犯罪嫌疑人，应当告知其有权申请排除非法证据，并告知诉讼权利和认罪的法律后果。

第十七条　审查逮捕、审查起诉期间，犯罪嫌疑人及其辩护人申请排除非法证据，并提供相关线索或者材料的，人民检察院应当调查核实。调查结论应当书面告知犯罪嫌疑人及其辩护人。

人民检察院在审查起诉期间发现侦查人员以刑讯逼供等非法方法收集证据的，应当依法排除相关证据并提出纠正意见，必要时人民检察院可以自行调查取证。

人民检察院对审查认定的非法证据，应当予以排除，不得作为批准或者决定逮捕、提起公诉的根据。被排除的非法证据应当随案移送，并写明为依法排除的非法证据。

第十八条 人民检察院依法排除非法证据后，证据不足，不符合逮捕、起诉条件的，不得批准或者决定逮捕、提起公诉。

对于人民检察院排除有关证据导致对涉嫌的重要犯罪事实未予认定，从而作出不批准逮捕、不起诉决定，或者对涉嫌的部分重要犯罪事实决定不起诉的，公安机关、国家安全机关可要求复议、提请复核。

四、辩护

第十九条 犯罪嫌疑人、被告人申请提供法律援助的，应当按照有关规定指派法律援助律师。

法律援助值班律师可以为犯罪嫌疑人、被告人提供法律帮助，对刑讯逼供、非法取证情形代理申诉、控告。

第二十条 犯罪嫌疑人、被告人及其辩护人申请排除非法证据，应当提供涉嫌非法取证的人员、时间、地点、方式、内容等相关线索或者材料。

第二十一条 辩护律师自人民检察院对案件审查起诉之日起，可以查阅、摘抄、复制讯问笔录、提讯登记、采取强制措施或者侦查措施的法律文书等证据材料。其他辩护人经人民法院、人民检察院许可，也可以查阅、摘抄、复制上述证据材料。

第二十二条 犯罪嫌疑人、被告人及其辩护人向人民法院、人民检察院申请调取公安机关、国家安全机关、人民检察院收集但未提交的讯问录音录像、体检记录等证据材料，人民法院、人民检察院经审查认为犯罪嫌疑人、被告人及其辩护人申请调取的证据材料与证明证据收集的合法性有联系的，应当予以调取；认为与证明证据收集的合法性没有联系的，应当决定不予调取并向犯罪嫌疑人、被告人及其辩护人说明理由。

五、审判

第二十三条 人民法院向被告人及其辩护人送达起诉书副本时，应当告知其有权申请排除非法证据。

被告人及其辩护人申请排除非法证据，应当在开庭审理前提出，但在庭审期间发现相关线索或者材料等情形除外。人民法院应当在开庭审理前将申请书和相关线索或者材料的复制件送交人民检察院。

第二十四条 被告人及其辩护人在开庭审理前申请排除非法证据，未提供相关线索或者材料，不符合法律规定的申请条件的，人民法院对申请不予受理。

第二十五条 被告人及其辩护人在开庭审理前申请排除非法证据，按照法律规定提供相关线索或者材料的，人民法院应当召开庭前会议。人民检察院应当通过出示有关证据材料等方式，有针对性地对证据收集的合法性作出说明。人民法院可以核实情况，听取意见。

人民检察院可以决定撤回有关证据，撤回的证据，没有新的理由，不得在庭审中出示。

被告人及其辩护人可以撤回排除非法证据的申请。撤回申请后，没有新的线索或者材料，不得再次对有关证据提出排除申请。

第二十六条 公诉人、被告人及其辩护人在庭前会议中对证据收集是否合法未达成一致意见，人民法院对证据收集的合法性有疑问的，应当在庭审中进行调查；人民法院对证据收集的合法性没有疑问，且没有新的线索或者材料表明可能存在非法取证的，可以决定不再进行调查。

第二十七条 被告人及其辩护人申请人民法院通知侦查人员或者其他人员出庭，人民法院认为现有证据材料不能证明证据收集的合法性，确有必要通知上述人员出庭作证或者说明情况的，可以通知上述人员出庭。

第二十八条 公诉人宣读起诉书后，法庭应当宣布开庭审理前对证据收集合法性的审查及处理情况。

第二十九条 被告人及其辩护人在开庭审理前未申请排除非法证据，在法庭审理过程中提出申请的，应当说明理由。

对前述情形，法庭经审查，对证据收集的合法性有疑问的，应当进行调查；没有疑问的，应当驳回申请。

法庭驳回排除非法证据申请后，被告人及其辩护人没有新的线索或者材料，以相同理由再次提出申请的，法庭不再审查。

第三十条 庭审期间，法庭决定对证据收集的合法性进行调查的，应当先行当庭调查。但为防止庭审过分迟延，也可以在法庭调查结束前进行调查。

第三十一条 公诉人对证据收集的合法性加以证明，可以出示讯问笔录、提讯登记、体检记录、采取强制措施或者侦查措施的法律文书、侦查终结前对讯问合法性的核查材料等证据材料，有针对性地播放讯问录音录像，提请法庭通知侦查人员或者其他人员出庭说明情况。

被告人及其辩护人可以出示相关线索或者材料，并申请法庭播放特定时段的讯问录音录像。

侦查人员或者其他人员出庭，应当向法庭说明证据收集过程，并就相关情况接受发问。对发问方式不当或者内容与证据收集的合法性无关的，法庭应当制止。

公诉人、被告人及其辩护人可以对证据收集的合法性进行质证、辩论。

第三十二条 法庭对控辩双方提供的证据有疑问的，可以宣布休庭，对证据进行调查核实。必要时，可以通知公诉人、辩护人到场。

第三十三条 法庭对证据收集的合法性进行调查后，应当当庭作出是否排除有关证据的决定。必要时，可以宣布休庭，由合议庭评议或者提交审判委员会讨论，再次开庭时宣布决定。

在法庭作出是否排除有关证据的决定前，不得对有关证据宣读、质证。

第三十四条 经法庭审理，确认存在本规定所规定的以非法方法收集证据情形的，对有关证据应当予以排除。法庭根据相关线索或者材料对证据收集的合法性有疑问，而人民检察院未提供证据或者提供的证据不能证明证据收集的合法性，不能排除存在本规定所规定的以非法方法收集证据情形的，对有关证据应当予以排除。

对依法予以排除的证据，不得宣读、质证，不得作为判决的根据。

第三十五条 人民法院排除非法证据后，案件事实清楚，证据确实、充分，依据法律认定被告人有罪的，应当作出有罪判决；证据不足，不能认定被告人有罪的，应当作出证据不足、指控的犯罪不能成立的无罪判决；案件部分事实清楚，证据确实、充分的，依法认定该部分事实。

第三十六条 人民法院对证据收集合法性的审查、调查结论，应当在裁判文书中写明，并说明理由。

第三十七条 人民法院对证人证言、被害人陈述等证据收集合法性的审查、调查，参照上述规定。

第三十八条 人民检察院、被告人及其法定代理人提出抗诉、上诉，对第一审人民法院有关证据收集合法性的审查、调查结论提出异议的，第二审人民法院应当审查。

被告人及其辩护人在第一审程序中未申请排除非法证据，在第二审程序中提出申请的，应当说明理由。第二审人民法院应当审查。

人民检察院在第一审程序中未出示证据证明证据收集的合法性，第一审人民法院依法排除有关证据的，人民检察院在第二审程序中不得出示之前未出示的证据，但在第一审程序后发现的除外。

第三十九条 第二审人民法院对证据收集合法性的调查，参照上述第一审程序的规定。

第四十条 第一审人民法院对被告人及其辩护人排除非法证据的申请未予审查，并以有关证据作为定案根据，可能影响公正审判的，第二审人民法院可以裁定撤销原判，发回原审人民法院重新审判。

第一审人民法院对依法应当排除的非法证据未予排除的，第二审人民法院可以依法排除非法证据。排除非法证据后，原判决认定事实和适用法律正确、量刑适当的，应当裁定驳回上诉或者抗诉，维持原判；原判决认定事实没有错误，但适用法律有错误，或者量刑不当的，应当改判；原判决事实不清楚或者证据不足的，可以裁定撤销原判，发回原审人民法院重新审判。

第四十一条 审判监督程序、死刑复核程序中对证据收集合法性的审查、调查，参照上述规定。

第四十二条 本规定自 2017 年 6 月 27 日起施行。

第三节　起诉程序

引导语：起诉程序是人民检察院承接公安机关移送起诉的案件后，经过审查核实，对应当追究刑事责任的犯罪嫌疑人，以国家公诉人的身份依法向人民法院提起诉讼，继而启动审判程序的活动。起诉程序是刑事诉讼的中间环节，模拟这一程序，学生应当掌握和领会以下基本知识点。

一、审查起诉

（一）起诉的原则

刑事起诉是国家公诉机关针对被告人所实施的犯罪行为，依法向法院提起诉讼，要求法院对指控的犯罪进行审判，以确定被告人刑事责任并予以刑事处罚的诉讼活动。

现代各国的起诉模式基本上可以分为两种类型：一是公诉独占主义，即案件的起诉权被国家垄断，排除被害人自诉，如日本等国；二是公诉兼自诉模式，即较为严重的犯罪案件的起诉权由检察机关代表国家行使，而少量的比较轻微的犯罪案件，基于效率等因素考虑，允许公民个人自诉，这是大多数国家所采取的一种以公诉为主、自诉为辅的起诉方式，我国的刑事起诉模式也属于此种类型。

至于符合起诉条件的公诉案件是否必须向审判机关起诉的问题，诉讼理论中又有起诉二原则之分。一是实行起诉法定主义。即只要犯罪嫌疑人符合法律规定的起诉条件，公诉机关都应当提起公诉，而不得考虑犯罪嫌疑人及其罪行有无酌定起诉的具体情节。西方学者认为，采取这种方式，强调起诉的合法性、公平性，因此，它又被称为起诉合法主义，这实际上排除了公诉机关对起诉的自由裁量权。一般说来，起诉法定主义在对犯罪进行追诉的问题上统一了标准，可以避免公诉机关滥用公诉权。同时，还可以有效地防止刑事司法为政治权势所左右，保证法律的严肃性。但是，它欠缺对案件具体情况的考虑，并且不能充分体现诉讼的效率原则。因此，起诉法定主义在司法实践中日益受到冲击。二是实行起诉便宜主义。起诉便宜主义主要是指在具备起诉条件的情况下，检察机关享有自由裁量权，可以根据犯罪嫌疑人及其罪行等具体情况以及刑事法律、政策等来决定是否提起公诉、追究犯罪。由于起诉便宜主义赋予了检察机关在提起公诉问题上一定的自由裁量权，公诉机关可以根据案件的具体情节和刑事法律、政策的有关规定，决定是否追诉，从而有利于实现刑法的价值目标。因此，世界上大多数国家的刑事诉讼法确立了起诉便宜主义原则，赋予检察机关不同程度的自由裁量权。在历史上，起诉法定主义曾经处于一元独占的地位。随着效率因素的不断被强调，现代各国的刑事诉讼立法大多在明确规定起诉条件的同时，增加了贯彻起诉便宜主义的制度，强调起诉法定主义与起诉便宜主义的二元并存。在我国，

《刑事诉讼法》仍然坚持了公诉为主、自诉为辅的起诉模式，并适当扩大了自诉案件的范围；在起诉的原则上，则贯彻以起诉法定主义为主、起诉便宜主义为补充的精神。

（二）审查起诉的内容

审查起诉是指人民检察院对公安机关侦查终结移送起诉的案件进行审查，依法对犯罪嫌疑人作出提起公诉、不起诉的诉讼活动。《刑事诉讼法》第 167条规定："凡需要提起公诉的案件，一律由人民检察院审查决定。"可见，在我国，凡是需要对犯罪嫌疑人提起公诉的，只能由人民检察院代表国家行使审查起诉的权力，除此以外，其他任何机关、团体和个人都无权行使该项权力。根据《刑事诉讼法》第 168 条和 2012 年《人民检察院刑事诉讼规则（试行）》（以下简称《检察院规则》）第 363 条的规定，人民检察院对于移送审查起诉的案件，必须查明以下内容：

1. 犯罪嫌疑人身份状况是否清楚，包括姓名、性别、国籍、出生年月日、职业和单位等；单位犯罪的，单位的相关情况是否清楚。

2. 犯罪事实、情节是否清楚；实施犯罪的时间、地点、手段、犯罪事实、危害后果是否明确。

3. 认定犯罪性质和罪名的意见是否正确；有无法定的从重、从轻、减轻或者免除处罚的情节及酌定从重、从轻情节；共同犯罪案件的犯罪嫌疑人在犯罪活动中的责任的认定是否恰当。

4. 证明犯罪事实的证据材料包括采取技术侦查措施的决定书及证据材料是否随案移送；证明相关财产系违法所得的证据材料是否随案移送；不宜移送的证据的清单、复制件、照片或者其他证明文件是否随案移送。

5. 证据是否确实、充分，是否依法收集，有无应当排除非法证据的情形。犯罪事实和情节是否清楚，是由证据加以证明的，只有掌握了确实、充分的证据，才能准确认定犯罪事实。因此，在审查犯罪事实、情节时，必须对侦查中所获得的全案证据进行分析、鉴别，看其是否客观、全面、真实；是否与案件事实有关，是否充分；证据的证明效力如何；收集证据的程序是否合法。在审查时，既要注意证明有罪和罪重的证据，也要注意证明无罪和罪轻的证据，并注意各种证据之间有无矛盾，特别是犯罪嫌疑人的供述与其他证据之间有无矛盾。

6. 侦查的各种法律手续和诉讼文件是否完备。

7. 有无遗漏罪行和其他应当追究刑事责任的人。

8. 是否属于不应当追究刑事责任的；在审查起诉时，除了划清罪与非罪的界限之外，还要从事实、情节、法律规定等方面审查犯罪嫌疑人是否属于不应追究刑事责任的情况。《刑事诉讼法》第15条规定了不予追究刑事责任的六种情形，凡是具有规定中六种情形之一的，都不应追究刑事责任。一经查明，应当依法作出不起诉的处理决定。这样，在依法追究犯罪嫌疑人刑事责任的同时，又避免使无罪的人或依法不应追究刑事责任的人受到错误的追究。

9. 有无附带民事诉讼；对于国家财产、集体财产遭受损失的，是否需要由人民检察院提起附带民事诉讼。被害人由于被告人的犯罪行为遭受直接物质损失的，在刑事诉讼过程中，有权提起附带民事诉讼。因此，人民检察院在对案件进行审查时，还必须审查犯罪嫌疑人的犯罪行为是否给国家、集体和公民个人造成财产上的损失以及损失的大小。如果是国家、集体财产受到损失，人民检察院在提起公诉的时候，可以主动提起附带民事诉讼；如果是公民的财产受到损失，被害人没有提起附带民事诉讼的，人民检察院应当主动告知被害人有提起附带民事诉讼的权利，以保护被害人的合法权益。

10. 采取的强制措施是否适当，对于已经逮捕的犯罪嫌疑人，有无继续羁押的必要。

11. 侦查活动是否合法。《刑事诉讼法》第8条规定："人民检察院依法对刑事诉讼实行法律监督。"对侦查机关的侦查活动是否合法实行监督，是人民检察院实施法律监督的重要途径。这种监督主要通过提起公诉阶段对侦查机关移送起诉的案件进行审查来实现。在审查起诉时，一旦发现侦查活动有违法情况，应及时提出纠正意见，侦查机关应当将纠正的情况告知人民检察院。对于在侦查活动中有刑讯逼供、贪污、挪用赃款、赃物以及有徇私枉法等行为，情节严重，构成犯罪的，应当依法追究刑事责任。

12. 涉案款物是否查封、扣押、冻结并妥善保管，清单是否齐备；对被害人合法财产的返还和对违禁品或者不宜长期保存的物品的处理是否妥当，移送的证明文件是否完备。

（三）审查起诉的方法

1. 全面阅卷。通过阅卷核对起诉意见书、犯罪事实及证据是否一致。

2. 讯问犯罪嫌疑人；询问证人、鉴定人、被害人。

3. 听取辩护人、被害人及其诉讼代理人的意见。口头意见记录在案，书面意见应当附卷。

4. 询问证据来源，必要时可以复验、复查相关证据。

（四）审查后的处理

根据《检察院规则》第 376 条的规定，办案人员对案件进行审查后，应当制作案件审查报告，提出起诉或者不起诉以及是否需要提起附带民事诉讼的意见，经公诉部门负责人审核，报请检察长或者检察委员会决定。通常检察院审查后的处理结果有三：提起公诉、不起诉、补充侦查。

二、提起公诉

提起公诉是国家赋予人民检察院的一项专有职权，只有人民检察院才能代表国家对犯罪提起公诉，其他任何机关、团体和个人均无权行使该权利。提起公诉是检察机关代表国家向被告人提出控告，要求法院通过审判追究被告人刑事责任的活动。它表明被告人正受到国家的刑事追究，将面临法院的刑事审理并可能被判处刑罚，因此直接影响到公民的人身权利和其他合法权益。为了保证起诉质量，正确行使国家刑事追诉权，防止因错诉使无罪的人受到刑事审判，法律对提起公诉的条件作出了明确的规定。

（一）提起公诉的条件

1. 犯罪嫌疑人的行为已经构成犯罪。提起公诉的目的是要求审判机关追究犯罪，是实行国家刑罚权的活动，而国家刑罚权的行使，首先取决于犯罪嫌疑人是否有犯罪行为或者其行为是否已经构成犯罪。因此，提起公诉的首要条件是犯罪嫌疑人被指控的行为已经构成犯罪。

2. 有确实、充分的证据证明犯罪行为是犯罪嫌疑人所实施。被指控的犯罪行为与犯罪嫌疑人这一特定对象之间必须有逻辑关系。如果只有犯罪事实存在，却不能证明其是犯罪嫌疑人所为，同样不能对犯罪嫌疑人提出控诉。此外，犯罪嫌疑人的犯罪行为所造成的犯罪事实应当查清。根据 2012 年《检察院规则》第 390 条的规定，具有下列情形之一的，可以确定犯罪事实已经查清：①属于单一罪行的案件，查清的事实足以定罪量刑或者与定罪量刑有关的事实已经查清，不影响定罪量刑的事实无法查清的；②属于数个罪行的案件，部分罪行已经查清并符合起诉条件，其他罪行无法查清的，应就已经查清的罪行起诉；③无法查清作案工具、赃物去向，但有其他证据足以对被告人定罪量刑的；④证人证言、犯罪嫌疑人供述和辩解、被害人陈述的内容中主要情节一致，只有个别情节不一致且不影响定罪的。

3. 依法应当追究犯罪嫌疑人的刑事责任。公诉权是基于国家对犯罪行为的刑罚权而产生的诉讼上的刑罚请求权，因此，仅仅具备上述两个条件还不够，还要具备第三个条件才能提起公诉，即依法应当追究犯罪嫌疑人的刑事责任。也就是说，并非犯罪嫌疑人的行为构成犯罪就一定要提起公诉，还必须排除法律规定不受刑事处罚的各种情形。如果在提起公诉时发现犯罪嫌疑人虽然构成犯罪，但属于《刑法》或《刑事诉讼法》明确规定不应追究刑事责任的情形，即具有《刑事诉讼法》第15条规定情形之一的，则没有交付审判的必要，就不应作出提起公诉的决定。

4. 确定管辖。检察院收到移送审查起诉的案件后，经审查认为不属于本院管辖的，应当在5日内经由案件管理部门移送有管辖权的检察院。各级检察院提起公诉，应当与法院审判管辖相适应。

（二）案卷移送

检察院提起公诉的案件，应当制作起诉书，并向法院移送起诉书、案卷材料和证据。起诉书应当一式8份，每增加一名被告人增加起诉书5份；提出量刑建议的，可以制作量刑建议书，与起诉书一并移送法院。

（三）出庭支持公诉

提起公诉的案件，检察院应当派员以国家公诉人的身份出席第一审法庭，支持公诉。公诉人应当由检察长、检察员或者经检察长批准代行检察员职务的助理检察员一人至数人担任，并配备书记员担任记录。适用简易程序审理的公诉案件，可以不配备书记员担任记录。公诉人在人民法院决定开庭审判后，应当做好如下准备工作：①进一步熟悉案情，掌握证据情况；②深入研究与本案有关的法律政策问题；③充实审判中可能涉及的专业知识；④拟定讯问被告人、询问证人、鉴定人、有专门知识的人和宣读、出示、播放证据的计划并制定质证方案；⑤对可能出现证据合法性争议的，拟定证明证据合法性的提纲并准备相关材料；⑥拟定公诉意见，准备辩论提纲；⑦需要对出庭证人等的保护向人民法院提出建议或者配合做好工作的，做好相关准备。

公诉人在法庭上应当依法进行下列活动：①宣读起诉书，代表国家指控犯罪，提请人民法院对被告人依法审判；②讯问被告人；③询问证人、被害人、鉴定人；④申请法庭出示物证，宣读书证、未到庭证人的证言笔录、鉴定人的鉴定意见、勘验、检查、辨认、侦查实验等笔录和其他作为证据的文书，播放作为证据的视听资料、电子数据等；⑤对证据采信、法律适用和案件情况发表意见，提出量刑建议及理由，针对被告人、辩护人的辩护意见进行答辩，全面阐述公诉意见；⑥维护诉讼参与人的合法权利；⑦对法庭审理案件有无违反法律规定的诉讼程序的情况记明笔录；⑧依法从事其他诉讼活动。

三、撤回起诉

在法院宣告判决前，检察院发现具有下列情形之一的，可以撤回起诉：①不存在犯罪事实的；②犯罪事实并非被告人所为的；③情节显著轻微、危害不大，不认为是犯罪的；④证据不足或证据发生变化，不符合起诉条件的；⑤被告人因未达到刑事责任年龄，不负刑事责任的；⑥法律、司法解释发生变化导致不应当追究被告人刑事责任的；⑦其他不应当追究被告人刑事责任的。撤回起诉应当报经检察长或者检察委员会决定，并以书面形式在判决前向法院提出。

对于撤回起诉的案件，检察院应当在撤回起诉后 30 日内作出不起诉决定。需要重新侦查的，应当在作出不起诉决定后将案卷材料退回公安机关，建议公安机关重新侦查并书面说明理由。对于撤回起诉的案件，没有新的事实或者新的证据，人民检察院不得再行起诉（新的事实是指原起诉书中未指控的犯罪事实。该犯罪事实触犯的罪名既可以是原指控罪名的同一罪名，也可以是其他罪名；新的证据是指撤回起诉后收集、调取的足以证明原指控犯罪事实的证据）。此外，根据《检察院规则》第 458 条的规定，在人民法院宣告判决前，人民检察院发现：被告人的真实身份或者犯罪事实与起诉书中叙述的身份或者指控犯罪事实不符的，或者事实、证据没有变化，但罪名、适用法律与起诉书不一致的，可以变更起诉；发现遗漏的同案犯罪嫌疑人或者罪行可以一并起诉和审理的，可以追加、补充起诉。

四、补充侦查

人民检察院对公安机关移送审查起诉的案件审查后，认为犯罪事实不清、证据不足或者遗漏罪行、遗漏同案犯罪嫌疑人等情形需要补充侦查的，应当提出具体的书面意见，连同案卷材料一并退回公安机关补充侦查，公安机关应当在 1 个月以内补充侦查完毕；对本院侦查部门移送审查起诉的案件审查后，认为犯罪事实不清、证据不足或者遗漏罪行、遗漏同案犯罪嫌疑人等情形需要补充侦查的，应当向侦查部门提出补充侦查的书面意见，连同案卷材料一并退回侦查部门补充侦查，人民检察院退回补充侦查以二次为限。

第四节　审判程序

引导语：审判程序是人民法院针对人民检察院提起诉讼的刑事案件，依照法定程序进行审理和判决的诉讼过程。模拟这一程序，学生应当掌握和领会以下基本知识点。

一、审判组织

审判组织是代表法院对各类案件进行审理和裁判的组织。包括：独任庭、合议庭。

（一）独任庭

由审判员一人担任案件审理和裁判的组织形式。是基层法院适用简易程序审理和裁判案件时所用的审判形式。独任庭审理以下几类案件：

1. 案件事实清楚、证据充分的。

2. 被告人承认自己所犯罪行，对指控的犯罪事实没有异议的。

3. 被告人对适用简易程序没有异议的。

4. 可能判处 3 年有期徒刑以下刑罚的。这类案件也可以组成合议庭进行审判。

审判员依法独任审判时，行使与审判长相同的职权。独任审判的案件，审判员认为有必要的，也可以提请院长决定提交审判委员会讨论决定。

（二）合议庭

合议庭是人民法院集体审理和裁判案件的基本组织形式。基层人民法院、中级人民法院审判第一审案件，应当由审判员 3 人或者由审判员和人民陪审员共 3 人组成合议庭进行；高级人民法院、最高人民法院审判第一审案件，应当由审判员 3~7 人或者由审判员和人民陪审员共 3~7 人组成合议庭进行。

合议庭全体成员平等参与案件的审理、评议和裁判，依法履行审判职责。合议庭必须是 3 人以上的单数组成，合议庭的组织者是审判长，审判长由院长或庭长指定 1 名审判员担任审判长，助理审判员由本院院长提出，经审判委员会通过，可以临时代行审判员职务，并可以担任审判长。院长或者庭长参加审判案件的时候，自己担任审判长。

合议庭评议案件实行少数服从多数的原则，不同意见记入笔录，各成员签名。合议庭评议案件不公开进行，全体成员均应当参加案件评议。评议案件时，合议庭成员应当针对案件的证据采信、事实认定、法律适用、裁判结果以及诉讼程序等问题充分发表意见，合议庭成员评议时发表意见不受追究。合议庭评议后，应当作出判决。对于合议庭成员意见有重大分歧的案件、新类型案件、社会影响重大的案件以及其他疑难、复杂、重大的案件，合议庭认为难以作出决定的，由合议庭提请院长决定提交审判委员会讨论决定。审判委员会的决定，合议庭、独任审判员应当执行；有不同意见的，可以建议院长提交审判委员会复议。

二、审判程序的启动

这里所说的审判程序仅指第一审普通程序，是指人民法院对人民检察院提起公诉的案件进行初次审理所必须遵守的步骤和方式。

（一）庭前审查

庭前审查是法院对检察院提起公诉的案件，进行庭前审查，决定是否开庭审判的活动。法院应当在收到起诉书和案卷、证据后，指定审判人员审查以下内容：

1. 是否属于本院管辖。

2. 起诉书是否写明被告人的身份，是否受过或者正在接受刑事处罚，被采取强制措施的种类、羁押地点，犯罪的时间、地点、手段、后果以及其他可能影响定罪量刑的情节。

3. 是否移送证明指控犯罪事实的证据材料，包括采取技术侦查措施的批准决定和所收集的证据材料。

4. 是否查封、扣押、冻结被告人的违法所得或者其他涉案财物，并附证明相关财物依法应当追缴的证据材料。

5. 是否列明被害人的姓名、住址、联系方式；是否附有证人、鉴定人名单；是否申请法庭通知证人、鉴定人、有专门知识的人出庭，并列明有关人员的姓名、性别、年龄、职业、住址、联系方式；是否附有需要保护的证人、鉴定人、被害人名单。

6. 当事人已委托辩护人、诉讼代理人，或者已接受法律援助的，是否列明辩护人、诉讼代理人的姓名、住址、联系方式。

7. 是否提起附带民事诉讼；提起附带民事诉讼的，是否列明附带民事诉讼当事人的姓名、住址、联系方式，是否附有相关证据材料。

8. 侦查、审查起诉程序的各种法律手续和诉讼文书是否齐全。

9. 有无《刑事诉讼法》第15条第2~6项规定的不追究刑事责任的情形。

（二）审查后处理

案件审查后，应当按照下列情形分别处理：

1. 属于告诉才处理的案件，应当退回人民检察院，并告知被害人有权提起自诉。

2. 不属于本院管辖或者被告人不在案的，应当退回人民检察院。

3. 不符合第2~8项审查内容之一的，需要补充材料的，应当通知人民检察院在3日内补送。

4. 依照《刑事诉讼法》第195条第3项规定宣告被告人无罪后，人民检察院根据新的事实、证据重新起诉的，应当依法受理。

5. 依照《刑事诉讼法司法解释》第242条规定裁定准许撤诉的案件，没有新的事实、证据，重新起诉的，应当退回人民检察院。

6. 符合《刑事诉讼法》第15条第2~6项规定情形的，应当裁定终止审理或者退回人民检察院。

7. 被告人真实身份不明，但符合《刑事诉讼法》第158条第2款规定的，应当依法受理。

对公诉案件是否受理，应当在7日内审查完毕。

（三）庭前准备

1. 确定审判长及合议庭组成人员。

2. 开庭10日前将起诉书副本送达被告人、辩护人。

3. 通知当事人、法定代理人、辩护人、诉讼代理人在开庭5日前提供证人、鉴定人名单，以及拟当庭出示的证据；申请证人、鉴定人、有专门知识的人出庭的，应当列明有关人员的姓名、性别、年龄、职业、住址、联系方式。

4. 开庭3日前将开庭的时间、地点通知人民检察院。

5. 开庭 3 日前将传唤当事人的传票和通知辩护人、诉讼代理人、法定代理人、证人、鉴定人等出庭的通知书送达；通知有关人员出庭，也可以采取电话、短信、传真、电子邮件等能够确认对方收悉的方式。

6. 公开审理的案件，在开庭 3 日前公布案由、被告人姓名、开庭时间和地点。

上述工作情况应当记录在案。

（四）庭前会议

案件具有下列情形之一的，审判人员可以召开庭前会议：

1. 当事人及其辩护人、诉讼代理人申请排除非法证据的。

2. 证据材料较多、案情重大复杂的。

3. 社会影响重大的。

4. 需要召开庭前会议的其他情形。

召开庭前会议，根据案件情况，可以通知被告人参加。庭前会议情况应当制作笔录。

（五）开庭审理

开庭审判是法院依照法定程序在公诉人、被害人、被告人、辩护人、证人的参加下，通过控辩双方当庭举证、质证和辩论，查明案件事实，调查核实证据，并依法作出裁判的诉讼活动。开庭审理前，书记员应当依次进行下列工作：受审判长委托，查明公诉人、当事人、证人及其他诉讼参与人是否到庭；宣读法庭规则；请公诉人及相关诉讼参与人入庭；请审判长、审判员（人民陪审员）入庭；审判人员就座后，向审判长报告开庭前的准备工作已经就绪。

第一步：审判长宣布开庭

审判长宣布开庭（敲法槌），传被告人到庭后，应当查明被告人的下列情况：

1. 姓名、出生日期、民族、出生地、文化程度、职业、住址，或者被告单位的名称、住所地、诉讼代表人的姓名、职务。

2. 是否受过法律处分及处分的种类、时间。

3. 是否被采取强制措施及强制措施的种类、时间。

4. 收到起诉书副本的日期；有附带民事诉讼的，附带民事诉讼被告人收到附带民事起诉状的日期。

被告人较多的，可以在开庭前查明上述情况，但开庭时审判长应当作出说明。

审判长宣布案件的来源、起诉的案由、附带民事诉讼当事人的姓名及是否公开审理；不公开审理的，应当宣布理由。

审判长宣布合议庭组成人员、书记员、公诉人名单及辩护人、鉴定人、翻译人员等诉讼参与人的名单。

审判长应当告知当事人及其法定代理人、辩护人、诉讼代理人在法庭审理过程中依法享有下列诉讼权利：

1. 可以申请合议庭组成人员、书记员、公诉人、鉴定人和翻译人员回避。

2. 可以提出证据，申请通知新的证人到庭、调取新的证据，申请重新鉴定或者勘验、检查。

3. 被告人可以自行辩护。

4. 被告人可以在法庭辩论终结后作最后陈述。

审判长应当询问当事人及其法定代理人、辩护人、诉讼代理人是否申请回避、申请何人回避和申请回避的理由。

第二步：法庭调查

1. 定罪实事、证据调查。审判长宣布法庭调查开始后，应当先由公诉人宣读起诉书；有附带民事诉讼的，再由附带民事诉讼原告人或者其法定代理人、诉讼代理人宣读附带民事起诉状。在审判长主持下，被告人、被害人可以就起诉书指控的犯罪事实分别陈述。

公诉人可以就起诉书指控的犯罪事实讯问被告人。经审判长准许，被告人的法定代理人、辩护人，附带民事诉讼被告人及其法定代理人、诉讼代理人可以在控诉一方就某一问题讯问完毕后向被告人发问。控辩双方可以向被害人、附带民事诉讼原告人发问。

审判人员可以讯问被告人。必要时，可以向被害人、附带民事诉讼当事人发问。讯问同案审理的被告人，应当分别进行。必要时，可以传唤同案被告人等到庭对质。

法庭应当准许控辩双方举证质证，控辩双方申请证人出庭作证，出示证据，应当说明证据的名称、来源和拟证明的事实。对方应对出示的证据就其真实性、关联性、合法性几方面进行质证。

已经移送人民法院的证据，控辩双方需要出示的，可以向法庭提出申请。

法庭同意的，应当指令值庭法警出示、播放；需要宣读的，由值庭法警交由申请人宣读。

公诉人、当事人或者辩护人、诉讼代理人对证人证言有异议，且该证人证言对定罪量刑有重大影响，或者对鉴定意见有异议，申请法庭通知证人、鉴定人出庭作证，人民法院认为有必要的，应当通知证人、鉴定人出庭；无法通知或者证人、鉴定人拒绝出庭的，应当及时告知申请人。

2. 量刑事实、证据调查。人民法院应当审查被告人是否具有法定量刑情节，同时还应当根据案件情况审查以下影响量刑的情节：案件起因；被害人有无过错及过错程度，是否对矛盾激化负有责任及责任大小；被告人的近亲属是否协助抓获被告人；被告人平时表现，有无悔罪态度；退赃、退赔及赔偿情况；被告人是否取得被害人或者其近亲属谅解；影响量刑的其他情节等。

第三步：法庭辩论

合议庭认为案件事实已经调查清楚的，应当由审判长宣布法庭调查结束，开始就定罪、量刑的事实、证据和适用法律等问题进行法庭辩论。在审判长的主持下，法庭辩论应当按照下列顺序进行：①公诉人发言；②被害人及其诉讼代理人发言；③被告人自行辩护；④辩护人辩护；⑤控辩双方进行辩论。

对被告人认罪的案件，法庭辩论时，可以引导控辩双方主要围绕量刑和其他有争议的问题进行；对被告人不认罪或者辩护人作无罪辩护的案件，法庭辩论时，可以引导控辩双方先辩论定罪问题，后辩论量刑问题。检察院可以提出量刑建议并说明理由，量刑建议一般应当具有一定的幅度。当事人及其辩护人、诉讼代理人可以对量刑提出意见并说明理由。

附带民事部分的辩论应当在刑事部分的辩论结束后进行，先由附带民事诉讼原告人及其诉讼代理人发言，后由附带民事诉讼被告人及其诉讼代理人答辩。

在法庭辩论过程中，合议庭发现与定罪、量刑有关的新的事实，有必要调查的，审判长可以宣布暂停辩论，恢复法庭调查，在对新的事实调查后，继续法庭辩论。

第四步：被告人最后陈述

审判长宣布法庭辩论终结后，合议庭应当保证被告人充分行使最后陈述的权利。被告人在最后陈述中多次重复自己的意见的；陈述内容蔑视法庭、公诉人，损害他人及社会公共利益的；陈述内容与本案无关的或者涉及国家秘密、个人隐私或者商业秘密的应当制止。

被告人在最后陈述中提出新的事实、证据，合议庭认为可能影响正确裁判的，应当恢复法庭调查；被告人提出新的辩解理由，合议庭认为可能影响正确裁判的，应当恢复法庭辩论。

第五步：评议与宣判

被告人最后陈述后，若择期宣判审判长应当宣布闭庭（敲法槌）；若当庭宣判审判长应当宣布休庭，由合议庭进行评议，评议后继续开庭宣告判决，宣判后审判长应当宣布闭庭（敲法槌）。合议庭评议案件，应当根据已经查明的事实、证据和有关法律规定，在充分考虑控辩双方意见的基础上，确定被告人是否有罪、构成何罪，有无从重、从轻、减轻或者免除处罚情节，应否处以刑罚、判处何种刑罚，附带民事诉讼如何解决，查封、扣押、冻结的财物及其孳息如何处理等，并依法分别作出以下判决：

1. 案件事实清楚，证据确实、充分，依据法律认定被告人有罪的，应当作出有罪判决。

2. 依据法律认定被告人无罪的，应当作出无罪判决。

3. 证据不足，不能认定被告人有罪的，应当作出证据不足、指控的犯罪不能成立的无罪判决。

人民法院应当在判决前听取控辩双方的意见，保障被告人、辩护人充分行使辩护权。必要时，可以重新开庭，组织控辩双方围绕被告人的行为构成何罪进行辩论。

宣告判决，一律公开进行，法庭内全体人员应当起立。当庭宣告判决的，应当在 5 日以内将判决书送达当事人和提起公诉的人民检察院；定期宣告判决的，应当在宣告后立即将判决书送达当事人和提起公诉的人民检察院。判决书应当同时送达辩护人、诉讼代理人。审判人员和书记员应当在判决书上署名，并且写明上诉的期限和上诉的法院。

相关链接一 延期审理与中止审理

延期审理是指案件因故不能按原定开庭时间审理，或者在法庭审理过程中，遇有足以影响审判继续进行的情况，合议庭决定延长审理期限，待影响审理的原因消失后，再行开庭审理。依据《刑事诉讼法》第 198 条的规定，在法庭审判过程中，遇有下列情形之一，影响审判进行的，可以延期审理：

(1) 需要通知新的证人到庭，调取新的物证，重新鉴定或者勘验的。

(2) 检察人员发现提起公诉的案件需要补充侦查，提出建议的。

(3) 由于申请回避而不能进行审判的。

延期审理后再行开庭审判时，仍应按照法庭审判的顺序进行，但对于以前庭审已经查清的事实和证据，可以不逐一核查。人民检察院要求延期审理补充侦查的案件，应当在1个月以内补充侦查完毕。但检察院建议延期审理不得超过2次。

中止审理是指人民法院因发生某种特定情况，影响案件正常审理而决定暂时停止诉讼活动，待该种原因消失后，再行恢复审理。依据《刑事诉讼法》第200条的规定，在审判过程中，有下列情形之一，致使案件在较长时间内无法继续审理的，可以中止审理：

(1) 被告人患有严重疾病，无法出庭的。

(2) 被告人脱逃的。

(3) 自诉人患有严重疾病，无法出庭，未委托诉讼代理人出庭的。

(4) 由于不能抗拒的原因。

中止审理的原因消失后，应当恢复审理。中止审理的期间不计入审理期限。

相关链接二 法庭纪律

法庭审理过程中，诉讼参与人、旁听人员应当遵守以下纪律：

(1) 服从法庭指挥，遵守法庭礼仪。

(2) 不得鼓掌、喧哗、哄闹、随意走动。

(3) 不得对庭审活动进行录音、录像、摄影，或者通过发送邮件、博客、微博客等方式传播庭审情况，但经人民法院许可的新闻记者除外。

(4) 旁听人员不得发言、提问。

(5) 不得实施其他扰乱法庭秩序的行为。

法庭审理过程中，诉讼参与人或者旁听人员扰乱法庭秩序的，审判长应当按照下列情形分别处理：

(1) 情节较轻的，应当警告制止并进行训诫。

（2）不听制止的，可以指令法警强行带出法庭。

（3）情节严重的，报经院长批准后，可以对行为人处 1000 元以下的罚款或者 15 日以下的拘留。

（4）未经许可录音、录像、摄影或者通过邮件、博客、微博客等方式传播庭审情况的，可以暂扣存储介质或者相关设备。

诉讼参与人、旁听人员对罚款、拘留的决定不服的，可以直接向上一级人民法院申请复议，也可以通过决定罚款、拘留的人民法院向上一级人民法院申请复议。通过决定罚款、拘留的人民法院申请复议的，该人民法院应当自收到复议申请之日起 3 日内，将复议申请、罚款或者拘留决定书和有关事实、证据材料一并报上一级人民法院复议。复议期间，不停止决定的执行。

第五节　辩护程序

引导语：辩护是以维护被追诉者诉讼权利为基础，贯穿于侦查、起诉、审判几个诉讼阶段的诉讼活动。被追诉者及其辩护人为了公正的结果，必须尽全力辩护。正如美国著名辩护律师高瑞·史宾塞在他的《最佳辩护》一书中所言："人可以没有食物、住处甚至情感，唯独不能忍受不公平、不正义，这是人类的特性。你的辩论必然具备某种正义的因素，把它找出来并发挥到辩论中去。"[1]模拟这一程序，学生应当掌握和领会以下基本知识点。

辩护程序启动的目的就是有效地说服裁判者作出有利于被追诉者的诉讼决定。因此，所有决定被追诉者命运或利益的诉讼阶段，都应当成为辩护人发挥说服作用的场合。辩护人不仅要把法庭作为施展辩护才华的舞台，而且也要将辩护活动延伸到审判程序之前，拓展刑事辩护的诉讼空间，使刑事辩护更加有效。随着我国刑事司法制度改革的深入推进，越来越多的辩护人采取了"辩护前置"的策略，也就是将刑事辩护的重心向审判前的诉讼阶段延伸，着力于在审查起诉、侦查、审查批捕乃至立案阶段，就与侦查机关和检察机关进行有效的交涉和协商，尽可能在较早的诉讼阶段就提出有力的辩护意见，从而取得有利于被追诉者的诉讼结果。根据《刑事诉讼法》《律师法》及《律师办理刑事案件规范》，刑事辩护程序应包括以下内容：

---

〔1〕[美]盖瑞·史宾塞：《最佳辩护》，魏丰等译，世界知识出版社 2003 年版，第 183 页。

一、建立委托关系

犯罪嫌疑人、被告人与辩护人是委托关系，如果委托律师辩护，应由律师事务所统一收案。委托人先与律师事务所签订委托合同（协议）一式二份，再由委托人与某律师签署授权委托书一式三份，律师事务所按规定或协议收取代理费，委托关系成立。律师接受委托后就应以辩护人的身份开展辩护业务。

二、提供法律咨询

在侦查阶段，辩护律师自犯罪嫌疑人被第一次讯问或者采取强制措施之日起，可以向侦查机关了解案件情况，为犯罪嫌疑人提供法律咨询。包括：了解犯罪嫌疑人涉嫌的罪名、已查明的主要事实；告知犯罪嫌疑人在侦查阶段享有的基本诉讼权利；向犯罪嫌疑人提供关于强制措施、侦查机关讯问，犯罪构成与证据等方面的法律咨询。侦查期间，辩护律师收集到有关犯罪嫌疑人不在犯罪现场、未达到刑事责任年龄、属于依法不负刑事责任的精神病人的证据材料时，应当及时向侦查机关提出无罪或不予追究刑事责任的辩护意见，并同时要求侦查机关释放犯罪嫌疑人或对其变更强制措施。

三、查阅、摘抄、复制案卷材料

自案件移送审查起诉之日起，辩护律师应当及时与人民检察院联系，办理查阅、摘抄、复制案卷材料等事宜。应当查阅、复制在侦查、审查起诉期间已收集的有关犯罪嫌疑人、被告人无罪、罪轻的证据材料；应当认真研读全部案卷材料，根据案情需要制作阅卷笔录或案卷摘要。并应从以下几方面作出综合分析和判断：起诉书中所认定的犯罪事实是否得到证实；具有从轻、减轻、免除处罚和不追究刑事责任的情况，是否给予认定；有哪些事实缺乏证据，需进一步调查取证；有哪些证人证言、物证，需进一步核实；有哪些互相矛盾的地方需要进一步排除；在适用法律上，有哪些不当之处；应从哪些方面为犯罪嫌疑人、被告人进行辩护；初步列出会见犯罪嫌疑人、被告人的询问提纲，为形成辩护意见做好准备。

四、会见犯罪嫌疑人、被告人

辩护人会见犯罪嫌疑人、被告人，应在看管场所指定的房间进行。会见时应听取犯罪嫌疑人、被告人的意见。让被告人就起诉书的事实发表意见，对事实存在与否及有无出入、哪些有利的事实和情节未予认定。辩护人要向被告人询问和核对下列问题：犯罪事件是否发生；犯罪事件是否被告人所为；被告人有无从轻、减轻、免除处罚的情节；被告人是否达到刑事责任年龄和有无刑事责任能力以及有无自首、坦白、立功等情节。还应询问被告人对自己的有利陈述能否提出证据或证据线索。辩护人会见犯罪嫌疑人、被告人时严禁为其传递物品，严防犯罪嫌疑人、被告人逃跑、行凶、自杀等事件的发生。

五、调查取证

辩护人通过阅卷和会见当事人，认为案件已经查清，不必再进行调查取证的，应准备辩护意见。但下列情况，应调查取证：案件中基本证据之间存在矛盾，鉴定缺乏科学根据，证人证言前后有矛盾，物证没有关联性等涉及证据效力问题；涉及犯罪嫌疑人、被告人的犯罪动机、正当防卫、中止、自首、立功的认定、实际危害后果的认定及赃物价值的计算等问题。

辩护人经证人或者其他有关单位和个人同意，可以向他们收集与案件有关的证据材料；被调查人不同意的，可以申请人民检察院、人民法院收集、调取相关证据，或者申请人民法院通知该证人出庭作证；辩护人收集物证、书证和视听资料时，应当尽可能提取原件，无法提取原件的，可以复制、拍照或者录像，并记录原件存放地点和持有人的信息；辩护人可以采取复制、打印、截屏、拍照或者录像等方式收集、固定电子邮件、电子数据交换、网上聊天记录、博客、微博客、微信、手机短信、电子签名、域名等电子数据，并记录复制、打印、截屏、拍照、录像的时间、地点、原始储存介质存放地点、电子数据来源、持有人等信息，必要时可以委托公证机构对上述过程进行公证；辩护人在调查、收集证据材料时，可以录音、录像。

六、确立辩护意见

在开庭审理前，辩护人应将有关证据及证人名单于开庭 5 日前提交人民法院，并为开庭作扎实细致的准备工作。辩护人应当研究证据材料、有关法律、判例，熟悉案件涉及的专业知识，拟定辩护方案，准备发问提纲、质证提纲、举证提纲、辩护提纲等。根据事实和法律，提出犯罪嫌疑人、被告人无罪、罪轻或者减轻、免除刑事处罚的辩护意见。辩护意见应当观点明确，重点突出，论据充分，论证有力，逻辑严谨，用词准确，语言简洁。包括：①对于起诉书指控犯罪持有异议，提出无罪辩护或者依法不应当追究刑事责任的辩护意见；②对于起诉书指控的罪名不持异议，就检察机关提出的量刑建议及其理由发表的辩护意见；③辩护人认为起诉书指控的犯罪罪名不成立，但指控的犯罪事实构成其他处罚较轻的罪名，在事先征得被告人同意的情况下，可以提出改变罪名的辩护意见；④辩护人认为案件诉讼程序存在违法情形，对定罪量刑有影响或具有依法应当排除的非法证据，提出程序违法的辩护意见。

七、出庭辩护

在法庭调查阶段应注意：①要认真听取公诉人宣读的起诉书，注意是否与获得的起诉书副本一致，随时修改法庭询问提纲和辩护意见；②经审判长的许可，向被告人发问，尤其是被告人不承认公诉人指控的犯罪，要问明其理由和证据；被告人认为公诉人指控的犯罪事实不属实，要问清哪些不属实以及理由和根据，对于公诉人未提到的而又对被告人有利的事实要向被告人发问；③对于公诉人出示的证据目录以外的证据，辩护人有权要求法庭延期审理或建议法庭不予采信；④经审判长许可，辩护人可以出示自己调查、收集的证据，并就证据能否采信与公诉人展开辩论；⑤辩护人认为需要通知新的证人到庭、调取新的物证或者重新鉴定、勘验，有权向人民法院提出申请，必要时可以申请休庭；⑥辩护人应当围绕证据的真实性、合法性、关联性，就证据资格、证明力以及证明目的、证明标准、证明体系等发表质证意见。

在法庭辩论阶段应注意：①公诉人发表公诉意见，被告人自我辩护，辩护人发表辩护意见；②在法庭辩论过程中，辩护人若发现有某些事实没有查清或者仍然需要调查、收集证据，可以向法庭提出恢复法庭调查或暂时休庭、延期审理的申请；③辩护人应认真做好庭审笔录。

八、庭后工作

①庭审结束后，辩护人应当就当庭出示、宣读的证据及时与法庭办理交接手续；②及时阅读庭审笔录，认为记录有遗漏或差错的，应当要求书记员补充或者改正，确认无误后签名；③应当尽快整理书面辩护意见，提交法庭；④人民法院宣告判决后，辩护人应当及时收取判决书；⑤在上诉期间，一审辩护人继续担任二审辩护的可以会见被告人，听取其对判决书的意见及是否上诉的意见并提出建议，经被告人同意，在法定上诉期内可以提出上诉。案件结束后，辩护人要总结办案经验教训，并及时将案件材料立卷归档。

相关链接 **回避制度**

回避制度是程序公正的要求。程序公正是一条重要的法治观念，它起源于 13 世纪英国的"自然正义"原则，这个原则包含两项具体要求：第一，任何人均不得担任自己诉讼案件的法官；第二，法官在制作裁判时应听取双方当事人的陈述。我国法律确立回避制度的意义在于：①回避制度能有效保障公检法人员秉公执法，避免受个人情感、恩怨、利害等因素影响而出罪入罪；②回避制度使办案人员与案件无利害关系，从而维护裁判的公正性和权威性；③法律赋予当事人申请办案人员回避的权利，即使是诉讼民主的体现，也是对当事人合法权利的保护。

（一）回避理由

回避是指与案件有某种利害关系或其他特殊关系的侦查、检察和审判人员不得参与本案处理的一项诉讼制度。根据《刑事诉讼法》第 28 条的规定，有下列情形之一的侦查、检察和审判人员应当自行回避，当事人及其法定代理人也有权要求他们回避：

（1）是本案当事人或者是当事人的近亲属。

（2）本人或者他的近亲属和本案有利害关系（与案件事实或处理结果有权利义务关系，如：恋爱关系、恩怨关系）。

（3）担任过本案证人、鉴定人、辩护人、诉讼代理人的。

（4）与本案当事人有其他利害关系（如：师生关系、战友关系），可能影响案件公正处理的。

（5）审判、检察、侦察人员接受当事人或其委托人的请客送礼或违规会见当事人及其委托人的。

（6）参加过本案侦查、起诉、审判的有关司法人员以及在一个审判程序中参与过审判工作的合议庭组成人员。

（二）回避人员及种类

1. 回避人员

（1）审判人员：参与案件审理活动的审判员、人民陪审员、审委会成员、法庭书记员、翻译人员和鉴定人。

（2）检察人员：参与案件侦查或起诉活动的检察人员、检委会成员、书记员、司法警察、翻译人员和鉴定人。

（3）侦查人员：参与案件侦查活动的公安机关负责人、侦查人员、鉴定人、记录人和翻译人员。

2. 回避种类

（1）自行回避：办案人员主动要求回避。

（2）申请回避：当事人及其法定代理人、辩护人、诉讼代理人要求办案人员回避。

（3）决定回避：相关组织决定办案人员回避。

（4）集体回避：集体回避是司法实践中的特殊情况，遇有法官是当事人或当事人在当地是有影响的人员等情况，通常该法官所在法院或该人员所在地法院应整体回避，将案件移送给当地其他法院或异地法院审理。

（三）回避程序

（1）回避提出方式：口头或书面方式均可。

（2）回避提出的期间：侦查、起诉、审判阶段都可以提出，在侦查阶段提出的，侦查活动继续进行；在起诉、审判阶段提出的，起诉、审判活动要暂停。

（3）回避决定：侦查、检察、审判人员的回避分别由公安机关负责人、检察长、院长决定；院长的回避由本院审委会决定；检察长和公安机关负责人的回避，由同级检察委员会决定；书记员、鉴定人员、翻译人员的回避，由其所处诉讼阶段的公安机关负责人、检察长、院长决定。

（4）当事人对驳回申请回避的决定，可以申请复议。当事人及其法定代理人、辩护人、诉讼代理人的回避申请被相关机关驳回的，可对驳回申请回避的决定，申请复议一次。

第三章
模拟刑事诉讼案情材料

　　本章共收集了 50 个真实案例，涉及《刑法》第四章、第五章、第六章的相关罪名。这些案例经过适当修改和调整，作为报案材料提供给学生。由模拟侦查组的学生以抽签的形式，确定本组受理的案件。

　　◆ **案情材料1**　2010 年 9 月 1 日晚，当时身为本溪某派出所巡长的董某带领"线人"王某，在没有经过领导批准、身着便装、未携带工作证件和任何法律手续的情况下，进入本溪市平山区一歌厅准备抓嫖娼卖淫现行。他们没有表明身份就将歌厅门外一个小房间的房门踹开并进入，导致正在房间里休息的歌厅业主的女儿小玲（化名，20 岁）受惊吓而住院治疗。经辽宁省精神卫生中心鉴定：小玲为急性应激障碍，其发病与 2010 年 9 月 1 日被惊吓心理创伤有直接因果关系。事发后，董某和派出所领导一起把小玲送到了医院，并拿出了 6000 元钱。此后小玲的父亲聂某等将被害人送到沈阳、开原等地检查治疗，辽宁省精神卫生中心受本溪市平山区人民检察院委托，对小玲进行鉴定并出具了司法精神医学鉴定书。聂某据此列出了包括治疗、精神赔偿、残疾赔偿等各种费用合计 220 多万元的民事赔偿计算清单，索赔 150 万元。

　　2011 年 2 月 1 日，经过本溪警方的工作，外逃的王某终于被抓获，并于当月 4 日被批准逮捕。王某供述了和董某到聂某歌厅的经过。

　　◆ **案情材料2**　现年 34 岁的邱某胜，又名邱某富，是广西昭平县人，已有一个 7 岁大的女儿，与妻子离异多年。2010 年 7 月，邱某胜经人介绍与广西荔浦县 18 岁的女青年廖某丽相识并恋爱，其间，邱某胜多次到过廖某丽家。2012 年 7 月，廖某丽认为与邱某胜性格不合，提出分手。8 月 8 日，邱某胜自广东赶到廖某丽家，要求继续保持恋爱关系，被廖某丽拒绝。

8月10日11时许，邱某胜再次问廖某丽是否还有商量，在遭到廖某丽拒绝后，邱某胜即到廖某丽家的厨房用塑料盆盛了一斤多的浓硫酸（硫酸是邱某胜2010年10月帮廖家自广东买回的），然后进入房内，将硫酸泼到廖某丽身上。廖某丽跑到厨房用冷水冲洗时跌倒在地，邱某胜又将硫酸泼到廖某丽背部。邱某胜因自己手臂、脸上也溅上了硫酸，即跑出屋外到水沟冲洗，正欲离开时，被闻讯赶来的廖某丽的叔叔及村民拦住，带回廖某丽家中，随后被当地派出所干警抓获。廖某丽烧伤经诊断为Ⅲ°，面积达20%，虽经多方治疗，终因继发感染，于2013年2月7日死亡。

◆ **案情材料3**　2013年5月河北公安机关在排查工作中发现石家庄市深泽县有一个涉嫌专门生产假冒伪劣日化用品的地下窝点，且出货量较大。鉴于案情重大，河北公安机关抽调精干警力组成专案组，经过侦查，锁定了犯罪嫌疑人的行踪，固定了犯罪证据，并瞄准犯罪嫌疑人刚刚生产、储存一批假货，准备向外发售的时机，果断采取集中收网行动，抓获犯罪嫌疑人纪某，捣毁专业生产假冒日化用品、印制假冒包装的制假工厂、仓储窝点2处，查封生产线2条，缴获假冒"舒肤佳"等品牌香皂近7万块，假冒"碧浪""立白""奇强""奥妙"等商标的包装袋1300万个，以及搅拌机、彩印机等制假设备22台（套），涉案价值620余万元。现已查明，今年1月以来，纪某在深泽县租赁厂房，购置大型彩印设备，非法印制假冒品牌日化用品包装材料，并从周边小化工厂购入质量低劣的皂料、香精等原料，以有效成分远低于国家标准的配方、配料生产假冒伪劣香皂、洗衣粉。

据办案民警介绍，在此案中纪某为隐匿其犯罪活动，采取了货物与假冒商标标识材料的"货标分离"手法。他与购买假冒伪劣日化用品的不法批发商勾结、商议，由其将香皂、洗衣粉装入标称"晾衣架"的纸箱或无标识的大容量编织袋内，与假冒"舒肤佳"等商标的包装袋分开运输，各地不法批发商收到货物后，再自行组装销售。纪某被抓获后交代："2011年公安机关开展打击侵犯知识产权和制售伪劣商品犯罪'亮剑'行动，没敢造假，今年以为'亮剑'结束就没事了，没想到还是栽了。"（犯罪嫌疑人纪方现年46岁，河北省保定人，无业，高中文化。）

◆ **案情材料4**　2013年4月25日，杜某某（女，33岁，河南省遂平县人）报案称，其同居男友陈某古于 4 月 24 日在广东省潮州市将两人所生仅五十多天的男婴陈某某抱走，25 日陈某古发短信称将孩子以 45 000 元卖给他人。

接报后，潮州市公安局高度重视，立即抽调市区两级精干力量组成专案组开展侦查，广东省公安厅将此案列为挂牌督办案件要求限期破案。专案组经核查陈某古（男，37 岁，福建省连城县人），对其实施"网上追逃"。经进一步工作，专案组锁定陈某古已潜逃回户籍地，遂启动跨省联动协作机制，迅速与福建省龙岩市公安机关取得联系，同时派员赶赴龙岩市连平县，全面展开查控工作。经三夜两天的连续奋战，4 月 28 日在连平县一旅馆内将陈某古抓获，审查获悉陈某古交代因图财将亲生儿子陈某某以人民币 56 000 元卖给连城县庙前镇庙前村村民黄某某。专案组马不停蹄，赶到黄某某家中，成功解救被拐卖男婴陈某某，并连夜返回潮州于 29 日凌晨将其送回。

◆ **案情材料 5**　2013 年 3 月 24 日，云南省昆明市群众顾某某报案称，其在昆明市林航宾馆旁的公共厕所上厕所时，将 9 个月大的儿子交给路边一名行乞人员照看，待从厕所出来时，发现该行乞人员及其儿子不知所踪。接报警后，昆明市公安局高度重视，立即成立专案组开展侦查，同时发布协查通报，采集被拐儿童父母 DNA 信息录入全国打拐 DNA 数据库。经调取案发现场及周边监控资料，专案组发现一名行乞人员具有重大作案嫌疑，结合调查走访，3 月 30 日了解到该行乞人员姓王（贵州籍），近期欲前往四川攀枝花行乞。遂紧密围绕这一线索加大缉查力度。慑于公安机关压力，4 月 4 日犯罪嫌疑人将被拐儿童遗弃在福恩招待所 303 房间后逃匿。专案组获悉后迅速赶往现场，将被拐儿童解救并送还父母。4 月 12 日，在曲靖市公安机关的配合下，专案组在曲靖市成功将犯罪嫌疑人王某发抓获。

◆ **案情材料 6**　夏某，男，现年 26 岁，2011 年 5 月夏某在北京贵宾楼饭店财务部负责核对饭店全部的账目并做报表。利用这样的职务便利，他找来朋友苏某冒充客人去饭店商品部购买香烟、名酒等物品，然后在夜间审核时将冒签单据取出销毁掉，并从饭店白天客房收入中划出一部分入到商品部内将账做平。对于冒签得来的中华牌香烟，夏某以一条 300 多元的价格卖给路边的香烟回收小店。他每次分给苏某一两百元钱的好处。2 个月时间里，夏某将饭店价值人民币 31 269 元物品据为己有。后来苏某在假冒客人消费时被识破。饭店工作人员立即到夏某处核查假冒客人的签单，而早已销毁签单、做平账目的夏某这时无法拿出正常账目，他当即坦白了自己职务侵占的事情，并协助警方抓获了同伙苏某。

在法庭上悔恨不已。他说自己大学毕业后到贵宾楼饭店财务部任职，他很珍惜这次机会，也因为工作努力成为业务骨干。然而此时母亲患上了尿毒症，换肾后要长期透析；身体不好的父亲也失业在家。夏某说感到了很大的家庭压力，他最终没能把握住自己……"我保证这辈子不再做任何违法的事，这是第一次，也是最后一次！"

◆ **案情材料 7**　2011 年 11 月 10 日，18 岁的任某为了给女朋友过生日，在石景山区模式口家中向母亲刘某索要钱财，因刘某说家里没钱，两人发生争吵，任某冲上前反拧刘某的右臂，致使刘某右肱骨远端粉碎性骨折，肱骨髁间骨折，肱骨内外髁分离移位，刘某右肘关节功能严重障碍。经过法医鉴定，刘某的伤势为重伤偏轻。此后刘某向警方报案，任某被抓获。

看到儿子被抓，任某的父母虽然很伤心，还是到司法机关说明了情况，母亲刘某说任某过去是个不错的孩子，自从上了技工学校后开始接触了一些不三不四的人，交了女朋友以后更是三天两头管家里要钱。刘某说自己已经从首钢退休，每月靠做临时工挣 400 元钱，但儿子每次张口一要就是 1000 元。刘某有糖尿病，上次她要住院都交不起押金 3000 元，但儿子找到医院又向她索要 1000 元，还让她打车去找邻居们借钱。每次不给钱，就是一顿打，刘某说这次被打已经不是第一次了。任某的父母说自己不是无情的父母，但任某太令他们伤心了，他们希望通过法律的制裁使儿子意识到自己的错误。

开庭审理时，任某被带上法庭后几乎一直在哭泣，他说他不是故意伤害母亲，他的行为是无意识造成的伤害，希望法庭给他一个改过自新的机会，让他早日回到父母身边，做一个孝顺的儿子，请求母亲的宽恕。

◆ **案情材料 8**　许某，男，1993 年 2 月 7 日出生，汉族，出生地山西省襄汾县，文化程度高中，住山西省临汾市尧都区郭家庄社区××路西×巷×号。2016 年 4 月 21 日 21 时左右，许某到广州市天河区黄埔大道西平云路×××号的广州市商业银行自动柜员机（ATM）取款，同行的郭某山（已判刑）在附近等候。许某持自己不具备透支功能、余额为 176.97 元的银行卡准备取款 100 元。当天 21 时 56 分，许某在自动柜员机上无意中输入取款 1000 元的指令，柜员机随即出钞 1000 元。许某经查询，发现其银行卡中仍有 170 余元，意识到银行自动柜员机出现异常，能够超出账余额取款且不能如实扣账。许某于是在 21 时 57 分至 22 时 19 分、23 时 13 分至 19 分、次日零时 26 分至 1 时 6 分三个时间段内，持银行卡在该自动柜员机指令取款 170 次，共计取款 174 000 元。许某告知郭某山该台自动柜员机出现异常后，郭某山亦采用同样手段取款 19 000 元。同月 24 日下午，许某携款逃匿。

另查明，2016 年 4 月 21 日 17 时，运营商广州某公司对涉案的自动柜员机进行系统升级。4 月 22 日、23 日是双休日。4 月 24 日（星期一）上午，广州市商业银行对全行离行式自动柜机进行例行检查时，发现该机出现异常，即通知运营商一起到现场开机查验。经核查，发现该自动柜员机在系统升级后出现异常，1000 元以下（不含 1000 元）取款交易正常；1000 元以上的取款交易，每取款 1000 元按 1 元形成交易报文向银行主机报送，即持卡人输入取款 1000 元的指令，自动柜员机出钞 1000 元，但持卡人账上实际扣款 1 元。

◆ **案情材料 9** 2009 年 1 月至 2010 年 3 月，郑某文（男，38 岁，河南洛阳人，大专文化，郑州诺华化工有限公司经理），在经营郑州诺华化工有限公司期间，在没有对其生产的农药进行检验的情况下，即以合格产品在全国范围内销售。为谋取非法利益，郑州诺华化工有限公司在经营过程中，取得了氯氰菊酯、高效氯氰菊酯两种农药的农药临时登记证，但其在未取得其他农药的农药登记证或者农药临时登记证的情况下，擅自生产、经营敌敌畏、氧乐果、清虫"110"等几十种农药，分别销往四川、河北、江苏、山东等地（以上农药经河南省化工产品质量监督检验站检验，均为不合格产品）。截止到 2012 年 3 月，销售金额达 90 余万元。2012 年 4 月 1 日，郑某文被公安机关抓获。

◆ **案情材料 10** 王某与安某均系 2010 年 9 月 1 日入学的潍坊柴油机厂技工学校学生，两人同时居住在该校男生集体宿舍××房间。2011 年 4 月 27 日晚 11 时许，因安某熄灯后说话，王某对此不满，二人发生争吵，继而发生撕打。王某用手掐住安某的后脖颈用力往下按的过程中，宿舍灯被打开，安某双腿跪下，接着趴在地上，喘粗气、口吐白沫。宿舍管理员闻讯赶来，将安某送往医院，后安某经抢救无效死亡。经法医鉴定，安某死因系胸部外伤诱发主动脉破裂，致夹层动脉瘤形成急性心力衰竭死亡。

◆ **案情材料 11**　魏某（男，27 岁，高中文化，宁夏永宁县人，某造纸厂工人，住永宁县××乡×队）与郭某是中学同学。2011 年 5 月 9 日，魏某约郭某及女友刘某、朋友张某三人来魏某家喝酒。喝酒期间，魏某说："我爸爸有杆枪！"郭某说："拿出来让我们看看。"魏就用身份证捅开父亲的房间，拿出猎枪，说："看看，就是这把，怎么样？"说着把枪对准女友刘某，刘某说："别对着我，我害怕。"魏某又用枪对着郭某的头部，郭某说："大不了能打死我！"这时，突然一声枪响，子弹击中郭某的头部，郭当即死亡，魏某当即吓到坐在地上，半晌才说："我的妈呀，杀人了，不能活了"。张某见状即离开现场。魏某强迫刘某一起将郭某尸体埋到院内。当夜即案发，公安人员在魏某家将其抓获。

◆ **案情材料 12**　李某平，男，33 岁，浙江省杭州市人，杭州市星光工贸公司业务员。2011 年 7 月 14 日被逮捕。李某平于 2011 年 6 月 12 日中午，在北京邮电局驻新世纪饭店邮电所内，采取全球特快专递方式向浙江省杭州市的陈某邮寄海洛因 6 克，被发现举报。当日下午，李某平在其租住的新世纪饭店××房间内被公安人员抓获。公安人员当场又从李某平身上搜查出海洛因 31.41 克，李某平称该毒品系从广州购得，现毒品已全部收缴。

上述事实，有证人金某宇、赵某涛、陈某的证言、北京市公安局刑事科学技术检验报告、毒品收缴清单，物证照片，北京市公安局刑事科学技术鉴定书，公安机关出具的抓获经过证明证实，被告人李某平亦供认不讳。

◆ **案情材料 13**　2012 年底至 2013 年 7 月间，蔡某分别以老师、警察和警察的子女等身份进行诈骗，他并不高明的骗术竟然使 3 名学生和 2 名农民落入圈套。2012 年 7 月间，蔡某被公安机关抓获并被治安行政拘留 10 日，但其恶习不改，继续到处伺机作案。2013 年 9 月 8 日，蔡某冒充仙游县公安局枫亭分局的民警，以找关系提前释放在押犯陈某为借口，先后骗取陈某的亲戚香烟 10 条价值 1000 元、现金 3600 元。9 月 13 日和 15 日，蔡某又以同样的手段骗取在押犯刘某的亲戚张某英现金 5000 元，赃款均被挥霍。

2013 年 10 月 1 日，蔡某乘仙游县公安局枫亭分局民警不备，将民警晒在阳台上的警服盗走，穿上后即到莆田看守所探望在押犯人，被管教干部识破后，又被公安机关治安行政拘留 10 日。同年 12 月 17 日，被害人张某英报案。

◆ **案情材料 14** 2013 年 5 月，周某军与刚刚认识不久的吴某梅结婚。双方均属再婚，并各带着 2 个孩子。因婚前感情基础较差，再加上各疼其子的做法，使夫妻感情出现裂痕。周某军脾气暴躁，稍有不满，便打骂吴某梅，吴某梅产生了离婚的念头。

2014 年 10 月 10 日晚 8 时许，吴某梅要求给孩子添件衣服，周某军不允。吴某梅觉得自尊心受到伤害，想想丈夫一向对自己就不好，她一气之下，便提出要与周某军离婚。周某军向吴某梅要 9000 元彩礼钱，吴某梅以"现在没钱"回拒。话音刚落，周某军转身到厨房，操起一把事先准备好的菜刀，向吴某梅砍去，吴某梅当场倒地。周某军仍不罢休，不顾吴某梅的哀求，又朝其头部连砍数刀，致成吴某梅失血性休克。幸得及时抢救，吴某梅才脱离生命危险。经法医鉴定，吴某梅损伤属重伤。

◆ **案情材料 15** 现年 19 岁的郭某（系河南省滑县牛屯镇人）于 2012年 9 月考入河南省郑州市某高等院校，成为一名令人羡慕的大学生。在上学期间，郭某和同学朱某，分在同一宿舍。因郭某性格内向，不好说话，所以身材强壮的朱某经常找碴欺负郭某。案发前的一个星期，朱某又以种种理由欺负郭某，心里非常窝火的郭某因为自忖打不过朱某，决定找机会对朱某进行报复，并随后准备了一把菜刀放在宿舍。2013 年 11 月 16 日凌晨 1 时许，郭某在其宿舍趁朱某和其他同学熟睡之机，拿出事先准备好的菜刀，站在宿舍中间的桌子上，朝正在上铺床上睡觉的朱某头部连砍数刀，致朱右眼、头面部、手指多处受伤，郭某后被惊醒的同学制止。经郑州市公安局法医鉴定中心鉴定，朱某右眼之损伤程度已构成重伤。案发后，郭某在老师的陪同下到公安机关投案。

◆ **案情材料 16** 2010 年 1 月 11 日上午 8 点，李某驾驶一辆斯太尔牌重型半挂牵引车，在通州区京津公路上将在机动车道内骑三轮车的李老汉刮倒在地，致其当场死亡。事发后，李某下车张望发现老汉已死，为逃避处罚他向警方报了假案，谎称一辆蓝色五十铃货车将老汉撞死，然后驾车逃逸。1 月

13 日，警方通过李某报案的手机号将他传唤到案。在案件审理过程中一直到开庭审判，李某始终不承认交通肇事的事实，辩称自己没有撞人，而是蓝色货车肇事。承办该案的检察官们仔细阅卷、重点提讯，补充证据，并在受害人家属的帮助下找到几位现场目击证人。证人们有的直接看到案发现场，有的是开车路过从后视镜里看见了李某的肇事车。更关键的是，李某驾驶的斯太尔护网上有李老汉三轮车上的油漆，三轮车上也有被斯太尔撞击的痕迹。这些证据相互印证，都把肇事者的真实身份指向李某，尽管李某从始至终都不承认，依然没能逃脱法律的制裁。

◆ **案情材料 17**　黄某，别名黄某桥，男，25 岁，汉族，初中文化，系北京音乐之声文化娱乐有限公司营业部副经理。2013 年 3 月 22 日 6 时至 9 时许，北京音乐之声歌厅服务员赵某捡到徐某遗失在歌厅的钱包（内有银行卡、居民身份证等物）后交到歌厅前台，并向在场的时任副经理的黄某说明了情况。黄某利用工作便利，持徐某钱包内的中国工商银行牡丹灵通卡，通过徐某的居民身份证猜配出该卡密码后，分别在北京市朝阳区水惟子邮电局自动取款机、中国工商银行团结湖北区储蓄所，冒用徐某的名义提取现金人民币36 000 元。当日 12 时许，徐某发现钱包丢失后向公安机关报案。2013 年 4 月2 日，黄某被抓获归案，上述款项已由公安机关起获并发还失主徐某。

◆ **案情材料 18**　2012 年 2 月 1 日晚 10 时许，李某贵的胞兄李某军在本组村民郭建文家中喝酒时，因故与村民温某伟发生口角，被温打了一拳。李某军便回家叫来李某贵帮其打架。李某贵随李某军来到郭家后，在门口捡了两块砖头，进入房间看到温某伟手握一空酒瓶时，便将自己手中的一块砖向温扔去，砸在温的脸上，致温轻微伤。此时，郭建文将李某贵拦住，并向其说明先前是因李某军的过错，温某伟才打了李某军。李某贵听后，便斥责李某军："都是你的错，你还不赶快回家。"此时李某军已醉酒，不听劝说，仍与人争吵。李某贵便将手中的另一块砖向李某军扔去，打在李某军头上。之后，李某贵等人即搀扶着李某军回家休息。次日晨 7 时许，发现李某军已经死于家中。法医鉴定：李某军因受钝器作用，致急性硬脑膜下血肿，引起呼吸衰竭而死亡。另外，李某贵所在村的村民委员会致函司法机关，反映李某贵过去一直表现良好。李某贵被逮捕后，其父因心脏病发作而死亡，家中只剩下一个弱智的母亲和一个正在读书的未成年弟弟，生活确有困难。

◆ **案情材料19** 王某星，男，1983年1月26日出生，汉族，出生地陕西省大荔县，大学文化程度，原系北京亿维视数字技术有限公司职员，现暂住北京市××区××路××号西×门××××室，户籍地为天津市××区××公司集体宿舍。

赵某，男，1987年10月15日出生，汉族，出生地山东省菏泽市，大学文化程度，原系北京亿维视数字技术有限公司职员，现住北京市××区云岗三部甲××楼××单元××号，户籍地为北京市××区××派出××院区家委会××路××号××栋××层××号。

王某星、赵某原系北京雷石世纪数字技术有限公司职员，负责软件的开发工作。2006年3月，二人从雷石公司辞职后，带走了雷石公司KTV点歌系统软件的源代码，欲继续从事该系统软件的开发和销售活动。2010年3月至2011年1月间，二人以营利为目的，将"雷石KTV宽带服务系统"软件稍加修改后复制安装盘，先后向西安云志电子科技发展有限公司、杭州新时空数字科技有限公司、北京伍俱娱乐城、北京时尚街区餐饮有限公司、北京金宇泰科贸有限公司等7家公司销售该软件复制品，违法所得额共计人民币119 000元。王某星、赵某于2011年3月12日被抓获。

◆ **案情材料20** 2011年3月28日8时许，楚某（男，21岁，无业）伙同于某（男，19岁，某中学高一学生）预谋盗窃后，来到灵州市一超市准备实施盗窃。楚某一人先从超市后窗户进入超市，被居住在超市内的业主刘某发现，楚某便用随身携带的尖刀威胁刘某，双方发生厮打。在厮打中，楚某看见于某站在窗外向超市内看时，便喊："进来，快点！"于就用石头将超市前门玻璃砸碎进入超市，楚某、于某用拳头击打刘某，将刘某制服后，于某和楚某将收款台内的人民币650余元以及香烟10条（价值人民币1000元）抢走。

◆ **案情材料21** 邰某（男，26岁，新疆昌吉州人）自2012年8月起在被害人赵某的铁厂打工，赵某尚欠邰某部分工资未支付。2013年8月25日凌晨0时许，赵某外出回来，见邰某居住的房间灯未关，遂进屋责骂邰某浪费电，并用一根铁棒敲碎灯泡后离去。邰某一气之下，提着装有尖刀的黑色提包到被害人赵某的房间讨要工资，双方发生争执，并相互推搡，之后郜某用包内的单刃尖刀，朝被害人赵某左胸部、右腹部连捅两刀，与被害人赵某同住的韩某起身准备阻止郜某时，郜某又一刀刺在被害人赵某胸口处，尔后刀都未拔便逃离现场。被害人赵某被送往昌吉州人民医院经抢救无效死亡。2013 年 8 月 26 日郜某被抓获。

◆ **案情材料 22**　时年 21 岁的莫某新是广西某高校的学生。2012 年 9 月 25 日 14 时许，莫某新在桂林市七星区普陀路农村信用合作社柜员机取款时，发现他人将广西农村信用社银联卡遗忘在该柜员机中，且卡的背面还写有持卡人姓名和密码，莫某新心中顿起贪财之念，他没有将卡交给银行等部门和寻找失主，而是通过查询得知该卡中有余额人民币 31 690 元，莫某新当即在此柜员机用该卡取款 4 次，共计人民币 8000 元，并将密码修改。在该柜员机取款后，莫某新仍不甘心，又来到另外一家银行，在柜员机上持该卡取款 4 次，共计人民币 10 000 元。次日 6 时许，莫某新又在自己所在学校内的邮政储蓄柜员机持该卡取款 3 次，共计人民币 5000 元，在中国银行柜员机取款 5 次，共计人民币 8600 元。同年 10 月 7 日 15 时许，莫某新再次到农村信用合作社柜员机查询该卡余额时，被公安机关抓获归案，并将所取赃款 31 600 元全部退还失主。

◆ **案情材料 23**　张某强，男，26 岁，吉林省洮南市人，初中文化程度，无业。2008 年 12 月 28 日晚，张某强酒后先与他人发生矛盾，后发现自己包括钱包在内的财物均不见踪影，自认定是刚刚与自己发生矛盾的那伙人所为，愤怒的张某强与同伴商量要去找他们算账，为了给自己壮胆，张某强与同伴去超市购买了 3 把菜刀，可寻找了许久也未能找到。次日零时许，张某强持菜刀在北京市通州区潞河医院东路口，看见正在停车等候信号的李某，借着酒劲，他将这股无处释放的怒火发泄到李某身上，无故对其进行拦截、殴打并索要财物。在李某反抗时，张某强挥菜刀向其手臂连砍 3 刀，经法医鉴定为重伤，后被派出所抓获。

◆ **案情材料 24**　2010 年 11 月 4 日 10 时许，通州区台湖镇永隆屯村某公司装订车间工人陈某，因涨工资问题与车间主管马某发生口角并互相推搡，后被同事劝开。陈某对此怀恨在心，遂从公司厨房取出一把菜刀返回车间，从背后将正在车间门口与他人谈话的马某砍伤，致马某左肩胛背部、右肩胛背部四处损伤，经鉴定为重伤。后马某躲避逃跑，陈某依然持刀追赶，被同事制止并被抓获。

陈某刚满18岁，由于家庭经济困难，父母年事已高，没有能力供兄弟几人上学，陈某只读完了初中便辍学只身来到北京打工。怀揣梦想的陈某，希望自己能够在北京这个大城市一展身手，挣钱后衣锦还乡。可是，残酷的现实摆在面前，他没有学历、没有技术，在人才济济的北京，根本找不到心仪的工作，只能到工厂当了一名普通工人。艰苦的生活现状和对家乡的思念日夜折磨着他，巨大的心理落差使他变得冲动易怒，他总认为被别人欺负，性格也越发暴躁。身边没有了父母的关爱和管束，他不再严格要求自己，来京时的奋斗之心荡然无存。案发后，陈某的父亲和哥哥赶到北京，用全家的多年积蓄赔偿了被害人马某的损失。马某也对其表示谅解。

◆ **案情材料 25**　陈某，女，汉族，21岁，河南省永城市人，系新疆沙湾县乌兰乌苏乡下三宫村三宫店子学校学前班代课教师。

2011年3月8日，下三宫村委会在村娱乐室举办娱乐活动。上午第三节课后，陈某与代课教师龚某芬一起去村娱乐室看跳舞。陈某遇见老同学，加之校园内地面上有泥水而无法上体育课，没有及时回学校，委托龚某芬代她安排学前班的学生自由活动。下午4时，陈某回到学校，得知学校通知当天下午放假，即将还没有离校的14名学生召集在教室，向他们说了放半天假的事，并布置了作业。此后，学生陆续离开教室。末了，学生王某东（男，5岁零6个月）还在教室不明显处坐着，陈某以为教室里的学生已全部走完，即将教室的门用明锁锁住，然后回家。王某东为了能回家，要翻窗户出去。在翻窗户时，王某东的身体被夹在铁栏杆中间无法前后移动，直至次日11时才被人发现救下。陈某得知此事，迅疾跑到学校将王某东送入医院抢救。因王某东冻伤严重，医院对王某东进行了手术治疗，将王某东的双手和双足在腕关节、踝关节以上部位截肢，致王某东终身残疾。陈某归案后认罪态度好，能积极赔偿被害人的经济损失。

◆ **案情材料 26**　赵某（男，汉族，35岁，山西运城人）在某市抚远镇经营一家"红如火副食商店"，该商店没有取得卷烟专卖许可证。2012年4

月 9 日抚远县烟草专卖局稽查队队长李某与单位工作人员孙某等人来到"红如火副食商店"检查。在检查中，李某发现在柜台内有两盒"苏烟"，便决定要将香烟暂扣，赵某不让李某等人将烟带走，因此双方发生了口角。这时赵某从柜台上拿起一把尖刀，向李某的右肩部刺了一刀，李某被刺后便抢夺赵某手里的刀，在抢刀的过程中，赵又将李某左面颊、左耳后、左手掌刺伤。经法医鉴定，李某损伤程度为重伤，伤残程度属九级，尚需做一次颜面疤痕整复手术。赵某刺伤李某后被及时赶到的派出所民警当场抓获。

◆ **案情材料27** 汤某与许某是夫妻，同在某船运公司工作。2009 年 6 月 4 日下午，汤某欲拿走家中 500 元钱，妻子许某怀疑其拿钱是为了去赌博，遂上前阻拦，不让其拿走。夫妻俩在无护栏的驳船甲板上发生争吵，汤某见妻子阻拦，很是恼火，强行将许某手中的 500 元钱夺走。在争执中，许某不慎跌落河水中，由于不会游泳，求生的本能让许某在水中拼命挣扎。眼见着妻子挣扎越来越困难，水性颇好的汤某却坐在甲板上观望，既不下水施救，也未投扔救生物品，甚至没有呼救。等到其他船员发现许某落水后，费尽周折将许某从河底打捞上来时，许某已生命垂危，经抢救无效死亡。

◆ **案情材料28** 2010 年 5 月 31 日下午 3 时许，陈某峰通过互联网登录广西防震减灾网（系广西壮族自治区地震局创办），发现该网站的网页设计存在明显的程序设计漏洞，遂利用相关软件工具获取了该网站的控制权，并通过该权限将网页原横幅广告图片"四川汶川强烈地震悼念四川汶川大地震遇难同胞"篡改为"广西近期将发生 9 级以上重大地震，请市民尽早做好准备"，同时将该网站首页左侧的"为您服务"栏目中的滚动信息内容全部篡改为"专家预测广西有可能在近期将发生 9 级以上重大地震灾情"。为防止网站管理员恢复网站内容，陈某峰又使用相关软件工具在网页内植入木马程序，创建了新的用户名及密码并删除了网站管理员的用户名，使网站管理员无法通过原用户名登录。完成上述行为后，陈某峰于当日下午 4 时许将被篡改的广西防震减灾网页的截屏图片上传至天涯、网易等知名网站论坛，吸引广大互联网用户的查阅，造成社会公众的严重恐慌。2010 年 6 月 1 日 21 时许，陈某峰登录广西防震减灾网时，发现其篡改的网页已被修复。为达到破坏该网站的网页不让其正常运行的目的，陈某峰在获取管理权限后，上传 clean.bat

（批处理程序软件）软件程序至该网页存储器内，然后利用该软件程序将广西壮族自治区地震局存储"广西防震减灾网"网页数据和应用程序的计算机服务器的电子数据和应用程序进行删除，造成广西防震减灾网长时间不能运行的严重后果。6月3日10时，陈某峰再次登录广西防震减灾网发现其破坏的网页又已恢复，欲再次使用相同的方式入侵广西防震减灾网时被抓获。

◆ **案情材料29** 宗教提倡人心向善，但有些不法分子却利用信徒们的善心，大肆骗取钱财。李某利，男，35岁，鞍山市人，初中毕业后，整天无所事事、游手好闲。一次，他到当地著名的千山风景区闲逛时，见到不少善男信女到庙里烧香拜佛，顿时心生坏主意：信佛的人一般都比较老实，他们的钱应该好骗。

于是，李某利剃了光头假装和尚，自称法号"本善"，每天在千山正门寻找目标。2009年4月的一天，信佛的鞍山市民于某到千山烧香，在正门处遇见了"本善"和尚。能言善辩的"本善"很快取得了于某的信任，被于某请到家中给妻子看病。"本善"假模假式地察看一番后，以买药的名义从于某手中骗走人民币2000元。

在此后几个月的时间里，李某利分别以治病、建庙、给人办出家手续等名义，骗取于某、刘某、韩某等人的现金共计27 000元，后被骗人刘某将其告发。

◆ **案情材料30** 2010年5月18日，个体户李某，男，25岁。因到批发商肖某强处调货，而欠下肖某7000元货款。由于此前双方并不熟悉，原不打算赊销的肖某考虑生意难做，加之李某一再表示可以随他的车一起到他家去取款，在李某出具欠条后，便答应了李某的要求。路上，肖某提出自己回去时只能坐班车，而随车前往取款是为了方便李某，对他来说是多余的，要求李某另付给他回去的车费。李某认为当初交易时，双方并没有谈及此事，肖某已经通过销售赚了钱，返程的车费自然应该由肖某自付，肖某现在突然提出，无疑是敲竹杠。便暗地与司机商量不但不付车费，所欠货款也不给了，肖某人生地不熟的，出了事也不知道到哪儿找人。当车行到无人之地，李某与司机故意找茬同肖某发生争执，而后对肖某施以暴力，强行将欠条抢回并撕毁，还逼迫肖某写下收到7000元货款的收条。经法医鉴定，肖某右眼眉骨骨折。

◆ **案情材料31**　罗某忠，男，34 岁，湖南人，师范院校毕业。2010 年 4 月 11 日，罗某忠与同村人罗某（另案处理）坐班车从湖南省长沙来到桂东县；吴某贤（已判刑）驾驶被告人罗某忠的解放牌集装箱货车同行，并与罗某忠保持电话联系。当晚，罗某忠与罗某来到桂东县，在桂东县工商局院内、邮政储蓄所门口窃得李某、胡某各一辆"豪爵"摩托车，连夜骑至江西省遂川县。4 月 12 日上午，被告人罗某忠与罗某又先后在遂川县一大药房门口、县人民医院、县商贸城水果市场等地窃得齐某"五羊本田"车、郭某"豪爵"车、王某"豪爵铃木"车、朱某"轻骑铃木"车各 1 辆，后藏于遂桂公路井冈山方向的一条偏僻老路边草丛中。下午由吴某贤驾驶集装箱货车将该 6 辆被盗车运回湖南湘阴，在途经井冈山市时被警方拦获。经遂川县价格认证中心鉴定，被盗 6 辆摩托车总价值为 38 700 元。

◆ **案情材料32**　赵某，男，30 岁，高中文化，2008 年 3 月，来到吉安市吉州区加入一传销组织。之后，赵某为发展下线多次打电话、发短信给在上海务工的陈某，编造其在吉安做烟酒生意很忙需要帮助的谎言，将陈某骗至吉安。4 月 12 日，被害人陈某从上海乘火车到达吉安，赵某将陈某带至吉州区一住宅小区××栋××单元××室出租房内，要陈从事传销活动，陈当即拒绝并表示要离开，赵某则以让陈某在吉安玩两天为借口，强行说服陈留下。为阻止陈某离开吉安，赵某伙同李某等人限制陈某的行动以及电话通话，并强迫陈听传销课。4 月 14 日晚 9 时许，陈某提出当晚要离开吉安，赵某不同意，陈遂借上卫生间之机爬窗户欲逃离出租房，但从窗户跳下后不慎坠楼身亡。经法医鉴定：被害人陈某系从高空坠下头额部着地，致重度颅脑损伤死亡。

◆ **案情材料33**　2016 年 1 月，王某的家属通过家政服务中心与庞某达成协议，由庞某负责看护王某的饮食起居。2016 年 6 月至 7 月中旬，庞某（男，33 岁，河北省廊坊人）在看护王某（男，77 岁，北京市房山区人）期间，多次以辱骂、推搡、拍打、扇耳光等方式虐待王某，造成王某前胸部、双上肢等多处皮下出血、瘀青等多发软组织损伤。经北京市房山区公安司法鉴定中心鉴定，王某身体所受损伤程度为轻微伤。

庞某没上过学，是通过中介找到的这份工作，吃住在王某家，24 小时照顾老人生活起居，每月工资 3000 元。距案发前 3 个月开始，当被害人王某不愿意吃药时，庞某就拽胳膊、拉扯、推搡王某，用手使劲捅王某的身体，更有扇耳光、辱骂等行为。

受害人王某的女儿称：我父亲抱怨庞某经常训斥他，今年 3 月份的时候，我接到我父亲的电话说他和庞某发生争吵，问了原因说是我父亲吃药、喝水慢了。当时我并没有责备庞某，只是安慰自己的父亲。因为，我父亲当时还能自己吃饭，有人搀扶着能走走，虽然说话慢，但还能正常沟通。后来 5 月份的时候，我又接到庞某的电话，说老人的腰不好坐不住了。我把父亲送医院检查后，诊断结果是腰椎错位。此后父亲便卧床不起、走不了路了，话也少多了。在此期间，邻居也曾提醒我："经常回家看看，觉得这保姆不对劲。"这件事后，我就在父亲的房间里安装了监控摄像头，并告知了庞某，谁知当天晚上就看到了老人被虐待的情景。

◆ **案情材料 34**　2010 年 12 月，福建省邵武市水北镇农民何某（32 岁），在邵武市一家招待所认识了服务员王某（29 岁），在得知王某系有夫之妇后，仍与之来往，双方发生并保持了不正当的性关系。2011 年 6 月初，王某向何某提出断绝两性关系，何某表示同意，但向其索要 5000 元作为交往损失的补偿。王某为了摆脱何福，同意补偿。6 月 14 日，王某在其姐夫陪同下，付给何某 5000 元，何收到钱后表示今后不再纠缠王某。但没过几天何某以拍过王某裸照要挟王某继续与其保持不正当两性关系。同年 7 月 10 日上午 7 时许，在邵武市南关菜场附近，何某将上班途中的王某拦下，以有事要说清楚为由，与被害人王某前往邵武市水北白石前力车厂宿舍，骗王某服下有安定药的饮料后，与王某发生了性行为，并乘王某服药后昏睡之机，用事先租来的照相机拍了王某的全裸照一卷，王某至凌晨醒来离去。次日，何福将偷拍的胶卷拿到某照相馆冲洗出照片 64 张。当晚，何福将王某的 5 张裸体照片送至王某租住处，要挟王某继续与其保持不正当的性关系，否则就将裸体照片拿到王某的家乡广为散发。王某见事态严重，于 2011 年 7 月 14 日向公安机关报案，当何某再次纠缠王某时被公安民警当场抓获。

◆ **案情材料 35**　席某，男，1965 年 2 月 1 日出生，汉族，浙江省宁波市人，高中文化。2010 年 9 月 15 日，因经济拮据而产生绑架勒索财物的意图，并多次到浙江省慈溪市进行踩点和物色被绑架人。2010 年 8 月 18 日上午，席某驾驶自己的浙 B3C×××通宝牌面包车从宁波市至慈溪市浒山街道团圈支路老年大学附近伺机作案。当日下午 1 时许，席某见女孩杨某（女，2002 年 6 月 2 日出生，浙江省慈溪市浒山东门小学三年级学生）背着书包独自一人经过，即以"陈老师找你"为由将杨某骗上车，将其扣在一个塑料洗澡盆下，开车驶至宁波市东钱湖镇"钱湖人家"后山。当晚 10 时许，席某从杨某处骗得其父亲的手机号码和家中的电话号码后，又开车将杨某带至宁波市北仑区北一防空洞附近，采用捂口、鼻的方式将杨某杀害后掩埋，并烧掉了杨某的书包，扔掉了杨某挣扎时脱落的鞋子。8 月 19 日，席某乘火车到安徽省广德县购买了一部波导 1220 型手机，于 20 日凌晨许某拨打杨某家电话，称自己已经绑架杨某并要求杨某的父亲于当月 25 日下午 6 时前带 60 万元赎金到浙江省湖州市长兴县交换其女儿。尔后，席某又乘火车到安徽省芜湖市打勒索电话，因其将记录电话的纸条丢失，将被害人家的电话号码后四位 2353 误记为 7353，电话接通后听到接电话的人操宁波口音，而杨某的父亲讲普通话，由此席某怀疑是公安人员已介入，遂停止了勒索。2010 年 9 月 15 日席某被公安机关抓获，席某供述了绑架杀人经过，并带领公安人员指认了埋尸现场，公安机关起获了一具尸骨，从其浙 B3C×××通宝牌面包车上提取了杨某头发两根（经法医学 DNA 检验鉴定，是被害人杨某的尸骨和头发）。公安机关还从席某处扣押波导 1220 型手机一部。

◆ **案情材料 36**　2011 年 3 月 20 日，湖北省荆州市京东县公安局侦查发现一起销售假药案件：2010 年 2 月以来，雷某（男，46 岁，湖北省荆州市人，大专文化，个体经营者）在京安县一处渔场内设立假药生产窝点，将含有"西地那非"等成分的假药原料，加工成"金肾宝""虫草金刚丸"假药并包装后（将假药直接套装在标有国药准字号的药盒当中，冒充正品药），销往湖北、湖南多个药店、保健品店，获利价值达 3 万余元。

◆ **案情材料 37**　2010 年以来，钱某在广州市租用民宅设立"业务接待室"招揽不法分子生产假冒名牌箱包"路易威登""蔻驰""爱马仕"等 380 个，制假原料 566 匹，切皮机、压纹机、激光蚀刻机等制假设备 17 台（套），用于收款转账的存折、银行卡 91 本（张），价值 1.07 亿元，还有皮料、配饰，通过中间商将大量假冒箱包走私运往美国、沙特、约旦等多个国家销售。经对钱某的销售记录进行审查发现，2011 年 3 月至 2012 年 5 月，钱某等人仅向美国走私出口的假冒名牌箱包就达 27 个集装箱共计 96 万余个，按正品市场价格计算达 50 亿元人民币。

◆ **案情材料38** 刘某，男，50 岁，以捡破烂为生。2011 年 11 月 26 日失主杨某向公安机关控告刘某在旅客列车上，趁其转身取行李之机，将其放在座位上的一架照相机和一部手提式喊话器盗走，物品价值 4700 余元。庭审中，刘某对盗窃罪的指控提出了异议，认为相机和喊话器是自己在车厢内没人的情况下捡的，不是偷的。失主杨某的出庭证词表明，他们所在单位组织职工去野三坡风景区旅游，回来时乘坐了火车。当时，他作为活动的负责人，为保障人、物的安全，就将喊话器和照相机委托赵某照看。赵某将喊话器和照相机用背带连在一起放在了座位下面。列车到达车站时，赵某见杨某还在车上就先行下了车。杨某帮其他同事从行李架取了行李后，回身扫视了车厢一眼，没有看见人，也没看到遗忘物，也就下了车。由于要安排第二天的工作，杨某在站台召集大家时才发现喊话器和照相机不见了。后来听同事讲，下车时曾看见一个盲流挤上了车，于是，杨某将情况向车站派出所作了报告。此外，刘某的邻居甘宁作证说，刘某曾告诉他捡到了东西，他劝刘某，如有人找，就将东西还给人家或交给公安。

◆ **案情材料39** 廖某，男，27 岁，某公安派出所治安民警。2010 年 9 月 29 日廖某约李某（社会待业人员）商量，晚上去旅馆抓赌，收缴他们的赌资。李某当即同意随其而去，来到某旅馆后，廖某掏出警官证，让服务员把各间房门打开，要进行查夜。当打开 12 号房间时，看见四人正在打麻将，桌上每人身边放了一部分现金。廖某对他们说："我是民警，来抓赌的，你们把身上的赌资拿出来，免得罚款。"大家一看廖某穿着公安的警服，都乖乖地把钱拿出来了，经点数共有人民币 11 000 元。廖某然后对他们说："要收据的话，明天来派出所领。今天没有带收据和扣押单来。"临走时，廖某又补充了一句："如明天要来打收据，你们还要交罚款。"就这样，廖某与李某不开任何收据就走了，事后廖某给了李某 2000 元，其余自己私吞。后因琐事与李某发生矛盾，被李告发。

◆ **案情材料 40** 邓某，男，38 岁，系滨海市工商局档案管理科工作人员。2011 年 7 月 25 日，该局打假办在对某贸易公司进行执法检查时，发现该公司存在违法经营行为，当即对该公司的有关物品和账目进行了扣押，准备在查清事实后，对该公司的违法经营行为进行行政处罚。在打假办有关工作人员向领导汇报时，被邓某偶然听到。邓某当晚给该公司会计打电话，自称是分管打假的副局长，暗示只要给几万元钱，他就可以帮助该公司"摆平"这件事。随后，邓某又身着工商人员制服私自会见了该公司经理，接受了 5 万元现金。邓某收受钱财后，并未为该公司办任何事。后来，该公司由于仍然受到了处罚而告发了邓某。

◆ **案情材料 41** 赵某，男，35 岁，系盐池县大树乡农民兼乡村保健员，参加过中医函授学习并取得毕业资格。2011 年 8 月 26 日，杨某因腰腿疼，经人介绍到赵某家求医，赵某为其开了中药处方。同月 31 日下午，杨某又来赵某处复诊。赵某除了继续开出中药处方外，还将自己配置的含有雷公藤成分的散剂（赵某曾用该种药粉给多人治疗，均有一定疗效且未曾出现中毒反应）及杏仁配给杨某，并嘱咐杨某用温开水吞服，每次一汤匙散剂，一颗杏仁。当晚，杨某按赵某的医嘱服用，1 小时后，杨某出现恶心、呕吐症状，家人即请乡村医生季某抢救，并给杨某注射了胃氧氯普胺，当夜 12 时 30 分，杨某死亡。经法医鉴定：杨某的死因是雷公藤中毒。

◆ **案情材料 42** 牛某，男，30 岁，个体经营者，住天津市南开区利通苑 12 号楼 2 单 501 室。2012 年 9 月 2 日下午 3 时许，牛某替其妻杨某在天津市南开区立新里市场卖布头。刚饮过酒的李某走过来指着一块布头要牛某拿给他，牛某问明情况后告诉李某说布头小，不够做衬衣的料，但还是将布头拿给了李某。李某接过布头简单看了一下，即扔到牛某的脸上，牛某拿过布头也抽了李某的面部一下，双方发生口角，经他人劝开。牛某为避免事态扩大，急忙收拾部分布头离开市场。牛某离开市场不久，李某带着一个文身的男青年返回原地。文身青年过来就抢拿牛某摊位旁边刘某荣摊位的布头，刘某荣说："这布头是我的。"在他人的劝说下，文身青年才将布头放下，然后离去。李某仍留在市场没走。当日下午 5 时许，牛某返回市场收拾余下的布头时，被等候多时的李某发现。李某即追上去用拳头击打牛某的面部，将牛某的近视眼镜打碎落地，眼镜碎片划破了牛某的眼皮，但牛某没有还手。接着李某又用右臂夹住牛某的颈部，继续殴打牛某。由于李某的身体强壮高大，牛某的身体瘦小，牛某挣脱不开。牛某为逃脱挨打，情急之下掏出随身携带的水果刀朝着李某乱捅。先将李某的右手臂捅伤，但李仍未停止对牛某的殴打，后又将李某的左腹部捅伤，李某才将牛某放开，牛某也没有再捅李。在市场管理人员赶到后，牛某将水果刀交给管理人员，次日向公安机关投案。李某的腹部伤，经法医鉴定为重伤。

◆ **案情材料43**　丁某，男，25岁，宁波市某商场股份有限公司职工。2013年4月21日下午，丁某受宁波市某商场股份有限公司水电安装分公司委派，在宁波市海曙区竺某家改装家用电线。在开凿室内穿线墙洞时，发现墙内有用塑料布包着的3根金条（计91.62克），顿生占有歹念，即乘主人不备将3根金条藏匿于一楼公用过道墙内杂物堆里。当主人向其说明墙内有黄金藏着时，丁某矢口否认。次日中午，丁某将金条秘密转移到自己家中。下午，在公安机关传讯时作了坦白，并将3根金条交还给失主。

◆ **案情材料44**　2012年11月14日，郑州航空工业管理学院参加国家人事部举办的全国第六届高级人才洽谈会，刘某刚对该院谎称自己是北京大学在读博士生，声称自己将于2013年7月毕业，并提交了其编造的个人工作简历。在简历中，刘某刚称，其于2000年考入北京大学经济学专业（硕博连读）。研究生在读期间，曾先后任中国证监会基金部助理研究员、信息产业部电信规划院电信规划咨询师、北京大学经济学院教员、天津开发区管委会主任助理等职，主持过东风汽车与日产合资的改制和并购、上海浦东发展银行股份有限公司股权转让定价说明、中国电信企业的管理方案与投融资策略研究等13项活动，并有科研成果、论文等21项。郑州航空工业管理学院信以为真，即与刘某刚谈招聘事宜。该学院为能让刘某刚毕业后到其学院工作，决定刘某刚毕业前即可上班。2012年12月份，刘某刚被当成高级人才招聘至该院工作。学院按博士待遇付给刘某刚5万元安家费，8000元工资，共计58 000元，并分给其一套120平方米的住房。刘某刚上班后多次以自己是北京大学博士生，要进一步提高待遇为由，不断向学院提出需要配置电脑、打印机和科研启动资金等要求，郑州航空工业管理学院经向北京大学查询发现刘某刚未在北京大学攻读博士。2013 年 2 月 2 日，刘某刚再次向该院提出上述待遇时被抓获。归案后，公安机关追回赃款 48 000 元和分配给他的住房钥匙 1 套，已发还被害单位。

◆ **案情材料 45** 赵某洪，26 岁，汉族，高中文化程度，河北省邯郸市人。2013 年 1 月 2 日 9 时许，赵某洪到北京市通州区于家务乡东垡村"小护士纺织科技有限公司"女工宿舍内，将其表妹袁女士的北京银行卡及存折盗走。同年 1 月 3 日至 4 日期间，赵某洪持该卡在通州区马驹桥镇小周易村北京农村商业银行的自动提款机上盗取人民币 7900 元，为了不被监控记录下自己的样貌，赵某洪每次取款都对自己进行了精心的装扮，头戴帽子，嘴戴口罩，低头避对摄像头，取款后迅速潜逃。2013 年 2 月 11 日，被告人赵某洪到北京市公安局通州分局于家务派出所投案。他不停地说，跟表妹关系一直很好，但直接跟表妹借钱怕丢面子，一时糊涂才偷偷拿走表妹银行卡当外出打工的路费，想挣到钱再还给表妹。之后他去深圳找工作，但因学历不高，又没有一技之长，一直未能被任何一家单位录取。没有挣钱的机会，在深圳的各类花销还格外的厉害，以至于半个月时间就花掉了近 5000 元。倍感失望的赵某洪无奈选择了回家，在回家的路上，想起小时候父亲曾教育他绝对不能做任何违法乱纪之事，每到夜晚赵洪海都会受到良心的谴责，于是到家后，他如实将此事告诉了父亲，父亲严厉地批评了他，要求他到公安机关自首，自觉接受法律的处罚。赵某洪经努力，已在诉前将涉案赃款人民币 7900 元退还表妹袁女士。

◆ **案情材料 46** 孙某某，男，汉族，大专文化，上海某贸易公司职员，住上海市闸北区××号。2014 年 1 月 16 日 13 时许，孙某某酒后从本市祁连山路乘坐 110 路公交车。当该车驶离共和新路汾西路站点继续行驶过程中，孙某某要求司机王某某开门让其下车。因未能如愿，孙某某遂冲至驾驶室殴打王某某，同时拔掉公交车启动钥匙。随后，又将王某某拉出驾驶室，自行坐进驾驶座开启公交车电源，乱按操作台上的按钮试图打开车门。在遭到王某某和乘客刘某某的阻止后，孙某某即拿出随身携带的弹簧刀划伤刘某某的右手食指，扎伤王某某的右手臂，致使刀刃与刀柄分离。后孙某某被及时赶到的民警当场抓获。经鉴定，王某某与刘某某均属轻微伤。

◆ **案情材料 47**　李某，男，1989 年 8 月出生，南京人，住南京市鼓楼区建北路 13 号。从某驾驶专业学校毕业后，于 2011 年进入中北巴士公司工作，2012 年 1 月获得驾驶公交车资格，并随后成为江南公交公司 8 路车的一名驾驶员。2013 年 11 月 3 日，李某上的是下午班，从 1 点左右接班，一直要到晚上 8 点多才能下班，要在线路上跑四趟才能完成任务。晚上 7 点 30 分，李某从迈皋桥起点站发车，执行他当天最后一班的运营任务。车入中央路时，已是晚上 8 点 20 分左右。因路况较好，车辆较少，李某开车速度比较快。当车子由北向南行至江南大厦路口时，悲剧发生了，李某因疏于观察，将一对站在斑马线上等候过马路的母女一起撞飞十几米。眼见母女俩倒在地上一动不动，李某惊得目瞪口呆。回过神来之后，李某立即打 110 报警，同时冲下车，将倒在地上的小女孩抱起来，拦了一辆出租车就直奔医院，希望能挽回孩子的生命。将孩子送到医院后，李某主动到警方投案自首，而倒在地上的母亲则被后来赶到的 120 急救车送往医院。事发时路面的监控录像，记录了事发经过。

被撞的母亲名叫陈某，时年 41 岁，女儿叫郑某，时年 6 岁，是一名刚入学的小学生。当晚，陈某和母亲李某带女儿郑某去中大医院挂水返回，走到路口附近时，李某见路上车少故横穿马路通行，而懂事的郑某却拉着妈妈，要妈妈和她一起从斑马线通过，不想竟发生如此惨剧。事发当晚，陈某因伤势过重抢救无效死亡。9 天后，6 岁的郑某也不幸离世。经警方鉴定，事发时，李某开车的速度达到 60 公里/小时，认定李某对此次交通事故负全部责任。

◆ **案情材料 48**　余某生，男，38 岁，家住河南省洛阳市幸村，高中文化。2011 年 7 月，余某生在并无能力帮他人录取到相关大学专业的情况下，以可以帮助被害人陈某参加了 2011 年高考的孩子录取到河南某大学为名骗取其人民币 6.5 万元；以可以帮助被害人邓某的孩子录取到成都某高校为名骗取其人民币 6 万元；以可以帮助被害人叶某的孩子录取到湖北某大学为名骗取其人民币 3.3 万元。直至第二批本科招生结束，三被害人的小孩均未被录取到被告人余某生承诺的相关大学。之后，三被害人要求余某生退钱，余某生采取不接电话、关闭手机及逃匿等手段拒不退钱，三被害人向当地公安机关报警。余某生共骗取三被害人人民币 15.8 万元。后余某生亲属将所有赃款退还给了三被害人，并取得了三被害人的谅解。

◆ **案情材料 49**　项某，女，22 岁，江西某高校大三学生；王某晓，男，23 岁，江西某高校大三学生，项某、王某晓二人系同班同学。2013 年 5 月底，两人经汪某楷介绍认识了江某宇（另案处理）后，江某宇问项某、王某晓是否愿意利用电脑、对讲机、接收器等向高考考生发送高考答案，酬金 1000 元。项某、王某晓同意。2013 年 6 月 1 日上午，易某珂等人在一宾馆内向项某、王某晓等人传授发送高考答案技术。同日下午，项某、王某晓在易某珂的安排下，作为技术员携带电脑及在易某珂等人处领取的作案工具、1600 元生活费等来到峡江县水边镇。次日，按易某珂等人提供的电话号码，项某、王某晓联系峡江高考考生张某园等人，见面后将在易某珂处领取的 21 套接收器交给张某园等人，并收取 700 元电脑租金。项某联系一考生家长后，将 1 套接收器交给该考生家长，并收取 100 元电脑租金。经张某园亲戚联系，2013 年 6 月 4 日，租好了离峡江高考考点较近的峡江县水边镇李家村吴冬根家二楼一间房间。2013 年 6 月 6 日，项某、王某晓在所租的房间内，利用对讲机、接收器等和张某园等人测试发送、接收效果。当晚，公安人员将项某、王某晓抓获。

◆ **案情材料 50**　高某，男，27 岁，福建省福鼎市人，2013 年 9 月 4 日 0 时许，高某和朋友饮酒后无证驾驶无牌二轮摩托车，期间，其朋友王某要求乘坐其摩托车。高某后载王某，从福鼎市店下镇溪美村往店下镇区方向行驶，行经秦店线 2000 米+500 米路段时，翻入道路右侧下方的农地内，造成王某受伤。经福鼎市公安局法医学鉴定，王某的损伤属重伤。经福鼎市公安局交警大队责任认定，高某负本起事故的全部责任。案发后，高某赔偿王某经济损失共计人民币 60 000 元，并取得王某的谅解。

第四章

模拟刑事诉讼主要文书格式与范例

第一节　刑事诉讼文书制作和填写要求

公检法三机关办理刑事案件，应当严格依照《中华人民共和国刑事诉讼法》《中华人民共和国刑法》《公安机关办理刑事案件程序规定》《人民检察院刑事诉讼规则（试行）》等法律、规章进行选取、制作、填写和使用刑事法律文书。

一、填写和制作文书要求

填写纸质文书时，应当使用能够长期保持字迹的书写工具，做到字迹清楚、文字规范、文面整洁。文书设定的项目，要逐项准确填写；确有些栏目不需要填写的，用斜线"＼"或者横线"——"划去。制作《呈请立案报告书》《起诉意见书》《起诉书》《判决书》等叙述型文书时，应当做到描述案件事实清楚、引用法律条文准确、结论明确易懂、语言准确精练。

二、常见项目填写要求

1. 案件名称。根据不同的案件情况，采取不同的命名方法。对于有明确的犯罪嫌疑人、被告人和涉嫌犯罪情节清楚的案件，可采取"人名＋涉嫌罪名"的方式命名，如"王某某故意杀人案"；对于犯罪嫌疑人、被告人不明而被害人和被害情况清楚的案件，可采取"被害人＋被侵害情况"的方式命名，如"张某某被抢劫案"；对于犯罪嫌疑人、被告人和被害人不明或者犯罪嫌疑人、被告人、被害人人数众多不便概括以及需要保密等情形，可采取以案件发生时间或立案时间或地名的方式来命名,如"4·15案""×××(地名)抢劫案"。

2. 犯罪嫌疑人、被告人姓名。填写犯罪嫌疑人、被告人合法身份证件上的姓名;如果没有合法身份证件的,填写在户籍登记中使用的姓名。如果犯罪嫌疑人、被告人是外国人,除应当填写其合法身份证件上的姓名外,还应当同时写明汉语译名。对于叙述型法律文书,应当在写明犯罪嫌疑人、被告人姓名的同时,写明犯罪嫌疑人、被告人使用过的其他名称,包括别名、曾用名、绰号等。如有必要,还可写明笔名、网名等名称。确实无法查明其真实姓名的,也可以暂填写其自报的姓名。查清其真实姓名后,按照查清后的姓名填写,对之前填写的内容可不再更改,但应当在案件卷宗中予以书面说明。

3. 犯罪嫌疑人、被告人出生日期。犯罪嫌疑人、被告人的出生日期以公历(阳历)为准,除有特别说明的外,一律具体到年月日。确定犯罪嫌疑人、被告人的出生日期应当以其合法身份证件上记载的出生日期为准,没有合法身份证件的,以户籍登记中的出生日期为准。

4. 犯罪嫌疑人、被告人住址。填写犯罪嫌疑人、被告人被采取强制措施前的经常居所地。犯罪嫌疑人、被告人的经常居所地以户籍登记中的住址为准。如果该犯罪嫌疑人、被告人离开户籍所在地在其他地方连续居住满1年以上的,则以该地为经常居住地,并应当在填写经常居住地的同时注明户籍登记的住址。

5. 犯罪嫌疑人、被告人的单位及职业。填写犯罪嫌疑人、被告人的工作单位名称以及从事的职业种类。单位名称应当填写全称,必要时在前面加上地域名称。认定犯罪嫌疑人的工作单位,不能单纯凭人事档案是否在该单位,而应当视其是否实际在该单位工作。只要其实际在该单位工作的,即可认定为工作单位。职业应当填写从事工作的种类。没有工作单位的,可以根据实际情况填写经商、务工、农民、在校学生或者无业等。

6. 身份证件种类及号码。填写居民身份证、军官证、护照等法定身份证件的种类及号码。

7. 文化程度。填写国家承认的学历。文化程度分为研究生(博士、硕士)、大学、大专、中专、高中、初中、小学、文盲等档次。

8. 联系方式。填写联系人的移动电话号码、固定电话号码、电子邮件地址等内容。

9. 签名。需要当事人签名确认的文书应当由其本人签名，不能签名的，可以捺指印；属于单位的，由法定代表人、主要负责人或者其授权的人签名，或者加盖单位印章。当事人拒绝签名的，办案人员应当在文书中予以说明。

10. 各类清单。"编号"栏一律采取阿拉伯数字，按材料、物品的排列顺序从"1"开始逐次填写；"名称"栏填写材料、物品的名称；"数量"栏填写材料、物品的数量，使用阿拉伯数字填写；"特征"栏填写物品的品牌、型号、颜色、新旧等特点。表格多余部分应当用斜对角线划掉。

11. 法律条文的援引。引用法律，应当写明法律的全称；引用的法律条文，要写明具体的条文号，条文中有款、项的，要具体到款、项。

12. 成文日期。成文日期填写批准人的批准日期。内部审批类文书的日期，制作人在末尾落款处填写制作日期，审核人、批准人在其签名下方填写审核、批准时的日期。成文日期应当使用大写数字，如"二〇一六年一月一日"。

13. 印章的使用。重要法律文书尤其是对外使用的文书，应当在成文日期上方写明单位名称，在单位名称和成文日期上加盖能够对外独立承担法律责任的单位印章，不能使用内部印章。

三、使用文书

文书制作完毕，应当按照要求予以送达、签收，办案单位留存的文书，应当根据规定入卷。

第二节　刑事立案、侦查填写类文书格式

受案登记表

(受案单位名称和印章)　　　　　　　×公（　）受案字〔　　〕　　号

案件来源	□110指令□工作中发现□报案□投案□移送□扭送□其他				
报案人	姓　名		性别		出生日期	
	身份证件种类		证件号码		
	工作单位		联系方式		
	现住址				

续表

移送单位		移 送 人		联系方式	
接报民警		接报时间	年 月 日 时 分	接 报 地 点	

简要案情或者报案记录（发案时间、地点、简要过程、涉案人基本情况、受害情况等）以及是否接受证据：

受案 意见	□属本单位管辖的行政案件，建议及时调查处理 □属本单位管辖的刑事案件，建议及时立案侦查 □不属于本单位管辖，建议移送_____处理 □不属于公安机关职责范围，不予调查处理并当场书面告知当事人 □其他_____ 受案民警： 　　　　　 年 月 日
受案 审批	受案部门负责人： 　　　　　　 年 月 日

受案回执

_____:

你（单位）于_____年_____月____日报称的_____

_____一案我单位已受理［受案登记表文号为×公

（　　）受案字［　　　］　号］。

你（单位）可通过_____查询案件进展

情况。

联系人、联系方式：_____。

受案单位（印）

年　月　日

报案人、控告人：

举报人、扭送人：

年　　　月　　　日

一式两份，一份留存，一份附卷。

×××公安局

立案决定书

×公（　　）立字［　　　　］号

根据《中华人民共和国刑事诉讼法》第一百零七条/第一百一十条之规定，决定对

_____案立案侦查。

公安局（印）

年　　月　　　日

一式两份，一份附卷，一份交报案人、控告人、举报人、扭送人。

×××公安局

取保候审决定书

×公（　）取保字〔　　〕　号

犯罪嫌疑人_____性别____，出生日期_____，

住址_____，

单位及职业_____，

联系方式_____。

我局正在侦查_____案，

因犯罪嫌疑人_____，根据《中华人民共和国刑事诉讼法》第___条之规定，决定对其取保候审，期限从_____年___月___日起算。犯罪嫌疑人应当接受保证人_____的监督/交纳保证金（大写）_____元。

公安局（印）

年　月　日

本决定书已收到。

被取保候审人：　　　　　　（捺指印）

年　月　日

被取保候审人义务告知书

根据《中华人民共和国刑事诉讼法》第六十九条第一款的规定，被取保候审人在取保候审期间应当遵守以下规定：

（一）未经执行机关批准不得离开所居住的市、县；

（二）住址、工作单位和联系方式发生变动的，在二十四小时以内向执行机关报告；

（三）在传讯的时候及时到案；

（四）不得以任何形式干扰证人作证；

（五）不得毁灭、伪造证据或者串供。

根据《中华人民共和国刑事诉讼法》第六十九条第二款的规定，被取保候审人还应遵守以下规定：

（一）不得进入_____等场所；

（二）不得与＿＿＿＿＿＿＿＿＿＿＿＿＿＿＿＿＿＿＿＿＿ 会见或者通信；

（三）不得从事＿＿＿＿＿＿＿＿＿＿＿＿＿＿＿＿＿＿＿ 等活动；

（四）将＿＿＿＿＿＿＿＿＿＿＿＿＿＿＿＿＿＿＿＿ 证件交执行机关保存。被取保候审人在取保候审期间违反上述规定，已交纳保证金的，由公安机关没收部分或者全部保证金，并且区别情形，责令被取保候审人具结悔过、重新交纳保证金、提出保证人，或者监视居住、予以逮捕。

本告知书已收到。

被取保候审人：

年　　月　　日

一式三份，一份附卷，一份交被取保候审人，一份交执行机关。

取保候审保证书

我叫＿＿＿＿＿，性别＿＿，出生日期＿＿＿＿＿＿，现住＿＿＿＿＿＿＿＿＿＿＿＿＿＿＿＿＿＿＿＿＿＿，身份证件名称＿＿＿＿＿＿＿＿，号码＿＿＿＿＿＿＿＿＿＿＿＿＿＿＿＿＿＿＿，单位及职业＿＿＿＿＿＿＿＿＿＿＿＿＿＿＿＿＿＿＿＿，联系方式＿＿＿＿＿＿＿＿＿＿＿＿＿＿＿＿＿＿，与犯罪嫌疑人＿＿＿＿＿＿＿＿＿＿＿是＿＿＿＿＿＿＿＿＿＿关系。

我自愿作如下保证：

监督犯罪嫌疑人在取保候审期间遵守下列规定：

（一）未经执行机关批准不得离开所居住的市、县；

（二）住址、工作单位和联系方式发生变动的，在二十四小时以内向执行机关报告；

（三）在传讯的时候及时到案；

（四）不得以任何形式干扰证人作证；

（五）不得毁灭、伪造证据或者串供。

监督犯罪嫌疑人遵守以下规定：

（一）不得进入＿＿＿＿＿＿＿＿＿＿＿＿＿＿＿＿＿＿＿＿＿等场所；

（二）不得与＿＿＿＿＿＿＿＿＿＿＿＿＿＿＿＿＿＿＿会见或者通信；

（三）不得从事＿＿＿＿＿＿＿＿＿＿＿＿＿＿＿＿＿＿等活动；

（四）将＿＿＿＿＿＿＿＿＿＿＿＿＿＿＿＿＿＿＿＿证件交执行机关保存。

本人未履行保证义务的，愿承担法律责任。

此致

   公安局

             保证人：

           年 月 日

一式两份，一份附卷，一份交保证人。

         ×××公 安 局
拘留证

           ×公（ ）拘字［ ］ 号

  根据《中华人民共和国刑事诉讼法》第_____条之规定，兹决定对犯罪嫌疑人__

_____（性别___，出生日期_____，住址_____

_____）执行拘留，送_____看守所

羁押。

       公安局（印）

       年 月 日

  本证已于_____年___月___日___时向我宣布。

     被拘留人：   （捺指印）

  本证副本已收到，被拘留人_____于_____年___月___日___时送

至我所。

  接收民警： 看守所（印）

×××公安局
拘留通知书
（副　本）

×公（　）拘通字〔　　〕　　号

_____：

根据《中华人民共和国刑事诉讼法》第_____条之规定，我局已于_____年___月___日___时将涉嫌_____罪的_____刑事拘留，现羁押在_____看守所。

公安局（印）

年　月　日

本通知书已收到。

被拘留人家属：　　　　　　　　　　年　月　日　时

如未在拘留后24小时内通知被拘留人家属，注明原因：_____

_____。

办案人：

年　月　日　时

×××公安局
提请批准逮捕书

×公（　）提捕字〔　　〕　　号

犯罪嫌疑人×××……[犯罪嫌疑人姓名（别名、曾用名、绰号等），性别，出生日期，出生地，身份证件种类及号码，民族，文化程度，职业或工作单位及职务，居住地（包括户籍所在地、经常居住地、暂住地），政治面貌（如是人大代表、政协委员，一并写明具体级、届代表、委员），违法犯罪经历以及因本案被采取强制措施的情况（时间、种类及执行场所）。案件有多名犯罪嫌疑人的，应逐一写明。]

辩护律师×××……[如有辩护律师，写明其姓名，所在律师事务所或者法律援助机构名称，律师执业证编号。]

犯罪嫌疑人涉嫌×××（罪名）一案，由×××举报（控告、移送）至我局（写明案由和案件来源，具体为单位或者公民举报、控告、上级交办、有关部门移送、本局其他部门移交以及工作中发现等）。简要写明案件侦查过程中的各个法律程序开始的时间，如接受案件、立案的时间。具体写明犯罪嫌疑人归案情况。

经依法侦查查明：……（应当根据具体案件情况，详细叙述经侦查认定的犯罪事实，并说明应当逮捕理由。）

（对于只有一个犯罪嫌疑人的案件，犯罪嫌疑人实施多次犯罪的犯罪事实应逐一列举；同时触犯数个罪名的犯罪嫌疑人的犯罪事实应该按照主次顺序分别列举；对于共同犯罪的案件，写明犯罪嫌疑人的共同犯罪事实及各自在共同犯罪中的地位和作用后，按照犯罪嫌疑人的主次顺序，分别叙述各个犯罪嫌疑人的单独犯罪事实。）

认定上述事实的证据如下：

……（分列相关证据，并说明证据与犯罪事实的关系。）

综上所述，犯罪嫌疑人×××……（根据犯罪构成简要说明罪状），其行为已触犯《中华人民共和国刑法》第××条之规定，涉嫌×××罪，符合逮捕条件。依照《中华人民共和国刑事诉讼法》第七十九条、第八十五条之规定，特提请批准逮捕。

此致

×××人民检察院

公安局（印）
年　　月　　日

×××公安局

逮　捕　证

（副　本）

×公（　）捕字［　　］号

根据《中华人民共和国刑事诉讼法》第七十八条之规定，经_____批准/决定，兹由我局对涉嫌_____罪的_____（性别___，出生日期_____，住址_____）执行逮捕，送_____看守所羁押。

执行逮捕时间：　　年　　月　　日　　时

属于律师会见需经许可的案件：是/否

公安局（印）

年　月　日

×××公安局

逮捕通知书

（副　本）

×公（　）捕通字［　　］号

_____：

经_____批准，我局于___年___月___日_____时对涉嫌___ _____罪的_____执行逮捕，现羁押在_____ _____看守所。

公安局（印）

年　月　日

本通知书已收到。

被逮捕人家属：　　　　年　　月　　日　　时

如在逮捕后24小时内无法通知的，注明原因：_____

_____。

办案人：

年　月　日　时

×××公安局提讯提解证

（看守所公章）

犯罪嫌疑人		性别		出生日期		代号	
提讯提解证编号		发证日期					
羁押期限		办案单位					
提讯提解时间	事　由	办案人签名	收监或回所时间			看守员签名	
年　月　日 时　分			年　月　日 时　分				
年　月　日 时　分			年　月　日 时　分				
年　月　日 时　分			年　月　日 时　分				
年　月　日 时　分			年　月　日 时　分				
年　月　日 时　分			年　月　日 时　分				
年　月　日 时　分			年　月　日 时　分				

1. 提讯、提解时办案人员不得少于二人。
2. "事由"栏根据情况填写"讯问""出所辨认""出所起赃"等。

犯罪嫌疑人诉讼权利义务告知书

根据《中华人民共和国刑事诉讼法》的规定，在公安机关对案件进行侦查期间，犯罪嫌疑人有如下诉讼权利和义务：

1. 不通晓当地通用的语言文字时有权要求配备翻译人员，有权用本民族语言文字进行诉讼。

2. 对于公安机关及其侦查人员侵犯其诉讼权利和人身侮辱的行为，有权提出申诉或者控告。

3. 对于侦查人员、鉴定人、记录人、翻译人员有下列情形之一的，有权申请他们回避：①是本案的当事人或者是当事人的近亲属的；②本人或者他的近亲属和本案有利害关系的；③担任过本案的证人、鉴定人、辩护人、诉讼代理人的；④与本案当事人有其他关系，可能影响公正处理案件的。对于驳回申请回避的决定，可以申请复议一次。

4. 自接受第一次讯问或者被采取强制措施之日起，有权委托律师作为辩护人。经济困难或者有其他原因没有委托辩护人的，可以向法律援助机构提出申请。

5. 在接受传唤、拘传、讯问时，有权要求饮食和必要的休息时间。

6. 对于采取强制措施超过法定期限的，有权要求解除强制措施。

7. 对于侦查人员的提问，应当如实回答。但是对与本案无关的问题，有拒绝回答的权利。在接受讯问时有权为自己辩解。如实供述自己罪行的，可以从轻处罚；因如实供述自己罪行，避免特别严重后果发生的，可以减轻处罚。

8. 核对讯问笔录的权利，笔录记载有遗漏或者差错，可以提出补充或者改正。

9. 未满18周岁的犯罪嫌疑人在接受讯问时有要求通知其法定代理人到场的权利。

10. 聋、哑的犯罪嫌疑人在讯问时有要求通晓聋、哑手势的人参加的权利。

11. 依法接受拘传、取保候审、监视居住、拘留、逮捕等强制措施和人身检查、搜查、扣押、鉴定等侦查措施。

12. 公安机关送达的各种法律文书经确认无误后，应当签名、捺指印。

13. 有权知道用作证据的鉴定意见的内容，可以申请补充鉴定或重新鉴定。

此告知书在第一次讯问犯罪嫌疑人或对其采取强制措施之日交犯罪嫌疑人，并在第一次讯问笔录中记明或责令犯罪嫌疑人在强制措施文书附卷联中签注。

现场勘验笔录

现场勘验单位：＿＿＿＿＿＿＿＿＿＿＿＿＿＿＿＿＿＿＿＿＿＿＿＿＿＿＿

指派/报告单位：＿＿＿＿＿＿＿＿＿＿＿＿＿＿　时间：＿年＿月＿日＿时＿分＿＿

勘验事由：＿＿＿＿＿＿＿＿＿＿＿＿＿＿＿＿＿＿＿＿＿＿＿＿＿＿＿＿＿＿

＿＿＿＿＿＿＿＿＿＿＿＿＿＿＿＿＿＿＿＿＿＿＿＿＿＿

现场勘验开始时间：＿＿＿＿年＿＿＿月＿＿＿日＿＿＿时＿＿＿＿分

现场勘验结束时间：＿＿＿＿年＿＿＿月＿＿＿日＿＿＿时＿＿＿＿分

现场地点：＿＿＿＿＿＿＿＿＿＿＿＿＿＿＿＿＿＿＿＿＿＿＿＿＿＿

现场保护情况：＿＿＿（空白处记载保护人、保护措施、是原始现场还是变动现场等情况）

天气：阴□/晴□/雨□/雪□/雾□，温度：＿＿＿＿＿湿度：＿＿＿＿＿风向：＿＿＿＿

勘验前现场的条件：变动现场□/ 原始现场□＿＿＿＿＿＿＿＿＿＿＿＿＿

现场勘验利用的光线：自然光□/灯光□/＿＿＿＿＿＿＿＿＿＿＿＿＿＿＿

现场勘验指挥人：＿＿＿＿＿ 单位：＿＿＿＿＿＿＿＿＿ 职务：＿＿＿＿＿＿

现场勘验情况：＿＿＿（空白处记载现场勘验详细情况，包括现场方位和现场概貌、中心现场位置，现场是否有变动，变动的原因，勘验过程、提取痕迹物证情况、现场周边搜索情况、现场访问情况以及其他需要说明的情况）＿＿＿＿＿＿＿＿＿＿＿

＿＿＿＿＿＿＿＿＿＿＿＿＿＿＿＿＿＿＿＿＿＿＿＿＿＿＿＿＿

第＿＿＿页＿共＿＿＿页

现场勘验制图＿＿＿张；照相＿＿＿张；录像＿＿＿分钟；录音＿＿＿分钟。

现场勘验记录人员：＿＿＿＿＿＿＿＿＿＿＿＿＿＿＿＿＿＿＿＿＿

笔录人：＿＿＿＿＿＿＿＿＿＿＿＿＿＿＿＿＿＿＿＿＿＿＿＿＿＿＿

制图人：＿＿＿＿＿＿＿＿＿＿＿＿＿＿＿＿＿＿＿＿＿＿＿＿＿＿＿

照相人：＿＿＿＿＿＿＿＿＿＿＿＿＿＿＿＿＿＿＿＿＿＿＿＿＿＿＿

录像人：＿＿＿＿＿＿＿＿＿＿＿＿＿＿＿＿＿＿＿＿＿＿＿＿＿＿＿

录音人：＿＿＿＿＿＿＿＿＿＿＿＿＿＿＿＿＿＿＿＿＿＿＿＿＿＿＿

现场勘验人员：＿＿＿＿＿＿＿＿＿＿＿＿＿＿＿＿＿＿＿＿＿＿＿＿＿

本人签名：＿＿＿＿＿＿ 单位：＿＿＿＿＿＿＿＿ 职务：＿＿＿＿＿＿

本人签名：＿＿＿＿＿＿ 单位：＿＿＿＿＿＿＿＿ 职务：＿＿＿＿＿＿

本人签名：　　　　　　单位：　　　　　　　　职务：
_____

本人签名：　　　　　　单位：　　　　　　　　职务：
_____

本人签名：　　　　　　单位：　　　　　　　　职务：
_____

本人签名：　　　　　　单位：　　　　　　　　职务：
_____

现场勘验见证人：
_____

本人签名：　　　性别：　　出生日期：　　　住址：
_____

本人签名：　　　性别：　　出生日期：　　　住址：
_____

　　　　　　　　　　　　　　　　　　年　　月　　日

　　　　　　　　　　　　　　　　第　页　共　　页

附件1

提取痕迹、物证登记表

序号	名称	基本特征	数量	提取部位	提取方法	提取人	备注

见证人：　　　　　　　　　　　　　办案单位（盖章）：

　　　　　　　　　　　　　　　　　　　　提取人：

　　年 月 日　　　　　　　　　　　　　　年 月 日

第　页 共　页

附件 2

现场勘验平面示意图

制图人：＿＿＿＿＿＿＿＿＿＿＿＿＿＿＿＿＿

制图时间：＿＿＿＿＿＿＿＿＿＿＿＿＿＿＿＿

附件 3

现场照片

照相人：＿＿＿＿＿＿＿＿＿＿＿＿＿＿＿＿＿

照相时间：＿＿＿＿＿＿＿＿＿＿＿＿＿＿＿＿

附件 4

现场勘验情况分析报告

案件编号：　　　　　　　　　　　　　　　　勘查号：

现场分析依据的资料	（包括实地勘验、调查访问和检验鉴定等资料）	
侵害目标及损失		
作案地点		
作案时段		作案进出口
作案手段		侵入方式
作案工具	（包括用于破坏、威胁、行凶、交通、照明的工具及其数量和特征等）	
作案动机目的		
案件性质		
作案人数		
作案过程		
作案人特点		
串并意见与根据		
工作建议	（包括侦查方向与范围、痕迹物证应用与保管、侦查破案途径与措施、技术防范对策等）	
现场分析人		

年　　月　　日

接受证据材料清单

编号	名　称	数量	特　征	备注

提交人：　　　　　　保管人：　　　　　　　　　办案单位（盖章）：

办案人：

　年　月　日　　　　　　年　月　日　　　　　　　　　年　月　日

本清单一式三份，一份附卷，一份交证据提交人，一份交公安机关保管人员。

第三节　刑事侦查文书格式与范例

一、讯问笔录【格式】

（一）首部

1. 标题。在文书顶端正中，只写文书名称。若非第一次，标题后用括号注明次数。

2. 讯问起止时间。

3. 讯问地点。

4. 侦查员、记录员姓名及单位。

5. 犯罪嫌疑人姓名。

（二）正文

这部分内容是讯问笔录记录的重点。根据讯问次数的不同，记录内容也有所不同。第一次讯问时，要在第一部分依项讯问和记录清楚犯罪嫌疑人的基本情况，包括姓名、曾用名、化名、年龄或出生年月日、民族、籍贯、文化程度、现住址、工作单位、职务与职业、家庭情况、社会经历、是否受过刑事处罚或行政处分等情况，以后的系列讯问可不再问基本情况，可直接进行第二部分讯问内容。但要与原案件材料认真核对，严防错拘、错捕。第一次讯问时要问清记明犯罪嫌疑人是否知道为什么被拘留或被逮捕，是否有犯罪行为，让其陈述有罪的情节或者无罪的辩解，然后向其提问。

第二部分，要问清记明讯问的全部过程。记录人首先要记清讯问人的提问，根据提问的中心问题，全面、准确地记载犯罪嫌疑人关于犯罪事实的供辩。这一部分内容要根据讯问的原过程准确清楚地证明犯罪的时间、地点、动机、目的、手段、起因、后果、证据、涉及的人和事等，尤其是其中能说明案件性质的关键情节、有关的证据、有明显矛盾的地方等重要情况，要注意准确、清楚地记录下来。如果犯罪嫌疑人进行无罪辩解，要注意记清其陈述的理由和依据。此外，犯罪嫌疑人的认罪态度如何，也要准确地记录下来。

（三）尾部

讯问结束时，笔录应交犯罪嫌疑人核对（没有阅读能力的要向其宣读）无误后，在笔录的末尾由犯罪嫌疑人签明对笔录的意见："以上笔录我看过（或向我宣读过），和我说的相符"，并在笔录逐页末尾右下角签名（盖章）或按指印。如记录有差错、遗漏，应当允许犯罪嫌疑人更正或者补充，并在改正补充的文字上按指印。如果拒绝签名（盖章）或按指印，记录员应在笔录中注明。

注意事项：根据我国《刑事诉讼法》第116条的规定，讯问时，侦查人员不得少于2人。讯问笔录的书写应当用钢笔、毛笔或其他能长期保持字迹的书写工具。讯问笔录首部内容的填写要内容齐全，不得漏填。笔录记录内容要清楚、全面、准确。对犯罪嫌疑人的供述，不仅要记"七何"要素，还应该尽可能完整地再现原始犯罪过程；对犯罪嫌疑人供述认罪的情况要记，翻供辩解的也要记；态度老实的要记，态度顽固等不老实的也要记；有回答的要记，拒绝回答、沉默的场面也要记；纪录要如实反映犯罪嫌疑人供述的原意，不能随意夸大、缩小或改变原意。特别是对于涉及定罪定性的重要情节、重要供词，应尽可能地记录原话。对于涉及黑话、方言、特殊内容的词语也要用括号作说明解释；对于讯问过程中犯罪嫌疑人的表情、语气、体态语等也要用括号作准确适当的描写。讯问笔录结尾核对手续一定要认真履行，保证笔录的法律效力。讯问笔录在整个刑事诉讼中占有重要地位，侦查结束时，讯问笔录存入侦查案卷（主卷）。

讯问笔录【范例】

讯问笔录（第×次）

讯问时间：20××年×月×日，自12时36分开始，至13时08分结束。

讯问人：孙某、王某。

讯问地点：金水公安分局刑侦中队。

被讯问人：曹某，男，35岁。1965年5月13日出生，回族，小学文化。××市汽水厂工人，家庭住址：××市××街×××号。

问：家庭情况讲一下？

答：家里5口人。妻子，李某，34岁，××机械厂；女儿，曹某1，11岁，上学；女儿，曹某2，10岁，上学；儿子，曹某3，9岁，上学。

问：讲一下个人简历？

答：只上过小学，16岁参加工作，现在是南阳市汽水厂工人。

问：以前受过公安机关处理过没有？

答：没有。

问：今天为啥把你带到刑侦中队？

答：偷了一部手机。

问：是不是这部手机？（出示提取的菲利浦手机。）

答：就是。

问：几个人去偷的，你偷过几次？

答：我自己偷的，就偷过这一次。

问：把偷手机的经过讲一下？

答：20××年1月20日上午10点多，我在儿童医院专家诊断室屋内，一个女的在屋里站着，这个女人穿红鸭绒袄，我看见这个女的左口袋里有一部手机，我用右手将这部手机掏出来，拿在手上，被旁边一个男的抓住，带到了治安室，后来到了派出所。

问：你所讲的是不是实话？

答：是实话。

问：现在向你宣读笔录，你听一下与你讲的是否相符？

答：好。

以上记录已向我宣读过（或我看过），和我说的一样。

曹某（签字、捺印）　　20××.1.20

二、伤情鉴定意见书【格式】

×××司法鉴定所
司法鉴定意见书

×× 司鉴所［年份］鉴（临床）字第××号

委托单位：×××

委托日期：　年　月　日

委托事项：人体损伤程度鉴定

鉴定对象：张某身份证号：×××××××××

送检材料：1. ×××医院急诊病历；

　　　　　2. ×××医院疾病诊断证明书；

鉴定日期：年 月 日

鉴定地点：本所法医鉴定室

1. 案情摘要：

2. 检验过程：

3. 分析说明：

4. 鉴定意见：

鉴 定 人：主检法医师（签名）

执业证号：×××××

（鉴定单位印章）

年 月 日

伤情鉴定意见书【范例】

×××司法鉴定所
司法鉴定意见书

××司鉴所［2015］鉴（临床）字第 187 号

委托单位：××县公安局

委托日期：2015 年 5 月 19 日

委托事项：人体损伤程度鉴定

鉴定对象：张某身份证号：××××××××××××

送检材料：1. ×××医科大学总医院急诊病历一份；

2. ×××医科大学总医院疾病诊断证明书一份；

鉴定日期：2015 年 5 月 19 日

鉴定地点：本所法医鉴定室

一、案情摘要

1. 被鉴定人：张某，男，25 岁，回族，住址：××××××小区××号楼××单元××室。伤者于 2015 年 5 月 13 日在执行公务中被他人致右小腿损伤，经医院治疗后，现受××县公安局委托，要求进行人体损伤程度鉴定。

2. ××医科大学总医院急诊病历摘要（2015 年 5 月 14 日）：主诉：外伤致右膝疼痛 14 小时。现病史：诉：昨晚 9 点 30 分左右在控制疑犯时受伤，感右膝关节疼痛明显，伴局部活动轻微受限，现患者生命体征平稳。体格检查：一般情况尚可，神志清楚，查体合作。右膝关节局部红肿，压痛阳性，右下肢活动轻微受限，四肢肌力、肌张力正常，全身痛温觉正常。后颈部可见一长约 12 厘米环形勒痕。四肢活动、肌力、肌张力正常，全身痛、温觉正常。离院小结：右膝关节正侧位片示右膝关节周围软组织肿胀。诊断：右膝软组织损伤。建议事项：避免剧烈运动。

3. ××医科大学总医院疾病诊断证明书摘要（2015 年 5 月 14 日）：主诉：外伤致右膝部疼痛 14 小时，就诊。PE：右膝周围软组织轻度肿胀，活动轻度受限。诊断：右膝软组织损伤。

二、检验过程

法医学检查：按照（SF/ZJD0103003-2011）《法医临床检验规范》对被鉴定人进行活体检验：被鉴定人自行进入检查室，神清，问答切题，查体合作。自述：在执行公务中被他人致伤右膝部，现走路长有点痛。检查：右小腿胫前外侧见一处大小约 2 厘米皮下瘀血斑，呈青紫色，关节活动轻度受限，余（-）。

三、分析说明

1. 根据伤者自述、病历记载、医院诊疗、法医学临床检查为：被鉴定人右膝周围软组织轻度肿胀，活动轻度受限，系外伤所致。

2. ××右膝周围软组织轻度肿胀，活动轻度受限，依据《人体损伤程度鉴定标准》5.9.5（b）条"肢体关节、肌腱或者韧带损伤"之规定，为轻微伤。

四、鉴定意见

××人体损伤程度为轻微伤。

鉴定人：主检法医师（签名）

执业证号：6100××××

鉴定人：主治医师（签名）

执业证号：64012××××

（鉴定单位印章）

二〇一五年五月二十九日

三、起诉意见书【格式】

×××公安局

起诉意见书

×公（　）诉字〔　　〕　　　号

犯罪嫌疑人×××……［犯罪嫌疑人姓名（别名、曾用名、绰号等），性别，出生日期，出生地，身份证件种类及号码，民族，文化程度，职业或工作单位及职务，居住地（包括户籍所在地、经常居住地、暂住地），政治面貌，违法犯罪经历以及因本案被采取强制措施的情况（时间、种类及执行场所）。案件有多名犯罪嫌疑人的，应逐一写明。］

辩护律师×××……［如有辩护律师，写明其姓名，所在律师事务所或者法律援助机构名称，律师执业证编号。］

犯罪嫌疑人涉嫌×××（罪名）一案，由×××举报（控告、移送）至我局（写明案由和案件来源，具体为单位或者公民举报、控告、上级交办、有关部门移送或工作中发现等）。简要写明案件侦查过程中的各个法律程序开始的时间，如接受案件、立案的时间。具体写明犯罪嫌疑人归案情况。最后写明犯罪嫌疑人×××涉嫌×××案，现已侦查终结。

经依法侦查查明：……（详细叙述经侦查认定的犯罪事实，包括犯罪时间、地点、经过、手段、目的、动机、危害后果等与定罪有关的事实要素。应当根据具体案件情况，围绕刑法规定的该罪构成要件，进行叙述。）

（对于只有一个犯罪嫌疑人的案件，犯罪嫌疑人实施多次犯罪的犯罪事实应逐一列举；同时触犯数个罪名的犯罪嫌疑人的犯罪事实应该按照主次顺序分别列举；对于共同犯罪的案件，写明犯罪嫌疑人的共同犯罪事实及各自在共同犯罪中的地位和作用后，按照犯罪嫌疑人的主次顺序，分别叙述各个犯罪嫌疑人的单独犯罪事实。）

认定上述事实的证据如下：

……（分列相关证据，并说明证据与案件事实的关系。）

上述犯罪事实清楚，证据确实、充分，足以认定。

犯罪嫌疑人×××……（具体写明是否有累犯、立功、自首、和解等影响量刑的从重、从轻、减轻等犯罪情节。)

综上所述,犯罪嫌疑人×××……(根据犯罪构成简要说明罪状),其行为已触犯《中华人民共和国刑法》第××条之规定,涉嫌×××罪。依照《中华人民共和国刑事诉讼法》第 160 条之规定,现将此案移送审查起诉。(当事人和解的公诉案件,应当写明双方当事人已自愿达成和解协议以及履行情况,同时可以提出从宽处理的建议)。

此致
×××人民检察院

公安局(印)
年　　月　　日

附:1. 本案卷宗　卷　页。
　　2. 随案移交物品　件。
　　3. 犯罪嫌疑人羁押处所

起诉意见书【范例】

××市公安局××区分局
起诉意见书

×公(刑)诉字〔2015〕第 22 号

犯罪嫌疑人:刘某某,男,××××年×月××日生,汉族,小学,居民身份证号码:××2003196205×××××,现住址:××省××市××区农牧场七队,无业。

犯罪嫌疑人刘某某因涉嫌故意伤害罪于 2015 年 02 月 27 日被我局取保候审,并责令交纳保证金 5000 元。

聘请律师情况:犯罪嫌疑人刘某某没有聘请律师。

××区农牧场七队刘某某家门口故意伤害一案经刘某某报案至我局,我局于 2015 年 2 月 10 日收到被侵害人郭某法医鉴定意见书,并于当日予以立案,并将犯罪嫌疑人刘某某抓获归案。

经依法侦查查明:2014 年 10 月 21 日 14 时许,刘某某的妻子陈某与邻居郭某及郭某的姐姐郭某某为琐事发生厮打,后刘某某用钢管在郭某和郭某某的腿部各打了一下，又用钢管将郭某的后脑勺打伤。2015年2月5日，××市公安局物证鉴定所对受害人郭某的伤情进行鉴定，郭某的人体损伤程度为轻伤二级，现转为刑事案件办理。

认定上述犯罪事实的证据如下：被害人郭某的陈述和申辩、证人证言、犯罪嫌疑人刘某某的供述和辩解以及鉴定文书等证据予以证实。

上述犯罪事实清楚，证据确实、充分，足以认定。

综上所述，犯罪嫌疑人刘某某的行为触犯了《中华人民共和国刑法》第234条第1款之规定，涉嫌故意伤害罪，根据《中华人民共和国刑事诉讼法》第160条之规定，拟将此案移送审查起诉追究刘某某的刑事责任。

此致
××市××区人民检察院

××市公安局××区分局

（印章）

二〇一五年三月三日

附：

1. 侦查卷1册

2. 证据清单1份

3. 犯罪嫌疑人现在取保候审

第四节　刑事公诉文书格式与范例

一、起诉书【格式】

××市××区人民检察院

起诉书

×检公诉刑诉〔年度〕第×号

（一）被告人基本情况。

包括被告人姓名、性别、年龄、出生年月日、出生地、身份证号码、民族、文化程度、职业及职务，住址，是否受过刑事处罚，拘留逮捕年月日，在押被告人的嚣押住所。（若为单位犯罪，应写明犯罪单位名称、地址、法定代表人或代表人的姓名、性别、职务。）

（二）辩护人基本情况。包括姓名、单位、通信地址。

（三）案由和案件来源。

如果为公安机关侦查终结的案件，如"被告人×××盗窃一案，由×××公安局侦查终结向本院移送审查起诉"。

如果为本院侦查终结的案件，如"被告人×××贪污一案，由本院依法审查终结"。

如果为上级人民检察院移交起诉或因审判管辖变更由同级法院移送审查起诉的，写为"被告人×××盗窃一案，由×××公安局侦查终结，经×××人民检察院交由本院审查起诉"。

（四）案件事实。

经依法审查查明：……

（五）认定上述犯罪事实的证据如下：（略）。

（六）起诉的根据和理由。

本院认为，被告人×××……依法应当从重处罚。根据……提起公诉，请依法判处。

此致
××省××市人民法院

检察员：×××

年　月　日

（院印）

附：

1. 被告人现在现羁押处所；

2. 移送起诉书×份，量刑建议书×份；

3. 移送侦查案卷×册，鉴定文书原件×份。

起诉书【范例】

天津市蓟州区人民检察院
起诉书

津蓟检公诉刑诉〔2018〕255号

被告人韩某某，男，1975年××月××日出生，公民身份号码1202251975××××××××，汉族，初中文化，户籍所在地天津市蓟州区，住蓟州××镇××村。因涉嫌危险驾驶罪，于2018年2月5日被天津市公安局蓟州分局取保候审。

本案由天津市公安局蓟州分局侦查终结，以被告人韩某某涉嫌危险驾驶罪，于2018年3月8日向本院移送审查起诉。本院受理后，于同年3月9日已告知被告人有权委托辩护人和认罪认罚可能导致的法律后果，依法讯问了被告人，审查了全部案件材料。被告人同意本案适用速裁程序审理。

经依法审查查明：

被告人韩某某于2018年1月16日21时许，酒后驾驶号牌为×L××××9小型汽车，由五里庄出发，向北行驶进入南环路，沿南环路由西向东行驶至南环路立交桥下进入渔阳南路，沿渔阳南路由南向北行驶至交警城区大队门口被查获。经呼吸式酒精检测：韩某某血液酒精含量为148毫克/100毫升。

被告人韩某某于2018年1月20日到交警城区大队投案自首。

认定上述事实的证据有书证、被告人的供述与辩解、鉴定意见等。

上述证据收集程序合法，内容客观真实，足以认定指控事实。被告人韩某某对指控的犯罪事实和证据没有异议，并自愿认罪认罚。

本院认为，被告人韩某某醉酒驾驶机动车，其行为触犯了《中华人民共和国刑法》第133条之一的规定，犯罪事实清楚，证据确实、充分，应当以危险驾驶罪追究其刑事责任。被告人韩某某主动投案并如实供述自己的罪行，根据《中华人民共和国刑法》第67条的规定，系自首，可以从轻或者减轻处罚。被告人韩某某认可检察机关指控的犯罪事实和提出的量刑建议，可以从宽处罚。故建议判处被告人韩某某拘役 2 个月缓刑 4 个月，并处罚金人民币 4000 元。根据《中华人民共和国刑事诉讼法》第 172 条的规定，提起公诉，请依法判处。

此致
天津市蓟州区人民法院

检察员：陈某某

2018 年 3 月 14 日

附：

1. 被告人韩某某现在家中候审。

2. 案卷材料和证据 2 册。

3. 《认罪认罚具结书》1 份。

二、公诉意见书【格式】

×××人民检察院
公诉意见书

被告人基本情况：

案　　由：

起诉书号：

审判长、审判员（人民陪审员）：

根据《中华人民共和国刑事诉讼法》第 153 条、第 160 条、第 165 条、第 169 条之规定，我（们）受××××人民检察院的指派，代表本院，以国家公诉人的身份，出席法庭支持公诉，并依法对刑事诉讼实行法律监督。现对本案证据和案件情况发表如下意见，请法庭注意。

（结合案情重点阐述以下问题）

1. 根据法庭调查的情况，综合概述法庭质证的情况、各证据的证明作用，并运用各证据之间的逻辑关系证明被告人的犯罪事实清楚，证据确实充分。

2. 根据被告人的犯罪事实，论证应适用的法律条款并提出定罪及从重、加重、从轻、减轻处罚等意见。

3. 根据庭审情况，在揭露被告人犯罪行为的社会危害性的基础上，作必要的法制宣传和教育工作。

综上所述，起诉书认定本案被告人×××的犯罪事实清楚，证据确实、充分，依法应当认定被告人有罪，并应（从重、从轻、加重、减轻）处罚。

公诉人：

年 月 日

公诉意见书【范例】

××市××区人民检察院
公诉意见书

被告人：刘某某

案 由：交通肇事

起诉书号：××检公诉刑诉［2014］191号

审判长、审判员（人民陪审员）：

根据《中华人民共和国刑事诉讼法》第184条、第193条、第198条、第203条的规定，我（们）受本院检察长的指派，代表本院，以国家公诉人的身份，出席法庭支持公诉，并依法对刑事诉讼实行法律监督。现对本案证据和事实发表如下意见：

一、定罪部分的公诉意见。根据刚才的法庭调查，公诉人依法向法庭出示了书证、鉴定意见、证人证言、被告人的供述和辩解等方面的证据，经过质证，全案证据来源合法、客观，能够排除合理怀疑，形成证据链条，犯罪事实清楚，证据确实充分，足以证明被告人刘某某交通肇事的犯罪事实。请法庭依法确定被告人刘某某交通肇事罪罪名成立。

二、根据《中华人民共和国刑法》第133条及《量刑指导意见》的规定，事故造成一人死亡，二人轻伤，两辆车不同程度损坏，负事故的全部责任，可以酌情从重处罚；刘某某部分赔偿被害人损失，取得部分被害人谅解，可以酌情从轻处罚。

综上所述，起诉书认定本案被告人刘某某交通肇事的犯罪事实清楚，证据确实充分，依法应当认定被告人有罪。

公诉人：刘某某

2014 年×月×日

三、量刑建议书【格式】

（一）首部

被告人姓名、案由、起诉书文号、行为触犯的法律、涉嫌罪名。

（二）法定刑

法定刑为依法应适用的具体刑罚档次。

（三）量刑情节

量刑情节包括法定从重、从轻、减轻或者免除处罚情节和酌定从重、从轻处罚情节。如果有其他量刑理由的，可以列出。

（四）建议的法律依据

包括刑法、相关立法和司法解释等。

（五）建议的内容

建议的主刑属于必填项，如果主刑是拘役、管制、有期徒刑，则一般应有一定的幅度。执行方式和并处附加刑属于选填项。执行方式指是否适用缓刑。附加刑可以只建议刑种种类。如果建议单处附加刑或免予刑事处罚的，则不再建议主刑、执行方式和并处附加刑。

（六）尾部

1. 量刑建议书应当署具体承办案件公诉人的法律职务和姓名。

2. 量刑建议书的年月日，为审批量刑建议书的日期。

（注：对于被告人犯有数罪的，应分别指出触犯的法律、涉嫌罪名、法定刑、量刑情节、建议的内容，确有必要提出总的量刑建议的，再提出总的建议；一案中有多名被告人的，可分别制作量刑建议书。）

量刑建议书【范例】

××市××区人民检察院
量刑建议书

××检公诉量建［2014］190号

被告人刘某某涉嫌交通肇事罪一案，经本院审查认为，被告人刘某某的行为已经触犯了《中和人民共和国刑法》第133条之规定，犯罪事实清楚，证据确实充分，应当以交通肇事罪追究其刑事责任，其法定刑为3年有期徒刑或者拘役。

因其具有以下量刑情节：

1. 事故造成两人轻伤，两辆车不同程度受损，可以酌情从重处罚；

2. 部分赔偿被害人损失，取得部分赔偿人谅解的酌定从轻处罚的情节；

综合以上情节，建议判处被告人刘某某2年6个月以下有期徒刑。

此致

××市××区人民法院

检察员：×××

2014年×月×日

（院印）

刑事抗诉书【格式】

×××人民检察院
刑事抗诉书

×检公诉刑抗［年度］×号

××人民法院以（年度）×××号判决书对被告人××故意伤害一案作出判决：××犯故意伤害罪，判处有期徒刑××年。本院依法审查后认为，该判决认定事实错误、适用法律错误、量刑不当，理由如下：

一、×××一审判决认定事实错误、适用法律错误（说明理由）。

二、×××一审判决量刑不当（说明理由）。

综上所述，一审法院判决认定事实错误、适用法律错误、量刑不当。为维护司法公正，准确惩治犯罪，依照《中华人民共和国刑事诉讼法》第217条的规定，特提出抗诉，请依法判处。

此致

××市人民法院

×××区人民检察院

×××年××月××日

（院印）

附：

1. 被告人现在处所。

刑事抗诉书【范例】

××省××市人民检察院
刑事抗诉书

×检公诉刑抗〔2014〕3号

××省××市中级人民法院以〔2013〕×刑初字第00056号刑事判决书，对本院提起公诉的吴某某等22人集资诈骗、非法吸收公众存款、非国家工作人员受贿案件作出判决，认定吴某某等22人构成非法吸收公众存款罪，且系单位犯罪中直接负责的主管人员和其他直接责任人员，本院依法审查后认为，该判决确有错误，理由如下：

一、一审判决书适用法律不当，导致认定犯罪主体错误

《最高人民法院关于审理单位犯罪案件具体应用法律若干问题的解释》第2条规定"个人为进行违法犯罪活动而设立的公司、企业、事业单位实施犯罪的，或者公司、企业、事业单位设立后，以实施犯罪为主要活动的，不以单位犯罪论处"。吴某某等人虽然是以企业名义非法集资，但兴邦公司等企业设立后，其绝大部分期间和主要活动，就是以各种名义非法集资，根据上述

《解释》的规定，对吴某某等人的行为不应以单位犯罪论处，判决以兴邦公司等企业设立后，不同程度地开展了生产经营活动，以及吴某某等人翻供后辩解集资是为发展生产经营为由，认定吴某某等人的行为系单位犯罪，与庭审查明的事实和现行法律不符，适用法律不当，导致认定犯罪主体错误。

二、一审判决采信证据不当，认定事实错误，导致案件定性错误，适用法律不当

1. 判决认定应返还集资本金数额不清，采信证据不当，庭审证实，未兑付集资款23 462 921万元，是根据财务凭证记载的每一名群众以现金或银行转款方式投入的资金总额，减去其以现金或银行转款方式领取的资金总额，得出损失为正值数额后汇总累加的结果，是群众投资的现金净损失，与滚动投资无关，剔除吴某某等人以现金或转款方式支付的业务提成、管理费、奖励等3 259 063万元，应兑付集资款仍有20 203 818万元，判决以业务提成转投资数额不清，未兑付集资款含滚动投资为由，认定应兑付集资款整体数额不清，以偏概全，采信证据不当，认定事实错误。

2. 判决认定不能返还的本金数额不清，采信证据不当。庭审证实，嫩江中药研发中心、上海仙人掌基地与本案无关；上海欧莎丽化工厂资产，已不足以偿付其自身债务；仙人掌干粉及企业商标、专利，无法用于变现返还；嫩江阳光银座小区和中药饮片公司资产，已被当地政府、司法机关处置完毕，现有资产与应返还集资款20 203 818万元，整体差额巨大，未评估的资产价值，不影响对案件主要事实和案件性质的评价，判决书以现有资产状况不明为由，认定集资本金不能返还的数额无法查清，与庭审事实不符，采信证据不当。

3. 判决认定"致使集资款不能返还"的原因系商业经营风险，认定事实错误。庭审证实，吴某某等人承诺的集资年利率均在30%以上，有的甚至在80%以上，完全超出了企业正常的经营盈利能力。至案发时，除支付集资利息、业务提成等共130 075.71万元外，实际被骗300万元。吴某某等人不顾企业经营承受能力和集资款无法返还的后果，不断实施明显超出企业承受能力的高利集资，将集资款主要用于高利返还和提成奖励，以及为非法集资制造盆景、道具等造成的巨额资金浪费，是致使企业巨额亏损以及集资款无法返还的真正原因。判决无视高额返利对企业经营的影响，将所有企业、项目连续十年亏损和巨额集资款不能返还的原因，全部归结为决策失误、实际被

骗等意志以外的因素，认定为正常商业经营性风险，与庭审查明的事实不符。

4. 判决认定指控吴某某等人"以非法占有为目的"非法集资的证据不足，采信证据不当。庭审证实，吴某某等人集资 355 743.18 万元，主要用于支付集资本息、提成奖励、为非法集资制造"道具"和对外宣传活动等不计投资收益的消耗性支出，其中支付集资本利、店长提成等 236 009.61 万元。判决不顾资金支出的真实目的，将吴某某等人为非法集资宣传诈骗需要不计投资收益和后果的所有消耗性投资，全部认定为生产经营成本，认定其挥霍618 万余元组织出国旅游、购车辆奖励集资、虚假评估、为获取个人荣誉赞助等不属于肆意挥霍，认定其意图通过行贿阻止司法机关调查"请托关系事实不清、证据不足，所涉金额较小"，否定该挥霍行为与集资款不能返还的联系，进而否定其"以非法占有为目的"，与庭审事实明显不符。

5. 本院指控吴某某等自然人犯集资诈骗罪，已经涵盖了其将集资款据为己有、转归他人所有的内容，对吴某某等人以虚报冒领或共同私分等方式侵吞占有 1313.937 万元集资款的事实，本院在庭审调查时已详细举证，判决以本院未指控吴某某等人个人占有集资款的事实为由，对相关证据不予评价，对相关事实不予认定，与庭审事实不符。

6. 判决对吴某某等人以诈骗手段非法集资的证据不予评价，对相关事实不予认定，采信证据不当。庭审中，本院对吴某某等人隐瞒经营亏损、无力返还集资款和返款资金来源、虚构资金用途、编造经营业绩、通过虚假评估、虚假验资等进行虚假宣传等，以"诈骗方法"骗取群众集资的事实及证据已详细进行了举证，一审判决对该部分证据不予评价，对相关事实不予认定，违反法律规定，采信证据不当。

三、一审判决未依法处理在案资产，对被害人损失未责令被告人退赔，违反法律规定

庭审中，本院就查封、扣押、冻结在案财物的来源、产权证明、查扣方书等证据，专门进行了举证，并经控辩双方质证，一审判决对上述证据不予评价，对相关财物未作出具体处理，对应返还集资款 202 038.18 万元未责令被告人退赔，仅提出"由有关部门依照《关于办理非法集资刑事案件适用法律若干问题的意见》及国家有关规定处理"的意见，违反《刑事诉讼法》第234 条和《刑法》第 36 条的规定，严重影响在案发展财物和赃款追缴，削弱

了刑罚打击的整体效果。

综上所述，一审判决采信证据不当，认定事实错误，并导致认定犯罪主体和案件性质均有错误，适用法律明显不当，量刑畸轻，为维护司法公正，准确惩治犯罪，依照《中华人民共和国刑事诉讼法》第 217 条的规定，特提出抗诉，请依法判处。

此致

××省高级人民法院

> ××省××市人民检察院
>
> 2014 年 11 月 24 日
>
> （院印）

附：

1. 被告人吴某某等十人现羁押于××市看守所

第五节　刑事辩护与代理文书格式与范例

一、辩护词【格式】

辩护词

审判长、审判员（人民陪审员）：

依照《中华人民共和国刑事诉讼法》第 32 条之规定，受被告人×××的委托和××律师事务所的指派（或经×××法律援助机构指派），我担任被告人×××的辩护人，参与本案诉讼活动。

开庭前，我查阅了本案案卷材料，进行了必要的调查，会见了被告人×××。刚才又参加了法庭调查。我认为，……（说明辩护的基本观点）。理由如下：（略）

……（运用事实和法律，论证辩护的基本观点的正确性。）

最后（提出建议。）

> 辩护人：×××
>
> 年　月　日

辩护词【范例】

辩护词

审判长、审判员（人民陪审员）：

山东泰安律师事务所接受被告人马某某家属的委托，指派律师殷某，作为生产、销售伪劣产品案马某某的辩护人。庭审前，辩护人通过查阅卷宗材料并多次会见被告人，了解了本案的基本案情，通过今天庭审查明的案件事实，结合相关法律规定，发表以下辩护意见，请合议庭给予考虑：

一、辩护人对公诉机关指控被告人犯有生产、销售伪劣产品罪的罪名没有异议。

二、辩护人认为，公诉机关指控被告人生产、销售不合格的卫生纸达11万余元，指控的数额过大，且没有充分的证据支持。根据证据卷宗第76页在马某某家里扣押卫生纸的清单经统计可知，2015年4月9日在马某某处共扣押各种品牌的卫生纸共695包，根据在李某某处的进货记录的各种品牌卫生纸的单价，可以核算在马某某家扣押的卫生纸的价值约9294.90元；根据证据卷宗第71页在"蓝天纸业"商店扣押卫生纸的清单可知，2015年4月22日在李某某处共扣押不同品牌的卫生纸共344包，根据李某某的进货记录可以核算344包不同品牌卫生纸的价值约5475.39元，两处扣押的卫生纸的金额合计为14 770.29元。根据证据卷第81页"宁阳县公安局鉴定意见通知书"通知的内容可以知道，在马某某所生产、销售的彩山情、霸王花、新贵族、阳光、彩蝶等22个品牌的卫生纸当中，清逸、阳光、欣雅、吉祥如意共4种包装品牌的卫生纸按gb20810——2006的标准检验不合格。4种类不合格品牌的卫生纸共计566包，计算价值约7803.2元，所以，公诉机关指控的生产、销售伪劣卫生纸的数额过大，与事实不符。

三、被告人马某某虽然实施了生产、销售不符合国家标准的卫生纸的行为，但马某某的行为对生产、销售的卫生纸的质量合格与否不起任何的决定作用。根据证据卷对马某某的第二次讯问笔录可知，被告人马某某生产、加工的卫生纸原纸（即原材料）是从东平兴州纸厂、东平德广工贸纸厂及肥城东盛工贸纸厂等数家造纸厂分多次多批次购得，然后经复卷、分切、包装等工序，制造成商品卫生纸后投放市场销售，整个工艺流程中不存在掺杂、掺假，使合格的卫生纸变成不合格卫生纸等改变卫生纸原有性能的行为，马某某的生产、加工行为对成品卫生纸的合格与否不起任何的影响作用。其生产、加工行为并不是严格意义上的生产行为，充其量属于商品流通环节中的劳动力添加。从产品质量检测报告各检验项目中不合格的检验项可以知道，没有任何一个不合格的检验单项是由马某某的行为造成的，马某某所要承担的责任最多应属于对购进的卫生纸疏于检验、没有把好质量关的责任，实施违法行为时不具有主观恶性，且并没有对消费者造成实际的伤害，建议法庭给予从轻处罚。

四、马某某虽然从事了生产、销售伪劣产品的活动，但其主观上并没有明确的犯罪故意，并不是知道该生产、销售行为违法而执意要做才造成现在的后果。在会见马某某时，我们多次向其询问，是否知道他购进的卫生纸是否符合国家标准时，他的回答是"应该是合格的，生产厂家的生产规模那么大，如果生产的产品不合格，当地政府不早把这些厂子取缔了嘛"，作为农村的一位本分的村民，朴素的道德情怀反映出了其对社会现象不能进行清醒的认识。同样在证据卷宗第 50 页，侦查人员去肥城东盛工贸有限公司核实情况时的笔录记载："问：你们公司是什么企业？答：我们是生产文化用纸和生活用纸的企业，手续齐全，产品合格"，同样的内容在对东平兴州纸厂法人代表调查时李某富也声明"我们的各种手续都是齐全的"，作为被告人马某某，是没有能力对生产厂家生产的产品符不符合国家标准进行控制和分辨的。再者，被告人的进货渠道明确，买卖双方的成交价格合理，具有经营生活用纸的营业执照，所以其不具有明确的主观犯罪故意。

五、在当前经济环境治理过程中，打击生产、销售伪劣产品是每一位公民的义务，但打击生产、销售伪劣产品要做到标本兼治。就本案而言，马某某虽然参与了伪劣产品制造的某个环节，但对产品合格与否不起任何决定作用，伪劣产品的责任源头在生产厂家，如果不把制造不合格产品的源头控制住、铲除掉，仅仅从销售市场的末端下功夫，那么对整治经济环境将起不到预期的目的。从某种程度上讲，马某某之所以从事了违法行为，是监管部门对制假、造假等制造不合格产品源头监管缺失造成的。源头不清除，即使马某某不经营，也会有其他人员生产经营。

六、被告人马某某具有从轻处罚的酌定情节。

其一，马某某归案后能积极地配合侦查机关的调查，并如实地供述自己的不法行为，从辩护人多次会见马某某及马某某在看守所内的表现情况可知，马某某的认罪态度很诚恳，他多次表示出去后不再从事卫生纸的生产、销售工作，干些合法工作，供养一家老小。

其二，马某某从事的生产不合格生活用品的行为与那些在食品中掺杂掺假、以次充好、以假充真的生产销售伪劣产品，严重危及人民的身体健康、生命安全的行为相比，社会危害性极小，且没有主观的恶性，也没有对消费者造成实际的损害。

其三，马某某生产、销售的商品虽然部分检验项目不符合国家的质量标准，但并不存在以次充好、欺诈消费者的行为。马某某销售的生活用纸大多是12~14元一包，根据被告人马某某的供述，质量好的生活用纸大多20多元一包，两者相比，差价近一半，在当前农村市场消费水平不高的情况下，做到了同质同价、优质优价的基本原则，不存在价格虚高、欺诈消费者的行为。

其四，被告人马某某被拘留后，认识到自己的错误，并主动地交纳保证金4万元，以期争取能够宽大处理。

综上，被告人马某某虽然实施了生产、销售伪劣产品的行为，但其加工行为对产品的质量合格与否不起决定作用，同时被告人的主观上不具有明确的犯罪的故意，生产销售的不合格产品数量较小，且没有给社会造成危害后果，归案后主动承认自己的错误，并承诺不再从事具有社会危害性的生产活动，具有从轻处罚的酌定情节。建议合议庭对被告人马某某处以缓刑。

辩护人：殷某

山东××律师事务所律师

2015 年 8 月 29 日

委　托　书

编号：

委托人＿＿＿＿＿根据法律的规定，特聘请＿＿＿＿＿律师事务所律师＿＿＿＿＿＿＿＿＿为＿＿＿＿＿＿＿＿＿案件＿＿＿＿＿＿＿＿＿的辩护人。本委托书有效期自即日起至＿＿＿＿＿日止。

委托人（签名）：

年　月　日

注：本委托书一式三份，由委托人、律师事务所各持一份，交人民检察院或人民法院一份。

二、附带民事诉讼代理词【范例】

附带民事诉讼代理词

审判长、审判员（人民陪审员）：

根据《民事诉讼法》《律师法》的相关规定，××省××律师事务所接受被告人王某母亲的委托，指派我担任王某刑事附带民事赔偿的代理人。我认真查阅了案卷材料，并参加了庭审。就双方争议的焦点，现依据事实和法律发表以下代理意见：

一、关于被告人王某的赔偿责任问题

虽然原告人是在被强奸以后送到休闲茶社的，但三被告人的行为并不是造成原告人损害的唯一原因，甚至并不是主要原因，只是造成损害结果发生的原因之一。最高人民法院《关于审理人身损害赔偿案件适用法律若干问题的解释》法释〔2003〕20 号第 3 条第 2 款明确规定："二人以上没有共同故意或者共同过失，但其分别实施的数个行为间接结合发生同一损害后果的，应当根据过失的大小或者原因比例各自承担相应的赔偿责任"。

在本案中，三被告人的侵害行为在原告人被送到休闲茶社时就已经结束，此后原告人处在休闲茶社的控制之中，由于受到茶社的严密看管才心生恐惧，以致跳窗逃跑，可见致使原告人不惜跳窗逃跑的主要原因是茶社的威胁。三被告人的侵害行为和茶社的威胁行为之间进行的是间接结合，因为结合行为之间是松散的而不是紧密的，是不具有时空一致性的而不是地点与时间的高度集中，三被告人的行为不具有唯一性而只是原因较弱的原因之一。在本案中茶社应当承担与其过错相适应的责任。何况原告人作为成年人采取这种极端的方式其本身也是有一定过错的。三被告人只能依法承担与其行为相适应的赔偿责任而不是全部责任。

被告人王某没有参与送原告人到茶社的行为，在本案中的作用很小，其行为对损害后果的发生的原因力是很小的，要求其承担与其行为不适当的责任是没有法律依据的，也是侵害其合法权益的。可见，在造成原告人损害这一事实上，存在三方责任，分别是休闲茶社、三被告人和原告人，王某作为被告人之一只应承担与其行为相适应的责任。

二、关于原告人要求的赔偿数额的确定问题

原告人要求的赔偿费用过高，有些赔偿项目没有法律依据，有些项目的计算结果明显偏高。

1. 医疗费。最高人民法院《关于审理人身损害赔偿案件适用法律若干问题的规定》（法释〔2003〕20号），第19条规定"医疗费的赔偿数额，按照一审法庭辩论结束前实际发生的数额确定"。可见只有对实际发生的24 500元的范围内进行赔偿，只有在"依据医疗证明或鉴定结论确定必然发生的费用"才可以与已经发生的医疗费一并予以赔偿。原告人要求赔偿实际发生之外的25 500元医疗费是没有充分证据的也是明显过高的。

2. 误工费。法释〔2003〕20号第20条规定"误工费根据受害人的误工时间状况确定"。原告人在事件发生时正是在找工作的时期，在2008年7月30日由原告人写的报案材料中，原告人说"目前在郑州无业"（卷第51页），可见当时并没有工作，在庭审中提出8000元的误工费依据的是一个没有劳动合同证实的一个收入证明，证明其年收入为24 000元，我们认为此证明违背事实，缺乏相应的证据进行佐证，对其证明效力我们不予认可。

3. 护理费。法释〔2003〕20号第21条规定"护理费原则上为一人但医疗机构或鉴定机构有明确意见的可以参照确定护理人员人数"，对于要求护理费的，在住院期间一定要求医生出具需要护理的证明，如果需2人护理的一定要在护理证明上注明需要2人护理。原告人并没有出示需要2人以上护理的证明，原告人按3人的护理的标准要求赔偿明显是没有依据的。

4. 营养费。营养费的赔偿标准一般是10~15元；计赔营养费的时间，以恢复伤情需要补充营养的实际期限计算，但计赔时间最长不超过6个月。原告人要求按30元/天的标准进行赔偿也是明显过高的。可见按15元/天，最长的6个月180天计算，总计为2700元。

5. 交通费。法释〔2003〕20号第22条规定："交通费根据受害人及其必要的陪护人员因就医或转院治疗实际发生的费用计算。交通费应当以正式票据为凭；有关凭据应当与就医地点、时间、人数、次数相符合。"原告人提出其多次就医或转院都是包车，每次500元左右，这明显与法律规定相违背，被告不应对扩大的费用进行赔偿。

6. 精神抚慰金。《刑事诉讼法》第77条规定："被害人由于被告人的犯罪行为而遭受物质损失的，在刑事诉讼过程中，有权提起附带民事诉讼。"可见法律规定的只是"物质损失"而不包括精神损失。最高人民法院《关于人民法院是否受理刑事案件原告人提起精神损害赔偿民事诉讼问题的批复》（法释〔2002〕17号）规定："对于刑事案件原告人由于被告人的犯罪行为而遭受精神损失提起附带民事诉讼，或者在该刑事案件审结以后，原告人另行提起精神损害赔偿民事诉讼的，人民法院不予受理。"原告人要求100 000元的精神抚慰金是没有法律依据的。可见，原告人所要求的173 733.5元赔偿金之中，有130 000元左右是没有依据的，其余的赔偿计算还明显偏高。

综上所述，被告人王某作为侵权人之一，为减小行为的社会危害，被告人愿意在法律规定的范围内，尽自己最大的能力，承担依法应当由其承担的责任，这是其积极悔罪的表现，但对没有法律依据的责任是没有赔偿义务的，如果违背事实让被告人承担并不能归属于他的责任，则是对其合法权益的侵害。

以上代理意见望合议庭予以慎重考虑并期望采纳。谢谢！

代理人：×××
年　　月　　日

三、取保候审申请书【格式】

取保候审申请书

申请人：×××，性别，民族，住址，职业。联系电话：×××××××。身份证号：××××××××××。

被申请取保候审的犯罪嫌疑人：×××，性别，汉族，籍贯，职业。因涉嫌××罪，于××××年×月×日被××公安局刑事拘留（人民检察院批准逮捕），现关押在××看守所。

申请事项：取保候审

事实和理由：犯罪嫌疑人×××因涉嫌赌博一案，于20××年××月××日公安局刑事拘留（人民检察院批准逮捕）。现关押在××看守所。（现公安机关的侦查完毕，已报送检察机关审查起诉）。考虑到犯罪嫌疑人××所涉嫌罪名的性质以及案件有关情况，符合《中华人民共和国刑事诉讼法》第65条规定的取保候审条件。因此，申请人根据《中华人民共和国刑事诉讼法》第66条规定为犯罪嫌疑人×××提出取保候审申请，并愿依法交纳保证金。请贵局予以审查批准。

此致
×××公安局

申请人：×××
年　月　日

取保候审申请书【范例】

取保候审申请书

申请人：张某某，男，××岁，××市人，××市××厂工人。因涉嫌伤害罪，于20××年××月××日被××市××区公安局刑事拘留，现关押在××区看守所。

申请人为保证被取保候审期间遵守有关规定，提出由张某担任保证人。保证人张某系犯罪嫌疑人张某某之父，为人正派，有固定收入和住处，有能力履行保证义务。

保证人保证监督被取保候审人张某某严格遵守有关规定，做到：（1）保证不离开本市；（2）保证随传随到；（3）保证不干扰证人作证；（4）保证不毁灭、伪造证据或串供。并且保证随时向执行机关报告被取保候审人的情况。

此致
××市××区人民法院

申请人（签字）：
保证人（签字）：
××××年××月××日

提请收集、调取证据申请书

申请人：_____ 律师事务所_____律师，通信地址或联系方法：_____

申请事项：申请_____院，向_____收集、调取证据。

申请理由：作为犯罪嫌疑人（被告人）____涉嫌__一案的辩护律师，本人认为需要向证人（有关单位、公民个人）_____收集、调取证据。因情况特殊，根据《中华人民共和国刑事诉讼法》第39条的规定，特申请贵院予以收集、调取。

此致

_____

申请人签名：

律师事务所（章）：

年　　月　　日

附：证人、个人姓名：

有关单位名称：

住址或通信方法：

收集、调取证据范围、内容：

调查取证申请书

申请人：_____ 律师事务所_____律师，通信地址或联系方式：_____。

申请事项：许可调查取证。

申请理由：作为犯罪嫌疑人（被告人）_____辩护律师，因案情需要，本人拟向被害人（被害人近亲属、被害人提供的证人）_____收集与本案有关的材料，根据《中华人民共和国刑事诉讼法》第41条第2款的规定，特此申请，请予许可。

此致

——————

申请人签名：

律师事务所（章）：

年　月　日

四、刑事上诉状【格式】

刑事上诉状

一、上诉人基本情况。有四种情况：第一，自诉案件，提出上诉的一方当事人称为上诉人，对方当事人称为被上诉人，分别写明其姓名、性别、出生年月日、民族、出生地、文化程度、职业或工作单位和职务、住址等，并在上诉人和被上诉人的后面用括号注明其在一审中的诉讼地位，如上诉人（原审自诉人），被上诉人（原审被告人），一案有多名被告人的，未提出上诉的写为"原审被告人"；第二，公诉案件，只列上诉人，不能把人民检察院列为被上诉人，上诉人的基本情况写法与自诉案件上诉人相同；第三，被告人的法定代理人提出上诉的，上诉人仍列自诉人或被告人，写明其基本情况，法定代理人的基本情况写法与上诉人相同；第四，被告人的辩护人或近亲属经被告人同意提出上诉的，应把被告人列为上诉人，写明其基本情况，另起一行写代为上诉人的基本情况，代为上诉人为律师的，只写其姓名、律师事务所名称和法律职务，代为上诉人为近亲属的，其基本情况写法与上诉人相同，并表明与被告人的关系。

二、上诉事由。上诉人因涉嫌×××一案，不服××市××区人民法院于20××年×月7日作出的（20××）×法刑初字第××号刑事判决书，依法提出上诉。

三、上诉请求。如上诉人对一审判决认定的事实和定罪量刑均持否定的态度，要求上诉审法院依法审理，进行改判，则上诉请求可表述为："请求撤销×××人民法院××××年××月××日（×××）×刑初字第××号刑事判决，依法改判。"如上诉人认为一审判决认定的犯罪事实根本不存在，则上诉请求可表述为："请求撤销×××人民法院××××年××月××日（×××）×刑初字第××号刑事判决，宣告上诉人无罪。"

四、上诉理由。通常可以从以下几方面着手：一是认定犯罪事实存在问题，上诉状首先就犯罪事实方面存在的问题进行辩驳，以澄清事实，使案件得到公正的处理；二是定性存在问题，上诉状要抓住定性定罪方面存在的问题，以求定性准确，定罪恰当，罪刑相当；三是量刑存在问题，比如一审判决没有依法正确量刑，存在量刑畸重的现象，或者忽视从轻、减轻处罚的情节和条件，上诉状就应针对量刑方面存在的问题进行分析，阐明观点；四是诉讼程序存在问题，一审法院的审理违反法律规定的诉讼程序，可能影响本案公正审判的，上诉理由就要阐明原审判决违反程序法之处。制作上诉理由时要以精练的语言将一审裁判文书中存在的问题概括成几个观点，然后据理驳斥。

此致
×××人民法院

上诉人：×××
年　月　日

附：本上诉状副本×份

刑事上诉状【范例】

刑事上诉状

上诉人：×××，男，19××年1月×日出生于××省××市，身份证号：××××××××××，汉族，中专文化，系西山焦煤××矿职工，住××市×××区××××××小区××号楼××单元×××号。

上诉人因危险驾驶罪一案，不服××省××市××区人民法院［20××］迎刑初字第9××号刑事判决书的判决，现提出上诉。

上诉请求：

一、依法撤销［2014］迎刑初字第××号刑事判决书。

二、依法改判上诉人适用缓刑并降低罚金处罚。

事实与理由：

一、上诉人认为该一审判决量刑以及罚金过重

1. 上诉人×××系初犯，没有前科。上诉人平时一贯表现良好，无违法违纪行为及前科。且此次并没有造成交通事故以及人员损害的后果。

2. 上诉人×××自愿认罪，能如实供述案件的相关事实。上诉人积极主动地协助公安交警部门调查工作，并对事发当时的情况进行回忆，能如实供述案件的相关事实，听从公安机关的安排，表现出良好的认罪悔罪态度。

3. 根据《最高人民法院、最高人民检察院、公安部关于办理醉酒驾驶机动车刑事案件适用法律若干问题的意见》第四条的规定，对醉酒驾驶机动车的被告人判处罚金，应当根据被告人的醉酒程度、是否造成实际损害、认罪悔罪态度等情况，确定与主刑相适应的罚金数额。上诉人在此次案件中，并没有造成实际的损害且自愿认罪同时上诉人家庭困难，是唯一提供生活来源的人，因此法院在判处罚金时应考虑上诉人的经济负担能力，故法院判处的罚金过高。

二、请求上级人民法院对上诉人适用缓刑

1. 上诉人×××构成危险驾驶罪的行为应在处拘役，并处罚金的量刑档考虑量刑。

2. 结合本案事实及根据上诉人×××的实际情况，请求上级法院对上诉人××适用缓刑。

（1）上诉人×××除具备上述酌定从轻处罚情节外，还存在重重的家庭困难。上诉人×××已结婚，家中有一个3岁多的儿子，其妻子是家庭主妇，无生活来源。上诉人×××的父母，年老体弱，长期吃药，上诉人×××是这个家庭中的唯一支持，且是生活的主要来源。

（2）上诉人×××不具有社会危害性，对其适用缓刑符合法律规定。上诉人具有从轻或者减轻处罚的酌定情节，又不会有危害社会的可能性，符合缓刑条件，上诉人请求上级法院综合本案事实情况，依法对上诉人适用缓刑。

综上所述，鉴于上诉人认罪态度好、又系初犯、主观恶性小，不具有危害社会的可能性，上诉人请求上级法院充分考虑上诉人的一贯表现、认罪态度、没有造成实际损害的悔罪表现，充分考虑本案的特殊性，给予上诉人×××

从宽处罚。上诉人希望上级法院能够给予从轻、减轻处罚，给上诉人一个改过自新、重新做人的机会。

此致
××市中级人民法院

上诉人：×××
年　月　日

附：本上诉状副本×份

第六节　　刑事裁判文书格式与范例

一、刑事判决书【格式】

×省×市×区人民法院
刑 事 判 决 书

［×年］×法刑初字第××号

公诉机关……

被告人……（写明姓名、性别、出生年月日，民族、出生地、文化程度、职业或工作单位及职务、住址和因本案所受强制措施情况等，现羁押处所）。

辩护人……（写明姓名、工作单位和职务）。

×××人民检察院以×检×诉（　）××号起诉书指控……现已审理终结。

×××人民检察院指控……（概述人民检察院指控被告人犯罪的事实、证据及适用法律的意见）。

被告人×××辩称……辩护人×××提出的辩护意见是……

经本院审理查明：（定罪、量刑事实）……

证明上述事实的证据有：（列明证据种类）1.2……

上述证据均依法经法庭质证，本院予以确认。

本院认为，（分析说理）……

综上所述，依照《中华人民共和国刑法》第×条的规定，判决如下：（分三种情况）

一、有罪判决的表述：

1. 被告人×××犯××罪，判处……（写明主刑，附加刑）

2. 被告人×××…（决定追缴，退赔财物的名称、种类、数额）

二、有罪免刑判决的表述：被告人×××犯××罪，免予刑事处罚。

三、宣告无罪的表述：被告人×××无罪。

如不服本判决，可在接到判决书的第二日起 10 日内，通过本院或直接向×××人民法院提出上诉。书面上诉的，应提交上诉状正本一份，副本二份。

> 审判长　×××
>
> 审判员　×××
>
> 审判员　×××
>
> 书记员　×××
>
> 年　月　日
>
> （院印）

刑事判决书【范例一】

上海市嘉定区人民法院
刑事判决书

案号：〔2018〕沪 0114 刑初 6 号

公诉机关上海市嘉定区人民检察院。

被告人许某某，男，1991 年 9 月 15 日出生，汉族，户籍所在地江西省吉安县，现住上海市嘉定区江桥镇五四村。2017 年 8 月 22 日因涉嫌故意伤害罪被上海市公安局嘉定分局刑事拘留，2017 年 9 月 1 日被逮捕。

辩护人盛春龙，上海博群律师事务所律师。

上海市嘉定区人民检察院以沪嘉检诉刑诉〔2018〕37 号起诉书指控被告人许某某犯故意伤害罪，于 2018 年 1 月 3 日向本院提起公诉。本院受理后，依法组成合议庭，公开开庭审理了本案，上海市嘉定区人民检察院指派检察员周某某出庭支持公诉，被告人许某某及其辩护人盛某龙到庭参加诉讼。期间，上海市嘉定区人民检察院建议对本案延期审理。现已审理终结。

公诉机关指控，2017年8月21日6时30分许，被告人许某某步行途经上海市嘉定区江桥镇金运路附近，适逢被害人徐某某从其对面走过，因许某某认为徐某某有对其挑衅的行为，遂上前对徐某某拳打脚踢，致徐某某双侧共计10根（18处）肋骨骨折，经鉴定构成轻伤，面部裂伤、额部、面部、眼部挫伤，经鉴定构成轻微伤。公安机关经侦查，于2017年8月22日抓获许某某，其到案后如实供述了上述犯罪事实。

公诉机关指控上述事实的证据有，被害人徐某某的陈述，证人刘某某、朱某某、黄某的证言，公安机关制作的《调取证据清单》《辨认笔录》、受案登记表、抓获经过、照片，复旦大学上海医学院司法鉴定中心出具的《司法鉴定意见书》，相关的监控录像、照片，被告人的供述等。

公诉机关认为，被告人许某某故意伤害他人身体，致人轻伤，其行为已构成故意伤害罪；许某某系限制刑事责任能力，能如实供述，可以从轻处罚；尚未赔偿被害人的经济损失等情节，在量刑时一并予以体现。

被告人许某某对公诉机关指控的犯罪事实、罪名没有异议，表示自愿认罪。

辩护人对公诉机关指控的事实、罪名均无异议，认为被告人能如实供述，系限制行为能力，初犯、偶犯，希从轻处罚。

经审理查明，2017年8月21日6时30分许，被告人许某某步行途经上海市嘉定区江桥镇金运路附近，适逢被害人徐某某从对面走过，许某某认为徐某某对其有挑衅行为，遂上前拳打脚踢徐某某。经鉴定，徐某某因外伤致双侧共计10根（18处）肋骨骨折，构成轻伤一级；面部裂伤、额部、面部、眼部挫伤，属轻微伤。公安机关经侦查，于2017年8月22日抓获许某某。许某某到案后如实供述了上述犯罪事实。

经鉴定，被告人许某某患有未特定的非器质性精神病；在本案中具有限制刑事责任能力，目前具有受审能力。

证实上述事实的证据有：

1. 被害人徐某某的陈述、辨认笔录证实，2017年8月21日6时25分许，其步行至江桥镇金运路、鹤霞路路口南侧，对面突然跑过来一名男子，一脚将其踢倒在地，后连续用脚踢其身体，还动手打其头部。后马路另一侧过来一人喊不要打人，打人的男子就离开了。

经辨认，其确认殴打其的是许某某。

2. 证人刘某某的证言、辨认笔录证实，2017年8月21日6时30分许，其在江桥镇金运路、鹤霞路路口，看见一男子殴打一个老太，见状其上前阻止，后男子逃跑了，其报警。该男子用脚踢老太面部、胸部，老太刚要起身该男子又一脚把她踹下去，其看到的起码踹了五六脚。其扶起老太后，看到老太面部被打得一塌糊涂，眼睛肿了，脸上都是一块块的血迹。

经辨认，其确认2017年8月21日在江桥镇金运路、鹤霞路路口殴打他人的人系许某某。

3. 证人黄某的证言及相关的抓获经过证实，公安人员经侦查于2017年8月22日6时许，在江桥镇五四村大宅×××号×××室，抓获了许某某。

4. 证人朱某某的证言证实，其儿子许某某在读高中时受同学欺负精神上受了点刺激，之后会自言自语一个人站着发呆，在老家医院看过是精神分裂症。

5. 公安机关制作的《调取证据清单》，相关监控录像证实，公安机关调取的街面监控录像上，载有被告人许某某殴打被害人的经过。

6. 相关的验伤通知书、复旦大学上海医学院司法鉴定中心出具的《司法鉴定意见书》证实，徐某某因外伤致双侧共计10根（18处）肋骨骨折，已构成轻伤一级；面部裂伤、额部、面部、眼部挫伤，属轻微伤。

7. 复旦大学上海医学院司法鉴定中心出具的《司法鉴定意见书》、常住人口登记表证实，被告人许某某患有未特定的非器质性精神病；在本案中具有限制刑事责任能力，目前具有受审能力及被告人的身份情况。

8. 被告人许某某的供述证实，2017年8月21日6时30分许，其从五四村大宅×××号×××室家中出发准备至上海市区找工作，沿金运路往南走时，一老年妇女在其前面朝其看了一眼，还朝地上吐了口痰，其觉得对方是在挑衅其，其被激怒了，冲上去打她，对她身上和头部一阵拳打脚踢后离开。上述证据，经当庭质证，合法有效，本院予以确认。

本院认为，公诉机关指控被告人许某某故意伤害他人身体，致一人轻伤，其行为已构成故意伤害罪，事实清楚，证据确实、充分，所控罪名成立。控辩双方关于许某某系限制刑事责任能力的人，能如实供述，可以从轻处罚的意见，合法有据，本院予以采纳。结合本案的起因、事实、情节、危害后果及赔偿情况等情节，本院在量刑时一并予以体现。依照《中华人民共和国刑法》第234条第1款、第18条、第67条第3款之规定，判决如下：

被告人许某某犯故意伤害罪，判处有期徒刑1年。

（刑期从判决执行之日起计算。判决执行以前先行羁押的，羁押一日折抵刑期一日，即自 2017 年 8 月 22 日起至 2018 年 8 月 21 日止。)

如不服本判决，可在接到判决书的第二日起 10 日内，通过本院或者直接向××市第二中级人民法院提出上诉。书面上诉的，应当提交上诉状正本一份，副本两份。

审判长　项某明

审判员　唐　某

人民陪审员　朱某臣

书记员　丁　某

二○一八年四月二十七日

刑事判决书【范例二】

山东省威海市中级人民法院
刑事附带民事判决书

［2017］鲁 10 刑初 34 号

公诉机关山东省威海市人民检察院。

附带民事诉讼原告人李某 1，男，1954 年 1 月 27 日出生，汉族，农民，住贵州省安顺市西秀区。系被害人李某 4 之父。

附带民事诉讼原告人周某 1，女，1956 年 9 月 7 日出生，汉族，农民，住址同上。系被害人李某 4 之母。

诉讼代理人李某 5，男，1984 年 3 月 1 日出生，汉族，住址同上。

被告人邹某文，男，1981 年 1 月 20 日出生于贵州省镇宁布依族苗族自治县，汉族，小学文化，建筑工人，户籍地贵州省镇宁布依族苗族自治县，捕前暂住山东省威海经济技术开发区。2016 年 11 月 1 日因涉嫌犯故意伤害罪被刑事拘留，同年 11 月 15 日被逮捕。

辩护人姜某俊、梁某宁，山东方向明律师事务所律师。

山东省威海市人民检察院以××检公刑诉［2017］36 号起诉书指控被告人邹某文犯故意伤害罪，于 2017 年 6 月 6 日向本院提起公诉。在诉讼过程中，附带民事诉讼原告人李某 1、周某提起附带民事诉讼。本院依法组成合议庭，公开开庭进行了合并审理。山东省威海市人民检察院指派检察员符某、周某 2

出庭支持公诉，附带民事诉讼原告人李某1及诉讼代理人李某5、被告人邹某文及其辩护人姜某俊、梁某宁均到庭参加诉讼。现已审理终结。

威海市人民检察院指控，2013年8月份的一天晚上，在××经济技术开发区海峰路××号楼××单元××室储藏间租房内，被告人邹某文因琐事与妻子李某4发生争执，遂采用拳打脚踢、锤把锅铲击打等方式对李某4头部、身体等部位进行长时间殴打，致李某4死亡，后邹某文在海峰河河道内对李某4尸体进行了肢解和掩埋。对指控的上述事实，公诉机关当庭提供了证人姜某1、李某1等人的证言，现场勘验、辨认现场等笔录，尸体检验报告、DNA鉴定书等鉴定意见，全国DNA数据库比对结果、户籍证明等书证，视听资料及被告人邹某文的供述与辩解等证据予以证实。公诉机关认为，被告人邹某文的行为构成故意伤害罪，应按照《中华人民共和国刑法》第234条第2款之规定定罪处罚。

附带民事诉讼原告人李某1、周某1请求判令被告人邹某文赔偿死亡赔偿金、被扶养人生活费、处理丧葬事宜的交通费、食宿费和误工费用共计人民币（以下币种同）450 000元。并当庭提供了户籍证明、交通费单据等证据。

被告人邹某文对指控的罪名和事实无异议，对附带民事诉讼原告人提出的诉讼请求同意赔偿，但表示没有赔偿能力。辩护人提出，邹某文能够如实供述罪行，平时表现良好，有悔罪表现；现有证据不能排除其他因素造成被害人死亡的可能；被害人对案发存在一定过错。请求对邹某文从轻处罚。

经审理查明，被告人邹某文与被害人李某4（女，殁年32岁）系夫妻关系，案发前二人租住于威海经济技术开发区海峰路××号楼××单元××室储藏间内。2013年8月份的一天晚上，因怀疑李某4故意藏匿户口本，邹某文在租房内与李某4发生争执，邹某文遂采用拳打脚踢、持棍击打等手段对李某4头部等部位进行了长时间殴打，导致李某4死亡。为逃避司法机关的追查，邹某文又在海峰河河道内对李某4的尸体进行了肢解和掩埋。

被告人邹某文的犯罪行为给附带民事诉讼原告人李某1、周某造成的经济损失，包括处理后事支出的交通费20 000元、误工费3000元、食宿费2000元，共计25 000元。

上述事实，有经庭审举证、质证并经本院确认的下列证据予以证实：

1. 书证

（1）公安机关接处警登记表证实，2013年9月4日7时许，威海水务集团工人李某 3 拨打 110 电话报案，称在威海经济技术开发区长峰金枝桥桥底下发现人头；2014 年 2 月 12 日 10 时许，李某 1 向贵州省安顺市镇宁布依族苗族自治县公安局丁旗派出所报警，称其女儿李某 4 于 2013 年随丈夫邹某文外出务工后失踪。

（2）公安机关出具的全国 DNA 数据库比对结果、受案登记表、到案经过及发破案经过证实，2016 年 8 月 12 日，贵州镇宁李某 4 失踪案中的 DNA 信息比中 2013 年 9 月 4 日威海经济技术开发区海峰路与海滨南路交叉口桥西侧河沟内无名女尸头部的 DNA 信息，同日威海市公安局经济技术开发区分局作为刑事案件受理。公安机关在确定女尸的身份为李某 4 后，经过调查发现李某 4 丈夫邹某文具有作案嫌疑，2016 年 10 月 31 日对李某 4 被故意杀害案立案侦查，同日 8 时许公安人员在威海经济技术开发区东部滨海新城逍遥湖社区一建筑工地通知邹某文到公安机关接受询问了解相关情况，根据调查的情况确定邹某文具有重大作案嫌疑，次日 0 时许对邹某文进行拘传并开始审讯。经审讯，邹某文对故意伤害李某 4 并致其死亡的犯罪事实供认不讳。

（3）威海市专业气象台出具的威海市 2013 年 7 月至 2016 年 10 月降水情况表证实，上述期间降水量等级为大雨以上的共 20 次，等级为暴雨以上的共 10 次，大暴雨有 3 次；其中自 2013 年 7 月 2 日至 9 月 4 日威海共 20 天有降水，等级为大雨以上的共 5 天，其中 7 月 12 日和 13 日、8 月 29 日为暴雨。

（4）公安机关制作的邹某文指认埋尸位置和发现头颅位置示意图、办案说明证实，被害人头部尸块被发现位置与邹某文指认现场位置不同，位于指认现场位置东侧约 1100 米的河道内；海峰河沿途未再发现与邹某文指认埋尸现场的桥梁周边环境相类似的其他桥梁，海峰河河水流向为自西向东，流入大海。

（5）公安机关出具的户籍证明证实被告人邹某文、被害人李某 4 的身份和户籍情况，邹某文犯罪时已达到刑事责任年龄。

2. 证人证言

（1）姜某 1、姜某 2、李某 2、李某 3（均系威海水务集团工人）证实，2013 年 9 月初他们在长峰金枝桥练歌房下面的河道里干活时看到河道内的暖气管道和水面之间卡住一个黑色鼓鼓囊囊的塑料袋。9 月 4 日 7 时许姜某 2、李某 3 等人清理淤泥时，李某 3 拨开黑色塑料袋发现里面还有个白色塑料袋，白色塑料袋里是一个人头，他们随即报警。

（2）李某1（李某4之父）证实，李某4与邹某文结婚后育有二子，2013年清明节后李某4跟邹某文一起到威海打工。2014年春节邹某文回家说两人有一天吵架后李某4离家出走、至今毫无音讯，春节后李某1去丁旗镇派出所报了警并提供了他们夫妇的血样。另证实，邹某文和李某4感情不和，经常吵架，李某4曾因邹某文打她而离家出走过，还曾带着两个孩子出走过。

（3）邹某（邹某文之父）证实，2013年邹某文把李某4带到威海一起住，七八月份时因邹某文的大儿子上学需要户口本，家里找不到，他就打电话问邹某文是不是把户口本带到威海，后来邹某文打电话说李某4离家出走了，他让邹某文好好找人并让邹某文到派出所报警，后来邹某文说没找到李某4。之后邹某文把户口本邮寄给他了，没有耽误孙子上学。2014年春节邹某文回家说还没找到李某4。另证实，李某4经常离家出走，2011年还带着两个孩子出走了半年，后来自己回来了。李某4脑子有点问题，不会算账，有不说实话的习惯，还有小偷小摸的毛病。

（4）黄某（邹某文之舅）证实，邹某文自2004年下半年到威海找他开始在建筑工地里做木工。李某4来过威海三次，最后一次是2013年，当时邹某文和李某4在长峰租房子住。当年7月前后邹某文曾说其给李某4买了回老家的车票让她回去了，等了十来天邹某文的父亲打电话说李某4没回家，邹某文在威海找了10天左右，老家那边也在找。李某4曾偷拿过工友的手机，邹某文还打了她。

（5）刘某（邹某文的工友）证实，2013年夏天，邹某文和李某4在长峰海鲜市场附近租房子住了一段时间。有一天，邹某文打电话说李某4住不习惯、其送李某4回家上火车、要休息一天。过了一段时间，邹某文突然有十天左右没来上班，也没有请假，后来说是自己不舒服、肚子疼。之后听说李某4没有回老家，邹某文说老家那边到派出所报案了，2015年邹某文说还没找到李某4。以前邹某文从来没有请假说要送李某4回家的情况，也没有十多天不上班也不请假的情况。

（6）吕某（邹某文的工友）证实，李某4脑子有问题，买东西不会算钱，还因偷工友的手机被邹某文打了。2013年夏秋之际听说李某4回老家时走丢了，邹某文还出去找了十来天。

（7）曾某（邹某文的工友）证实，2013年邹某文和李某4在长峰海鲜市场附近租了房子住。李某4有点傻，平时小偷小摸的，2012年还因为偷工友手机被邹某文打了。2013 年八九月份他听邹某文说其给李某 4 买了车票回贵州、但李某 4 半路不知去哪了。

（8）赛某涛（海峰路×号楼×××室储藏室的房东）证实，2013 年她将储藏室租给一名贵州籍男子（邹某文），该男子一只眼盲，有名女子和男子一起生活，感觉女子有些傻。房子到期后她联系该男子，男子说已经搬走了。同年 11 月因自家装修清理旧家具，她把储藏室里的东西都处理了。

3. 被告人供述与辩解

邹某文供述（附同步录音录像），他自 2004 年开始在威海的建筑工地打工。2013 年 4 月初他回贵州把妻子李某 4 接到威海，后来两人租住在海峰路的一个储藏室内。8 月初他父亲邹某打电话要户口本给他儿子上学用，他认为户口本是李某 4 拿走的，但李某 4 不承认，李某 4 一直有做了事不承认的毛病。8 月 10 日至 25 日之间的某一天晚饭后，他问李某 4 户口本的事，李某 4 还是不承认，两人吵了起来，他抄起一个锅铲朝她肩膀和手上打了三五下，李某 4 仍不承认，他又用拳头、巴掌、膝盖和脚朝她身上打并且越打越狠，李某 4 坐在床旁边的地上了，期间两人又吵，他更上火了就拿起一个长约 40 厘米的木头锤把朝李某 4 的头肩部打，李某 4 举着双手挡，锤把打在头部、肩部、手上，打了十多分钟，他又把锤把竖起来朝李某 4 头部、肩部、上身用力捅，李某 4 开始还用手挡，后来不挡了并趴在了地上。他打完后把锤把扔在衣柜旁边并把李某 4 拉起来让她背靠在床边上，他准备出去时李某 4 看了他一眼，他用脚朝李某 4 背部踹了一脚，把她踹倒在地上，李某 4 哼了一声没有再动，他就出门到海峰路路边摊上喝酒吃烧烤了。出去之前他只看到李某 4 鼻子和嘴里都有血，具体伤到哪里不清楚。深夜一两点钟他回屋发现还亮着灯，李某 4 还趴在地上，姿势和他离开时基本一样，他去拉李某 4 时发现她闭着眼睛没有任何反应，他以为是打得太狠把她打晕了，就扶她上床脱掉衣服躺着。李某 4 脸上都是血，手臂、背部和大腿有多处瘀青，他用湿毛巾帮她把全身擦干净，还打扫了卫生。后来感觉李某 4 有点不对劲，发现她没有任何反应、全身冰凉，他才意识到李某 4 被他打死了。第二天他没上班，先后给父亲和舅舅黄某打电话谎称李某 4 离家出走了，二人都没有怀疑，让他找找人。晚上，他把锤把及李某 4 个人物品扔进了垃圾桶，用行李箱把李某 4 的尸体拉到百度城二期工地对面一个水产公司门口的桥下挖坑掩埋了，回租房后用刀把行李箱切割后也扔到垃圾桶里，又过了几天他才去上班。有一次下班（距离处理尸体十多天）他看到埋尸处在冒泡、有臭味、有蛆在爬，他怕被人发现，当晚挖出尸体再次埋到两三米远的水底，李某4的头部因总是浮出水面，被他用菜刀切下来洗了一下，又用三至五层方便袋（每一层都打了结、最外面是黑色塑料袋）包好埋到几十米远的泥坑里，他回租房后把菜刀扔到垃圾桶里。之后不到一个周他就搬到百度城工地住，不在租房住了，租期到了后房东打电话找他，他说自己搬走了。

4. 勘验、辨认等笔录

（1）公安机关出具的现场勘验笔录、现场照片、现场图证实，公安人员于2013年9月4日8时许对威海经济技术开发区海峰路和海滨路交叉口桥西侧海峰河内发现人体头部组织的现场进行了勘验。海峰河河道底部为水泥地面，中部有一宽2.7米的东西向水渠，内有深9厘米的水流，水流自西向东，靠海峰路××号楼东侧、水渠上方有一南北向的暖气圆管，该圆管东侧3.2米，距海峰河北岸9.4米的水渠水流中有一人体头部组织，旁边有一组塑料袋，共四层，侧面呈撕开状，自外向内依次为黑色塑料袋、红色塑料袋、白色塑料袋、透明塑料袋，开口处均系一活结。公安人员于2016年11月1日10时许对海峰路×××号威海市程远水产有限公司门前桥下掩埋尸体现场进行了勘验。该桥横跨海峰河，该段河道呈东西向，南北宽12.7米，深3.4米，河床长有杂草，该桥西侧设有一拦水坝，桥下中部设有一东西向桥墩，南侧桥洞下水坑经清理搜索未发现尸骨。公安人员于2016年11月1日16时许对海峰路××号楼×单元××室储藏室伤害现场进行了勘验。301室储藏室房门为单扇外开式木质门，室内为瓷砖地面，南北长3.66米，东西宽3.24米，高2米，南墙中部设有一窗，西墙南部设有一木制单扇外开门，门内为一卫生间。

（2）邹某文辨认现场笔录和照片（附同步录音录像）证实，2016年11月1日，在公安机关的组织下，邹某文带领公安人员找到海峰路×号楼×单元××室的储藏室并指认该处为其伤害李某4的地点，找到海峰路××号威海市程远水产有限公司门口的桥下并指认该处为其埋藏李某4尸体的地点，找到海峰路××号楼南侧路边（三喜龙虾店门口）存放的一排橙红色垃圾桶并指认该处为其丢弃李某4个人用品和作案工具的地点。

（3）辨认笔录证实，2016年11月1日，在公安机关的组织下，邹某文从12张不同女性正面照片中辨认出李某4；2016年11月11日，在公安机关的组织下，赛某涛从12张不同男性正面照片中辨认出邹某文就是2013年夏租住其海峰路 3 号楼×单元×××室的储藏室的贵州籍男子。

（4）公安机关出具的提取笔录证明提取邹某文血样、指纹和李某 4 父母血样等检材的过程。

5. 鉴定意见

（1）公安机关出具的威公环（刑）鉴（尸）字［2013］90 号法医学尸体检验报告书证实，涉案头颅尸块的包装物为一组塑料袋，共四层，自外层向内层依次为黑色、红色、白色、透明塑料袋，袋口均为活结。尸块高度腐败，部分软组织缺失，暴露骨质。2、3 颈椎间与躯干部完全断离，断端皮肤边缘整齐，有皮瓣形成，部分创缘见皮肤划伤，无生活反应。光头，可见黑色毛根。头左颞顶部见 3 厘米长不规则裂口，边缘不整齐，周围稍肿胀，深达皮下。解剖颅骨未见骨折。颈部离断创口见第 2 颈椎椎体前缘砍切痕。分析意见：头部伤口符合钝性外力作用所致；尸块系死后肢解，分尸工具为具有一定质量较锋利的锐器。

（2）公安机关出具的（威）公（刑）鉴（DNA）字［2016］263 号 DNA 鉴定书证实，支持李某 1、周某 1 与送检头颅上牙齿系父母子亲缘关系。

6. 附带民事诉讼证据

附带民事诉讼原告人提供了其户口本、身份证、交通费用票据等证据，以证明其身份情况和所遭受经济损失的数额。

本院认为，被告人邹某文因家庭琐事故意损害被害人李某 4 的身体健康，致李某 4 死亡，其行为已经构成故意伤害罪。公诉机关指控的事实清楚，证据确实、充分，罪名成立。邹某文归案后能够如实供述罪行，认罪悔罪，依法可对其从轻处罚。关于辩护人所提现有证据不能排除其他原因造成被害人死亡的辩护意见，经查，邹某文归案后作过多次稳定的有罪供述，对伤害李某 4 并致其死亡的事实供认不讳，所供述的作案细节与其他在案证据能够吻合或相互印证，该供述应当予以采信并作为定案的依据；邹某文的供述和证人证言、鉴定意见等证据可以证实，邹某文长时间对被害人实施暴力伤害行为并致被害人头部等处流血、倒地不起，邹某文于数小时后发现被害人已死亡，即意识到被害人被他打死了，随后毁尸灭迹并谎称被害人回老家途中失踪，可见被害人死亡结果与邹某文伤害行为之间具有直接的因果关系，现有证据中并无其他因素导致被害人死亡的"疑点"存在，故辩护人的相关辩护意见缺乏事实根据，本院不予支持。关于辩护人所提被害人对案发存在一定过错的辩护意见，经查，邹某文无端怀疑被害人藏匿户口本，以李某 4 不说实话为借口长时间实施暴力殴打行为，造成被害人死亡的严重后果，被害人对案件的引发并不存在过错，故辩护人的相关辩护意见，本院不予支持。邹某文不能正确处理婚姻家庭矛盾，实施家庭暴力行为并造成严重后果，应依法惩处。辩护人所提邹某文能够如实供述罪行、平时表现良好、有悔罪表现的辩护意见，本院予以采纳。被告人邹某文对其犯罪行为给附带民事诉讼原告人造成的物质损失依法应予赔偿，附带民事诉讼原告人请求的死亡赔偿金、被扶养人生活费不属于刑事附带民事诉讼赔偿的范围，本院不予支持；考虑到交通费用、误工损失和食宿支出是被害人亲属处理相关事宜的必要性支出，虽附带民事诉讼原告人未能提供相关证据，本院亦予以支持并根据相关票据和实际需要酌定为交通费 20 000 元、误工费 3000 元、食宿费 2000 元。综上，根据被告人邹某文犯罪的事实、性质、情节和对于社会的危害程度、认罪悔罪态度等具体情况，依照《中华人民共和国刑法》第 234 条第 2 款、第 67 条第 3 款、第 56 条第 1 款、第 55 条第 1 款、第 61 条、第 36 条第 1 款，《中华人民共和国刑事诉讼法》第 99 条第 1 款、第 101 条，《最高人民法院关于适用〈中华人民共和国刑事诉讼法〉的解释》第 155 条第 1、2 款之规定，判决如下：

一、被告人邹某文犯故意伤害罪，判处有期徒刑 15 年，剥夺政治权利 3 年。

（刑期从判决执行之日起计算。判决执行以前先行羁押的，羁押 1 日折抵刑期一日，即自 2016 年 11 月 1 日起至 2031 年 10 月 31 日止。）

二、被告人邹某文赔偿附带民事诉讼原告人李某 1、周某经济损失人民币 25 000 元。

（赔偿款于判决生效后 10 日内履行）

如不服本判决，可在接到判决书的第 2 日起 10 日内，通过本院或者直接向山东省高级人民法院提出上诉。书面上诉的，应当提交上诉状正本 1 份，副本 6 份。

审判长　张　某

审判员　王某胜

审判员　刘某瑜

书记员　于　某

二○一七年九月六日

二、刑事裁定书【格式】

×省×市×区人民法院
刑事裁定书

［年度］×（省简称）＋（城市代码）刑终×号

原公诉机关××××人民检察院。

上诉人（原审被告人）（写明姓名、性别、出生年月日、民族、籍贯、职业或工作单位和职务、住址等，现在何处。）

辩护人……（写明姓名、性别、工作单位和职务。）

×省×市人民法院审理×市人民检察院指控原审被告人×××犯×罪一案，于20××年×月×日作出（20××）×刑初×××号刑事判决。宣判后，原审被告人×××不服，提出上诉。本院受理后，依法组成合议庭审理了本案。现已审理终结。

×省×市人民法院认定，（此处概述原审判决的基本内容）……

经二审审理查明的事实与原审判决认定的事实相同，且有××的证言……证据证实。上述证据已经一审庭审质证、认证，本院予以确认。

本院认为，×省×市人民法院认定上诉人×××犯××××罪的事实清楚，证据确实充分，适用法律正确，量刑适当，审判程序合法。（进一步分析上诉人对原判定罪量刑方面的主要意见和理由）上诉人×××及其辩护人所提上诉理由及辩护意见，理据不足，本院不予支持。依照《中华人民共和国刑事诉讼法》（写明裁定所依据的法律条款项）之规定，裁定如下：

驳回上诉人×××的上诉，维持原判。

本裁定为终审裁定。

审判长　×××

审判员　×××

审判员　×××

××××年××月××日

（院印）

书记员　×××

刑事裁定书【范例】

河北省唐山市中级人民法院
刑事裁定书

[2017] 冀 02 刑终 5 号

原公诉机关河北省遵化市人民检察院。

上诉人（原审被告人）李某斌，曾用名李某彬，男，1967 年 2 月 18 日出生于河北省遵化市，汉族，中专文化，农民，住遵化市。2016 年 11 月 9 日因涉嫌犯故意伤害罪被遵化市公安局取保候审，同年 11 月 17 日经遵化市人民检察院决定取保候审，同年 11 月 22 日经遵化市人民法院决定取保候审，同年 11 月 25 日被逮捕。

辩护人郝某，河北杰大律师事务所律师。

河北省遵化市人民法院审理遵化市人民检察院指控原审被告人李某斌犯故意伤害罪一案，于 2016 年 11 月 25 日作出 [2016] 冀 0281 刑初 298 号刑事判决。宣判后，原审被告人李某斌不服，提出上诉。本院受理后，依法组成合议庭审理了本案。现已审理终结。

河北省遵化市人民法院认定，2016 年 1 月 22 日 13 时许，被告人李某斌在本村村民王某家玩牌过程中，与被害人徐某因赌资问题发生口角，被害人徐某未给付赌资并离开。后被告人李某斌遂到本村铭源超市向被害人徐某家属讨要赌资未果，被害人徐某赶到后双方再次发生冲突，双方被人劝开后被害人徐某离开超市，被告人李某斌在超市买了一把菜刀奔至走到超市外的被害人徐某跟前，将被害人徐某手部及右腹部砍伤。经鉴定，被害人徐某手功能丧失累计达一手功能 14%、左手环指末节和左手中指近节指骨骨折及体表创口累计达 19.4 厘米，均已达轻伤二级。

另查明，被告人李某斌经公安机关电话传唤，主动到公安机关接受调查，并如实供述了自己的犯罪行为。被告人李某斌与被害人徐某达成了赔偿协议，并已履行，被害人徐某对被告人李某斌的行为表示谅解。

上述事实，被告人李某斌在开庭审理过程中亦无异议，且有被告人李某斌的供述与辩解、被害人徐某的陈述、证人冯某、李某 1、李某 2、万某、史某、李某3、骆某、王某的证言、法医学人体损伤程度鉴定书、伤情照片、住院病历、诊断证明、情况说明、调解协议书、收条、户籍证明、到案说明等证据予以证实，足以认定。

河北省遵化市人民法院认为，被告人李某斌故意非法损害他人身体，致一人轻伤二级，其行为已构成故意伤害罪，应依法惩处。遵化市人民检察院指控被告人李某斌犯故意伤害罪，事实清楚，证据确实、充分，指控罪名成立。被告人李某斌在公安机关传唤后，主动到公安机关接受调查，并如实供述了自己的犯罪事实，系自首，依法可以从轻处罚；被告人李某斌与被害人达成赔偿协议，得到了被害人的谅解，依法可以酌情从轻处罚。被告人因索要赌资发生争执后购买刀具，持刀追砍被害人致被害人手功能丧失累计达一手功能14%、左手环指末节和左手中指近节指骨骨折及体表创口累计达19.4厘米，均已达轻伤二级的情节恶劣，故对被告人不适用缓刑。根据被告人犯罪的事实、犯罪的性质、情节和对于社会的危害程度，依据《中华人民共和国刑法》第234条第1款、第61条、第67条第1款之规定，认定被告人李某斌犯故意伤害罪，判处有期徒刑8个月。

宣判后，原审被告人李某斌以其有自首情节，赔偿被害人损失并取得谅解，系初犯、偶犯，原审法院没有对其适用缓刑属适用法律错误为主要理由提出上诉。其辩护人提出与上诉理由基本相同的辩护意见。

经二审审理查明的事实与原审判决认定的事实相同，且有上诉人李某斌供述与辩解、被害人徐某陈述，证人冯某、李某1、李某2、万某、史某、李某3、骆某、王某的证人证言，法医学人体损伤程度鉴定书，伤情照片，住院病历，诊断证明，情况说明，调解协议书，收条，户籍证明，到案说明等证据证实。上述证据已经一审庭审质证、认证，本院予以确认。

本院认为，河北省遵化市人民法院认定上诉人李某斌犯故意伤害罪的事实清楚，证据确实充分，适用法律正确，量刑适当，审判程序合法。关于上诉人李某斌及其辩护人所提其有自首情节，赔偿被害人损失并取得谅解，系初犯、偶犯，原审法院没有对其适用缓刑属适用法律错误的上诉理由及辩护意见，经查，原审判决对此情节已经酌情予以从轻处罚。原审法院根据上诉人李某斌的犯罪事实、性质、情节及社会危害性，依法在法定刑幅度内对其进行判处，量刑并无不当，故上诉人李某斌及其辩护人所提上诉理由及辩护意见，理据不足，本院不予支持。依照《中华人民共和国刑事诉讼法》第

225 条第 1 款第 1 项、第 233 条之规定，裁定如下：

驳回上诉人李某斌的上诉，维持原判。

本裁定为终审裁定。

审判长　刘　某

审判员　孙某斌

审判员　李　某

二〇一七年二月十日

书记员　谢某琪

第五章

模拟刑事诉讼卷宗归档

第一节　模拟刑事诉讼卷宗归档要求

刑事诉讼文书，是国家专业文书重要组成部分，也是诉讼活动的真实记录和依据，它反映了公检法机关在办案中贯彻执行国家法律、法规和履行法律职能的情况。为提高法科学生诉讼文书的制作能力，结合刑事诉讼法课程学习的实际情况，保证模拟诉讼文书档案的完整性，凡是参与模拟诉讼实践的同学，应当按照以下要求立卷：

1. 卷内材料原则上应按照实际办案程序依次排列。

2. 各种证据，按照证据作用的大小，将主要证据排列在前，辅助证据排列在后；也可按证据类别排列。

3. 讯问笔录，单一被告人的案件按讯问被告人的时间顺序排列；共同犯罪案件应按各被告人在实施犯罪中的主次地位，分别依时间顺序排列。

4. 案卷应有卷皮、卷内目录和卷内文书材料。卷内文书材料，除卷内目录外，应在右上角逐页编号。卷皮、卷内目录所填内容应与卷内材料相符，卷皮除目录号、卷号外，都应用字迹耐久的蓝黑或碳素墨水逐项准确填写。字迹要工整、清晰、规范。

5. 案卷装订前要对残缺破损、小于或大于卷面的材料和字迹偏左，装订后影响阅卷的材料，要进行修补，裱贴和折叠。

6. 案卷每册以不超过 200 页为宜，超过时可立分册。

7. 装订时，要求右齐、下齐、用线绳系牢或用订书机钉牢。由每个模拟诉讼组整理立卷，并移交法学院模拟法庭档案管理人员。

8. 归档的诉讼文书必须以班为单位，按年度编号保存。

第二节　侦查卷宗装订顺序与归档

一、刑事侦查卷封面

刑事侦查卷

案件名称		案件编号	
犯罪嫌疑人姓名		立案时间	
结案时间		立卷单位	
立卷人		审核人	
本卷共　　　页		立卷时间　年　　月　　日	

说明：

1. 案卷编号为年号+刑模侦字+案卷编号，如［2012 年］刑模侦字（15）号

2. 收、结案时间按模拟时间填写

3. 立卷时间填真实时间

二、刑事侦查卷装订顺序

（一）卷宗封面

（二）卷宗目录

（三）卷内材料

1. 受理刑事案件登记表

2. 立案决定书

3. 犯罪嫌疑人照片

4. 犯罪嫌疑人委托辩护律师通知书、辩护律师参与诉讼手续

5. 强制措施文书

（1）拘传证

（2）拘留证

（3）提请批准逮捕书、批准逮捕决定书、逮捕证

（4）监视居住决定书

6. 侦查文书

（1）搜查证

（2）提讯证

（3）通缉令

（4）鉴定聘请书

（5）伤情鉴定书

7. 结案文书

（1）侦查终结报告

（2）被害人提出附带民事诉讼的有关材料

（3）辩护律师的书面意见

（4）送达回证

（5）起诉意见书

8. 证据材料

（1）讯问笔录

（2）被害人陈述

（3）证人证言

（4）物证照片

（5）书证

（6）鉴定意见

（7）电子数据

（8）现场勘验笔录及照片

（9）提取、扣押、收到、发还物品清单

（10）涉案物品估价证明

（11）抓获犯罪嫌疑人证明

（12）犯罪嫌疑人身份证明

（四）卷宗封底

以上目录内容供参考，可根据具体案件增减。卷宗材料整理装订后，由模拟侦查组组长负责交给模拟法庭管理员存档。

第三节　公诉卷宗装订顺序与归档

一、公诉卷封面

刑事公诉卷

年度　　字第　　号	
案件来源	
控诉人、被害人	
犯罪嫌疑人	
案由	
处理结果	
收案日期　　年　　月　　日	结案日期　　年　　月　　日
本卷宗共　页	立卷时间　年　　月　　日
承办人	保管期限

说明：

1. 案卷编号为年号+刑模诉字+案卷编号，如［2012年］刑模诉字（15）号

2. 收、结案时间按模拟时间填写

3. 立卷时间填真实时间

二、公诉卷装订顺序

（一）卷宗封面

（二）卷宗目录

（三）卷内材料

1. 办案流程表

2. 起诉意见书

3. 受理案件登记表

4. 接受案件通知书

5. 换押证

6. 采取强制措施的相关材料

7. 委托辩护人告知书

8. 犯罪嫌疑人权利义务告知书

9. 提押证

10. 讯问犯罪嫌疑人笔录

11. 询问被害人笔录

12. 公诉案件审查报告

13. 起诉书

14. 量刑建议书

15. 公诉意见书

16. 出庭通知书

17. 出庭笔录

18. 证人名单、证据目录

19. 送达回证

20. 刑事判决书

（四）卷宗封底

以上目录内容供参考，可根据具体案件增减。卷宗材料整理装订后，由模拟公诉组组长负责交给模拟法庭管理员存档。

第四节　审判卷宗装订顺序与归档

一、刑事审判卷封面

刑事审判卷

年度　　字第　　号		
案由		
诉讼双方的称谓和姓名	被告人	

续表

审判长	审判员	审判员	书记员
收案日期	年　月　日	结案日期	年　月　日
办理 结果			
归档日期	年　月　日	保管期限	年　月　日

本卷共　　页

立卷人：

说明：

1. 案卷编号为年号+刑模审字+案卷编号，如［2012 年］刑模审字（15）号

2. 收、结案时间按模拟时间填写

3. 归档日期和立卷人如实填写

二、审判卷宗装订顺序

（一）卷宗封面

（二）卷宗目录

（三）卷内材料

1. 受理刑事案件登记表

2. 起诉书

3. 换押证

4. 提讯证

5. 委托、指派辩护人材料

6. 执行逮捕决定、逮捕证及家属通知书

7. 勘验笔录及扣押物品清单

8. 查封令、查封物品清单

9. 取保候审、监视居住等强制措施材料

10. 调查取证材料

11. 赃物、证据的鉴定意见

12. 开庭通知

13. 开庭公告

14. 庭审笔录

15. 宣判笔录

16. 辩护词

17. 公诉意见书

18. 判决书

19. 送达回证

（四）卷宗封底

以上目录内容供参考，可根据具体案件增减。卷宗材料整理装订后，由模拟审判组组长负责交给模拟法庭管理员存档。

第五节　辩护卷宗装订顺序与归档

一、刑事辩护卷封面

刑事辩护卷

类别		（　　）年度第　　号	
承　办 律师事务所			
承办 律师		委托人	

当事人		对方当事人 或办案机关	
案由			
收案日期	年　月　日	结案日期	年　月　日
审理法院		审级	
承办结果			
归档日期		立卷人	
保存年限		卷内页数	

说明：

1. 类别可分别填写"刑事辩护""刑事代理"。

2. 案卷号为年号+刑模辩字+案卷编号，如［2012 年］刑模辩字（15）号

二、辩护卷宗装订顺序

（一）卷宗封面

（二）卷宗目录

（三）卷内材料

1. 委托合同

2. 授权委托书

3. 向侦查机关或检察机关送达律师事务所函

4. 起诉书

5. 会见犯罪嫌疑人、被告人函

6. 会见犯罪嫌疑人专用介绍信

7. 会见笔录

8. 阅卷笔录

9. 调查的证据材料

10. 主要证据复印件

11. 出庭通知书

12. 出庭材料：①举证目录及说明；②发问提纲；③答辩提纲

13. 辩护词

14. 判决书

（四）卷宗封底

以上目录内容供参考，可根据具体案件增减。相关文书、卷宗材料整理装订后，由模拟辩护组组长负责交给模拟法庭管理员存档。

刑事侦查卷宗样本

刑事侦查卷宗

（ 正 卷 ）

案件名称：10.21 故意伤害案

案件编号：A3201023689510××××

犯罪嫌疑人姓名：何某

立案时间：2014 年 10 月 21 日

结案时间：2015 年 3 月 3 日

立卷单位：××市公安局××区分局

立卷人：张某　吴某

审核人：姜某

本案共 壹 卷

第 壹 卷　共　伍拾叁 页

卷内文书目录

序号	责任者	文号	标题	日期	页数
1	××区公安分局××路派出所	××公（宁安）行受字〔2014〕第 59 号	受案登记表	2014 年 10 月 21 日	1
2	××区公安分局××路派出所	——	受案回执	2014 年 10 月 21 日	2
3	××区公安分局	××公（宁安）立字〔2015〕第 2 号	立案决定书	2015 年 02 月 09 日	3
4	××区公安分局		立案告知书	2015 年 02 月 09 日	4
5	××区公安分局××路派出所	××公（宁安）鉴聘字〔2014〕第 361 号	鉴定聘请书	2014 年 10 月 21 日	5
6	××区公安分局	××公（宁安）鉴告字〔2015〕第 2 号	鉴定意见告知书	2015 年 02 月 09 日	6
7	××区公安分局××路派出所		证据保全清单	2014 年 10 月 21 日	7
8	××区公安分局	××公（刑）传唤字〔2015〕第 57 号	传唤证	2015 年 02 月 10 日	8~9
9	××区公安分局	××公取保字〔2015〕第 28 号	取保决定书	2015 年 02 月 27 日	10
10	××区公安分局××路派出所	——	取保义务告知书	2015 年 02 月 27 日	11
11	××区公安分局	——	起诉告知书	2015 年 03 月 01 日	12

续表

序号	责任者	文号	标题	日期	页数
12	××区公安分局	××公（刑）诉字〔2015〕第02号	起诉意见书	2015年03月03日	13～14
13	××区公安分局	××公（刑）询问字〔2015〕第308号	询问通知书	2015年02月10日	15
14	××区公安分局	——	犯罪嫌疑人诉讼权利义务告知书	2015年02月10日	16～17
15	××区公安分局		被害人诉讼权利义务告知书	2015年02月10日	18
16	××区公安分局××路派出所	——	讯（询）问笔录	2014年10月21日	19～41
17	××区公安分局××路派出所	——	户籍证明	2014年10月21日	42
18	××区公安分局	——	接受证据材料清单	2014年10月22日	43～45
19	××区公安分局××路派出所		抓获经过		46
20	××市公安局物证鉴定所	滨公鉴〔2015〕第123号	鉴定文书	2015年02月05日	47～52
21	××区公安分局××路派出所	——	作案工具照片	2014年10月21日	53
22					
23					
24					

（1）

××市公安局××区分局
受案登记表

（印章）　　　　××公（××）行受案字［2014］第59号

案件类型			110 报警			
报案人	姓名	何某	性别	男	出生日期	1962 年 08 月 11 日
	身份证种类	居民身份证		证件号码	65200319××××××××××	
	工作单位	无业		联系方式	138×××××××	
	现住址	××市××区农场七队				
移送单位	无	移送人	无	联系方式	无	
接报民警	吴某 陈某	接报时间	2014 年 10 月 21 日 14 时 11 分	接报地点	××路派出所	

简要案情或者报案记录（发案时间、地点、简要过程、涉案人基本情况、受害情况等）以及是否接受证据：

2014 年 10 月 21 日 14 时 11 分，110 指令：××区农场七队何某家有人打架。出警到达现场了解：报警人何某的妻子梅某与邻居陈某 1、陈某 1 的姐姐陈某 2 和嫂子为琐事发生厮打，后何某用钢管在陈某 1 和陈某 1 的姐姐腿部各打了一下，又用钢管将陈某 1 的后脑勺打伤。

受案意见	属本单位管辖的行政案件，建议及时调解。 陈某　吴某 　　　　　　　　　　　　　　　　　2014 年 10 月 21 日
受案审批	同意受理 受案部门负责人：刘某 　　　　　　　　　　　　　　　　　2014 年 10 月 21 日

一式两份，一份留存，一份附卷。

（2）

××市公安局××区分局
受案回执

何某：

你（单位）与 2014 年 10 月 21 日 14 时 11 分报称 10.21××区农场七队何某家门口殴打他人一案我单位已受理［受理登记文号为××公（宁安）行受案字［2014］236 号］。

你（单位）可通过持本回执单来所查询案件进展情况。

联系人、联系方式：吴某、陈某　　023-385××××

××路派出所

二〇一四年十月二十一日

（印章）

报案人、控告人：何某（捺指纹）2014 年 10 月 21 日

举报人、扭送人：

受案回执一式两份，一份交报案人、控告人、举报人、扭送人，一份留存。

（3）

××市公安局××区分局
立案决定书

××公（宁安）立字［2015］2 号

根据《中华人民共和国刑事诉讼法》第一百零七条之规定，决定对 10.21××区农场七队何×家门口故意伤害案立案侦查。

××市公安局××区分局

二〇一五年二月九日

此联附卷

（4）

××市公安局××区分局
立案告知书

陈某1：

10.21××区农场七队何某家门口故意伤害案一案，我局认为符合立案条件，现立为故意伤害案侦查。

特此告知。

二〇一五年二月九日

（印章）

本告知书已收到。

被告知人：陈某1（捺指纹）2015年2月9日16时采取其他方式告知或者有特殊情况未告知的，注明情况。

办案人：吴某（签名）

2015年2月9日16时

一式两份，一份附卷，一份交被告知人。

（5）

××市公安局××区分局
鉴定聘请书

××公（××）鉴聘［2014］第361号

××市公安局物证鉴定所：

为了查明10.21××区农场七队何某殴打他人一案，根据《公安机关办理行政案件程序规定》第七十二条之规定，特聘请你（单位）对陈某1的伤情进行鉴定，请于2014年11月21日前将书面鉴定意见送交我（分）局。

陈某　吴某

023-385××××

二〇一四年十月二十一日

（印章）

本聘请书已收到

被聘请人：肖某（签名）

2015年1月28日

（印章）

××市公安局××区分局
鉴定意见告知书

××公（××）行鉴告字［2015］第 2 号

陈某 1、何某：

我局聘请有关人员对陈某 1 的伤情进行了<u>人体损伤程度鉴定</u>，鉴定意见是：轻伤二级，根据《公安机关办理行政案件程序规定》第八十一条之规定，如果你对该鉴定意见有异议，可以在三日内提起补充鉴定或者重新鉴定申请，重新鉴定以一次为限。

二〇一五年二月九日
（印章）

本告知书已收到。

被害人或其家属：陈某 1（陈立代签）违法嫌疑人：何某（捺指纹）

2015 年 2 月 9 日　　　　　　　　　2015 年 2 月 9 日

此联附卷

（7）

××市公安局××区分局
证据保全清单

序号	名称	数量	物品特征或场所地址	备注
1	钢管	壹根	钢管为暖气管、银色、钢管头部带弯头、长58厘米，直径2厘米	

当事人或者见证人：何某（签名）　　时间：2014年10月21日

保管人：宋某　　　　　　　时间：2014年10月21日

办案人：陈某　刘某　郭某　吴某

　　　　　　　　时间：2014年10月21日

　　　　　　　　（印章）

一式三份，一份交持有人，一份交保管人，一份附卷。

（8）

××市公安局××区分局
传唤证
（副本）

××公（刑）传唤字［2015］第 57 号

根据《中华人民共和国刑事诉讼法》第一百一十七条第一款之规定，兹传唤涉嫌故意伤害罪的犯罪嫌疑人何某（性别男，出生日期 1962 年 08 月 11 日，住址××市××区农场七队）于 2015 年 02 月 10 日 11 时 00 分到××市公安局××区分局宁安路派出所接受讯问。无不正当理由拒不接受传唤的，可以依法拘传。

二〇一五年二月十日
（印章）

本证已于 2015 年 2 月 10 日收到

被传唤人：何某（捺指纹）

被传唤人到达时间：2015 年 2 月 10 日 11 时

被传唤人：何某（捺指纹）

传唤结束时间：2015 年 2 月 10 日 13 时

被传唤人：何某（捺指纹）

此联附卷

（9）

××市公安局××区分局
传唤证

××公（××）行传字［2014］第 37 号

麦某：
因你涉嫌殴打他人，根据《中华人民共和国刑事诉讼法》第八十二条第一款之规定，先传唤你于 2014 年 10 月 30 日 10 时 30 分到××路派出所接受询问。
无不正当理由拒不接受传唤或逃避传唤的，依法强制传唤。

二〇一四年十月二十一日
（印章）

被传唤人到达时间：2014 年 10 月 30 日 12 时 50 分

被传唤人（签名捺印）：麦某

被传唤人离开时间：2014 年 10 月 30 日 16 时 40 分

被传唤人（签名捺印）：麦某（捺指纹）

领导审批意见	同意传唤	
	领导：刘某	2014 年 10 月 30 日

一式两份，一份交被传唤人，一份附卷

10

×× 市公安局 ×× 区分局
取保候审决定书
（副本）

××公（宁安）取保字［2015］第 28 号

犯罪嫌疑人：何某，性别男，出生日期 1962 年 08 月 11 日，住址 ×× 市 ×× 区农场七队，单位及职业：无业，联系方式：138×××7760。

我局正在侦查 10.21 西林区农场七队何某故意伤害案，因犯罪嫌疑人取保候审不致发生社会危险性，根据《中华人民共和国刑事诉讼法》第六十五条第一款第二项和六十六条之规定，决定对其取保候审，期限从 2015 年 02 月 28 日起算，犯罪嫌疑人交纳保证金（大写）伍仟元。

二〇一五年二月二十七日
（印章）

本决定书已收到（捺指纹）
被取保候审人：何某
2015 年 2 月 27 日

此联附卷

被取保候审人义务告知书

根据《中华人民共和国刑事诉讼法》第六十九第一款的规定，被取保候审人在取保候审期间应当遵守以下规定：

（一）未经执行机关批准不得离开所居住的市、县；

（二）住址、工作单位和联系方式发生变动的，在二十四小时内向执行机关报告；

（三）在传讯的时候及时到案；

（四）不得以任何形式干扰证人作证；

（五）不得毁灭、伪造证据或者串供；

根据《中华人民共和国刑事诉讼法》第六十九条第二款的规定，被取保候审人还应遵守以下规定：

（一）不得进入_____等场所；

（二）不得与_____回见或通信；

（三）不得从事_____等活动；

（四）将_____证件交扣

行机关保存，被取保候审人在取保候审期间违反上述规定，已交纳保证金的

由公安机关没收部分或全部保证金，并且区别情形，责令取保候审人具结悔过，重新交纳保证金、提出保证人，或者监视居住、予以逮捕。

本告知书已收到。

被取保候审人（签名捺印）：何某（捺指纹）

2015 年 2 月 27 日

一式三份，一份附卷，一份交被取保候审人，一份交执行机关

（12）

> **××市公安局××区分局**
> **起诉告知书**
>
> 陈某1、何某：
>
> 　　10.21××区农场七队何某故意伤害一案，我局认为犯罪事实清楚。证据确实充分，足以认定，现侦查结束、拟移送起诉。
>
> 　　特此告知。
>
> 二〇一五年三月一日
> （印章）
>
> 本告知书已收到。
>
> 　　被告知人（签名）：陈某1、何某（捺指纹）
> 　　2015 年 3 月 1 日 17 时
> 采取其他方式告知或者有特殊情况未告知的，注明情况；
>
> 　　办案人：吴某
>
> 2015 年 3 月 1 日 17 时

一式两份，一份附卷，一份交被告知人。

（13）

××市公安局××区分局
起诉意见书

××公（刑）诉字［2015］第 02 号

犯罪嫌疑人：何某，男，1962 年 08 月 11 日生，汉族，小学，居民身份证号码：652003×××××××××××，现住址：××市××区农场七队，工作单位无。

犯罪嫌疑人何某因涉嫌故意伤害罪于 2015 年 02 月 27 日被我局取保候审，并责令交纳保证金 5000 元。

聘请律师情况：犯罪嫌疑人何某没有聘请律师。

××区农场七队何某故意伤害一案由何某报案至我局，我局于 2015 年 02 月 10 日收到被侵害人陈某 1 法医鉴定意见书，并于当日予以立案，并将犯罪嫌疑人何某抓获归案。

经依法侦查查明：2014 年 10 月 21 日 14 时许，何某的妻子梅英与邻居陈某 1 和陈某 1 的姐姐陈某为琐事发生厮打，后何某用钢管在陈某 1 和陈某的腿部各打了一下，又用钢管将陈某 1 的后脑勺打伤。2015 年 02 月 05 日，××市公安局物证鉴定所对受害人陈某 1 的伤情进行鉴定，陈某 1 的人体损伤程度为轻伤二级，现转为刑事案件办理。

认定上述犯罪事实的证据如下：被害人陈某 1 的陈述和申辩、证人证言、犯罪嫌疑人何某的供述和辩解以及鉴定文书等证据予以证实。

上述犯罪事实清楚，证据确实、充分，足以认定。

（14）

综上所述，犯罪嫌疑人何某的行为触犯了《中华人民共和国刑法》第 234 条第 1 款之规定，涉嫌故意伤害罪，根据《中华人民共和国刑事诉讼法》第 160 条之规定，拟将此案移送审查起诉追究何某的刑事责任。

此致
××区人民检察院

××市公安局××区分局

二〇一五年三月三日

（印章）

（15）

××市公安局××区分局
询问通知书
（副本）

××公（刑）询通字［2015］第 308 号

陈某 1：

我局正在办理的 10.21××区农场七队何某故意伤害案，为查明案件事实，根据《中华人民共和国刑事诉讼法》第一百二十二条之规定，通知你与 2015 年 02 月 10 日 00 分到××路派出所接受询问。

××市公安局××区分局
二〇一五年二月十日
（印章）

本通知书已收到（捺指纹）

　　被询问人（签名）：陈某 1
　　2015 年 2 月 10 日

此联附卷

（16）

犯罪嫌疑人诉讼权利义务告知书

根据《中华人民共和国刑事诉讼法》的规定，在公安机关对案件进行侦查期间，犯罪嫌疑人有如下诉讼权利和义务：

1. 不通晓当地通用的语言文字时有权要求配备翻译人员，有权用本民族语言文字进行诉讼。

2. 对于公安机关及其侦查人员侵犯其诉讼权利和人身侮辱的行为，有权提出申诉或者控告。

3. 对于侦查人员、鉴定人、记录人、翻译人员有下列情形之一的，有权申请他们回避：（一）是本案的当事人或者是当事人的近亲属的；（二）本人或者他的近亲属和本案有利害关系的；（三）担任过本案的证人、鉴定人、辩护人、诉讼代理人的；（四）与本案当事人有其他关系，可能影响公正处理案件的。对于驳回申请回避的决定，可以申请复议一次。

4. 自接受第一次讯问或者被采取强制措施之日起，有权委托律师作为辩护人。经济困难或者有其他原因没有委托辩护人的，可以向法律援助机构提出申请。

5. 在接受传唤、拘传、讯问时，有权要求饮食和必要的休息时间。

6. 对于采取强制措施超过法定期限的，有权要求解除强制措施。

7. 对于侦查人员的提问，应当如实回答。但是对与本案无关的问题，有拒绝回答的权利。在接受讯问时有权为自己辩解。如实供述自己罪行的，可以从轻处罚；因如实供述自己罪行，避免特别严重后果发生的，可以减轻处罚。

8. 核对讯问笔录的权利，笔录记载有遗漏或者差错，可以提出补充或者改正。

9. 未满 18 周岁的犯罪嫌疑人在接受讯问时有要求通知其法定代理人到场的权利。

11. 依法接受拘传、取保候审、监视居住、拘留、逮捕等强制措施和人身检查、搜查、扣押、鉴定等侦查措施。

（17）

12. 公安机关送达的各种法律文书经确认无误后，应当签名、捺指印。

13. 有权知道用作证据的鉴定意见的内容，可以申请补充鉴定或重新鉴定。

犯罪嫌疑人签名：何某

时间：2015. 2. 10（捺指纹）

此告知书在第一次讯问犯罪嫌疑人或对其采取强制措施之日交给犯罪嫌疑人，并在第一次讯问笔录中记明或责令犯罪嫌疑人在强制措施文书附卷联中签注。

（18）

被害人诉讼权利义务告知书

据《中华人民共和国刑事诉讼法》的规定，在公安机关对案件进行侦查期间，被害人有如下权利和义务：

1. 不通晓当地通用的语言文字时有权要求配备翻译人员，有权用本民族语言文字进行诉讼。

2. 对于公安机关及其侦查人员侵犯其诉讼权利或者进行人身侮辱的行为，有权提出申诉或者控告。

3. 因在诉讼中作证，人身安全面临危险的，可以向公安机关请求对本人或其近亲属予以保护。

4. 对于侦查人员、鉴定人、记录人、翻译人员有下列情形之一的，被害人及其法定代理人有权申请回避：（一）是本案的当事人或者是当事人的近亲属的；（二）本人或者他的近亲属和本案有利害关系的；（三）担任过本案的证人、鉴定人、辩护人、诉讼代理人的；（四）与本案当事人有其他关系，可能影响公正处理案件的。对驳回申请回避的决定，可以申请复议一次。

5. 有权核对询问笔录。如果记载有遗漏或者差错，有权提出补充或者改正，经核对无误后，应当在询问笔录上逐页签名、捺指印。有权自行书写亲笔证词。

6. 未满18周岁的被害人在接受询问时有权要求通知其法定代理人到场。

7. 由于被告人的犯罪行为而遭受物质损失的，有权提起附带民事诉讼。

8. 公安机关对被害人的报案作出不予立案决定的，被害人如果不服，可以申请复议。被害人认为公安机关对应当立案侦查的案件而不立案侦查的，有权向人民检察院提出。

9. 有权知道用作证据的鉴定意见的内容，可以申请补充鉴定或重新鉴定。

10. 知道案件情况的有作证的义务。

11. 应当如实地提供证据、证言，有意作伪证或者隐匿罪证应负相应的法律责任。

本告知书在第一次询问时交被害人，并在第一次询问笔录中记明情况。

陈某 1（签名）（捺指纹）2015.2.10

（19）

询问笔录（第1次）（捺指纹）

时间　2014 年 10 月 21 日 15 时 45 分至 2014 年 10 月 21 日 16 时 51 分

地点　××市公安局××区分局××路派出所办案区

询问人（签名）　刘某、郭某　　工作单位　××区分局××路派出所

记录人（签名）　刘某　工作单位　××区分局××路派出所

被询问人　何某　性别　男　年龄　52　出生日期　1962-08-11

身份证件种类及号码　居民身份证 652003××××××××××　现住址　××市西林区农场七队　联系方式　138××××7760　户籍所在地　××市西林区四方路派出所集体户×号

(口头传唤/被扭送/自动投案的被讯问人 10 月 21 日 15 时 40 分到达，10 月 21 日 17 时 30 分离开，本人签名　何某　　　　　　　　　　。)

问：我们是××市公安局××区分局××路派出所的民警（出示工作证件），因你涉嫌殴打他人，根据《中华人民共和国治安管理处罚法》第 82 条第 1 款，口头传唤你到××市公安局××区分局××路派出所接受询问，你听明白了吗？

答：我听明白了。

问：现依法向你询问，你应当如实回答，对与案件无关的问题，你有拒绝回答的权利，你有要求办案人员或者公安机关负责人回避的权利，有陈述

刘某 郭某　　　何某（捺指纹）　　第 1 页　共 5 页

（20）

和申辩的权利，以上权利义务，你听清楚了吗？

答：清楚了。

问：这是一份《公安行政案件权利义务告知书》。你看下，如果不能阅读，我们可以向你宣读。

答：我能阅读（阅读约 5 分钟）。

问：你有什么要求吗？

答：没有。

问：你的个人情况？

答：我叫何某，曾用名无，男，1962 年 8 月 11 日，汉族，小学文化程度，户籍所在地××市西林区四方路派出所集体户 6 号，现住××市西林区农场七队，现在无工作，居民身份证号码 652003××××××××××××，联系电话 138×××× 7760。

问：你的家庭主要成员？

答：妻子叫梅某，52 岁，在家务农；儿子：何某兵，27 岁，现在××水泥厂工作；女儿：何某莲，22 岁，现在××信息工程大学上学。

问：你的个人简历？

答：1986 年 10 月份在××水泥厂参加工作，1999 年 12 月份从××市××县老家搬迁至××市××区农牧场七队举止，2005 年将我在××水泥厂的工龄买断，

之后一直在××打工。

（21）

问：你是否是人大代表或政协委员？

答：我不是。

问：你是否有严重的传染性疾病？

答：没有。

问：你以前是否受过刑事处罚、行政拘留或者有被劳动教养、收容教育、强制戒毒、收容教养等情况？

答：没有。

问：你今天应核实被传唤至××市公安分局××路派出所的？

答：因我打架了。

问：你把事情的经过讲一下？

答：2014 年 10 月 21 日下午 1 时许，我在××市路政一公司干活的时候，我妻子梅某给我打电话说她被邻居陈某 1 打了，然后我骑着自行车赶到家门口看见陈某 1 和陈某 1 的姐姐、嫂子（她俩叫什么名字我不知道）在打我妻子梅某，陈某 1 的侄子（名字我不知道）在旁边劝架，我过去拉她们，在拉架过程中陈某 1 的姐姐用手将我的脸抓烂了，然后我到我家院子里拿了一根钢管，我拿着钢管跑出去朝陈某 1 的腿上打了一下，这时陈某 1 的姐姐扑过来准备打我，我用钢管在陈某 1 的姐姐腿部打了一下，然后我妻子过来厮打陈某 1 的姐姐，陈某 1 又向我扑来，我用钢管在陈某 1 的后脑勺打了一下，陈某 1 就倒在地上了，我们再没有动手打架，我就拨打了"120"和"110"

（22）

报警了。紧接着陈某 1 的母亲、婶子、姐夫等亲戚来了，陈某 1 的姐夫抓住我的衣领不放，我对他说我已经报警了，让他把我松开，等警察来了再处理，陈某 1 的姐夫将我松开后不一会你们派出所的警察就来了，然后我就到你们派出所了。

问：你们为什么要打架，你们之间有什么矛盾？

答：我们没有矛盾，就因为陈某1和她姐姐、嫂子打我妻子，我过去拉架的时候陈某1的姐姐将我的脸抓伤，我才拿钢管打他们的。

问：你妻子为什么和陈某1、陈某1的姐姐和嫂子打架呢？

答：我也不清楚她们因何事打架。

问：你都动手打谁了？

答：我用钢管陈某1在和陈某1的姐姐的右腿上各打了一下，又用钢管在陈某1的后脑勺打了一下。

问：都谁动手打你了？

答：陈某1的姐姐用手在我的右脸抓了一下，将我的脸皮抓破。

问：除了你是否还有其他人受伤？

答：我妻子梅某的脸部被陈某1她们抓烂了，头部被陈某1的姐姐用铁锹打伤了，陈某1的后脑勺被我用钢管打伤了，陈某1的姐姐脸流血了，不知道是谁打的，我只用钢管在她右腿上打了一下。

问：钢管现在何处？

       刘某   郭某   （捺指纹）何某   第 4 页 共 5 页

（23）

答：交给你们警察了。

问：你是否申请作伤情鉴定？

答：不申请。

问：你还有什么需要补充说明的吗？

答：没有了。

问：你以上所讲是否属实？

答：属实。

问：你是否有阅读能力？

答：没有。

问：以上笔录我们将按原文念给你听。如果记录有误请你指出来，我们即给予更正，请你确认记录无误后再在记录上逐页签名。

答：好的。

以上笔录向我原文宣读，和我讲的符合。

何某（捺指纹）　2014.10.21

刘某、郭某

（24）

讯问笔录（第 1 次）（捺指纹）

时间　2015 年 02 月 10 日 11 时 54 分至 2015 年 02 月 10 日 12 时 20 分

地点　××路派出所办案区

讯问人　张某、郭某　工作单位　××市公安局××区分局××路派出所

记录人　张某　　　　工作单位　××市公安局××区分局××路派出所

被讯问人　何某　性别　男　年龄　52　出生日期　1962 年 08 月 11 日

身份证件种类及号码　居民身份证 652003×××××××××××　☑是□否人

大代表　现住址　××市西林区农场 7 队　　联系方式　138×××7760

户籍所在地　××市××区××路派出所集体户×号

问：我们是××市公安局××区分局××路派出所的民警（出示工作证件），现依法对你进行讯问，你应当如实回答我们的提问，对无关的问题，你有拒绝回答的权利，你听明白了吗？

答：听明白了。

问：根据刑事诉讼法的有关规定，你有以下权利义务（向当事人宣读《犯罪嫌疑人诉讼权利义务告知书》，并将《犯罪嫌疑人诉讼权利义务告知书》送交当事人），你对你的权利义务是否清楚？

答：我清楚了。

问：是否申请有关人员回避？

张某　郭某

25

答：不申请。

问：你有权委托律师作为辩护人，你现在是否要委托律师？

答：不需要委托律师。

问：经济困难或者有其他原因没有委托辩护人的，你可以向法律援助机构提出申请，清楚吗？

答：清楚了。

问：你的个人情况？

答：我叫何某，曾用名无，男，1962 年 08 月 11 日出生，汉族，小学文化程度，户籍所在地××市××区××路派出所集体户×号，现住××市××区农场七队，无工作，居民身份证号码 652003×××××××××××，联系电话 138××××7760。

问：你的籍贯和出生地？

答：我的籍贯和出生地都在××市××县××乡。

问：你的家庭主要成员？

答：妻子梅某，52 岁，现在家务农；儿子：何某兵，27 岁，现在××市水泥厂工作；女儿：何某莲，22 岁，现在××信息工程大学上学。

问：你的社会经历？

答：1986 年 10 月份在××水泥厂参加工作，1999 年 12 月份从××市××县老

张某　郭某　　何某（捺指纹）　第 2 页　共 5 页

家搬迁至××市××区农场七队居住，2005 年将我在××水泥厂工龄买断，之后一直在××打工。

问：你是否是人大代表或政协委员？

答：我不是。

问：你是否有严重的传染性疾病？

答：没有。

问：你以前是否受到刑事处罚、行政拘留或者被劳动教养、收容教育、

强制戒毒、收容教养等情况？

答：没有。

问：你把殴打陈某1一事的经过讲一下？

答：2014年10月21日下午1时许，我在××市路政一公司干活的时候，我妻子梅某给我打电话说她被邻居陈某1打了，让我赶紧回去，然后我骑着自行车赶到家门口看见陈某1和陈某1的姐姐、嫂子（他俩叫什么名字我不知道）在打我妻子梅某。陈某1的侄子（名字我不知道）在旁边劝架，我过去拉她们，我在拉架的过程中陈某（陈某1的姐姐）用手将我的脸抓烂了，然后我到我家院子里拿了一根钢管，我拿着钢管跑出去朝陈某的腿上打了一下，这时陈某扑过来准备打我，我用钢管在陈某腿部打了一下，然后我妻子过来厮打陈某，陈某1又向我扑来，我用钢管在陈某1的后脑勺打了一下，陈某1就倒在地上，我们再没有动手打架，我就拨打了"120、110"报警了，

张某　郭某　　　　　何某（捺指纹）　第3页　共5页

（27）

紧接着陈某1母亲、婶子、姐夫等亲戚来了。陈某1的姐夫抓住我的衣领不放，我对他说我已经报警了，让他把我松开，等警察来了再处理，陈某1的姐夫将我松开，不一会你们派出所的警察就来了，然后我就到你们派出所了。

问：你是怎么打陈某1的？

答：我用钢管先在她的腿部（具体打在她哪个腿上我不记得了）打了一下，接着又用钢管在她后脑勺打了一下。

问：都谁动手打你了？

答：就陈某1的姐姐用手将我的右脸颊抓伤，抓了三道血印。

问：现向你告知陈某1的鉴定结果为轻伤二级你听清楚了吗？

答：听清楚了，本人并看了鉴定文书。

问：你对鉴定文书有异议吗？

答：我没有异议。

问：你还有什么需要补充说明的？

答：没有了。

问：你以上所讲的是否属实？

答：属实。

问：你有阅读能力吗？

何某（捺指纹　签名）　　张某　郭某　　第4页　共5页

（28）

答：有。

问：以上内容请你阅读，如果有误请指出来，我们更正，请在确认无误后在笔录上逐页签名。

答：好的。

　　以上笔录我看过和我说的相符

　　何某（捺指纹　签名）2015.2.10

张某　　　郭某

第5页　共5页（捺指纹）

（29）

询问笔录（第一次）（捺指纹）

时间　2015年02月10日11时54分至2015年02月10日12时20分

地点　××路派出所办案区

询问人　陈某、吴某　　工作单位　××市公安局××区分局××路派出所

记录人　陈某　　　　　工作单位　××市公安局××区分局××路派出所

被询问人　梅某　性别　女　年龄　51　出生日期　1962年12月21日

身份证件种类及号码　居民身份证652023××××××××××

□是☑否人大代表

现住址　××市××区农场七队　　联系方式　182×××6861

户籍所在地　××市××区××路派出所集体户×号

问：我们是××市公安局××区分局××路派出所的民警（出示工作证件），因你涉嫌殴打他人，根据《中华人民共和国治安管理处罚法》第82条第1款，传唤你到××市公安局××区分局××路派出所接受询问，你听明白了吗？

答：听明白了。问：现依法向你询问，你应当如实回答，与案件无关的问题，你有拒绝的权利，你有要求办案人员或者公安机关负责人回避的权利，有陈述和申辩的权利，以上权利义务，你清楚了吗？

答：我清楚了。

（捺指纹）梅某（儿子何某兵代签）　　陈某、吴某

（30）

问：你有什么要求吗？

答：没有。

问：你的个人情况

答：我叫梅某，曾用名无，女，1962 年 12 月 21 日出生，汉族，文盲，户籍所在地××市××区××路派出所集体户×号，籍贯××市××县××乡××村，现住××市××区农场七队，无工作，居民身份证号 652023×××××××××××，联系电话 182×××6861。

问：你的家庭主要成员？

答：丈夫何某，今年 57 岁，现在家务农；女儿何某莲，今年 23 岁，在天津上大学；儿子何某兵，今年 27 岁，在××市水泥厂工作。

问：根据有关法律规定公安机关应当及时将传唤的原因和处所通知你的家属，我们如何通知你的家属？

答：我不用通知我的家属，我丈夫知道我在你们派出所。

问：你的个人简历？

答：1997 年从老家搬迁至××市××区农场七队，一直在家务农。

问：你之前是否受过刑事处罚、行政拘留或者有被劳动教养、收容教育、强制戒毒、收容教养等情况？

答：没有。

陈某　　吴某　　　　　（捺指纹）梅某（儿子何某兵代签）

（31）

问：你因何事被传唤至××市公安局××区分局××路派出所的？

答：因我打架的事情。

问：你把事情的经过讲一下？

答：2014 年 10 月 21 日 12 时许，我在家里做饭时，听见陈某 1 在我家大门口叫我，我出去她对我说"你给我母亲说我传你的闲话了"。我说没有，她就开口骂我，我也骂她，我和她对骂了几句，我就在我家门口拿了一把铁锹准备打她，她抓住我的铁锹和我争夺，在争夺的时候铁锹撞在了我的眼眶上，她把铁锹抢过去扔进了我家的羊圈，我和她开始相互厮打，在厮打过程中我用手将她的脸部抓伤。

答：我用手将陈某 1 的脸抓伤了，在我和她互相抢铁锹的时候，铁锹也把我的左眼睛撞青了。

问：之后参与打架的人都有谁？

答：就我、我丈夫和陈某 2。

问：你动手了吗？

答：我动手了，我撕扯陈某 1 和陈某 2 了，我没有把她们都扯伤。

问：你和陈某 2 互相抢铁锹的时候何某在干什么？

答：何某把陈某 1 打倒后就在旁边站着没有动手。

问：何某都动手打了谁，打在什么部位？

答：他就把陈某 1 一个人打了，他用钢管在陈某 1 的后脑勺上打了一下。

陈某　　吴某　　　　　　（捺指纹）梅某（儿子何某兵代签）　　　第 3 页　共 5 页

（32）

问：何某打架用的钢管从哪儿拿的？

答：在我家院子里拿的。

问：何某拿的钢管是什么样子的？

答：是一根银白色的钢管，长 80 厘米左右，粗 3 厘米左右。

问：都谁受伤了，什么部位受伤了，伤势如何？

答：我和陈某 1 抢铁锹的时候受伤了，铁锹将我的左眼睛撞青了，我的头顶被陈某 2 用铁锹打破缝针了（具体缝了几针我不知道），陈某 1 的后脑勺被我丈夫何某用铁锹打伤。

问：陈某 2 的左手背和右腿的伤是谁造成的？

答：她左手背的伤是在和我互相抢铁锹的时候，她摔到渠里碰到水泥板蹭伤的，腿上的伤我不知道。

问：铁锹和钢管现在何处？

答：在我家院子放着，钢管当时被你们警察拿走了。

问：你是否申请作伤情鉴定？

答：我不申请。

问：你还有什么需要补充说明的吗？

答：没有了。

问：你以上所讲是否属实？

答：属实。

陈某　吴某　　　（捺指纹）梅某（儿子何某兵代签）　　　第 4 页　共 5 页

（33）

问：你是否有阅读能力？

答：没有。

问：以上笔录我们将按原文念给你听，如果记录有误请你指出来，我们即给予更正，请你确认记录无误后并在笔录上逐页签名。

答：好的。

以上记录已向我原文宣读过，和我说的相符。

（捺指纹）梅某（儿子何某兵代签）

2014. 10. 30.

陈某　　吴某

（捺指纹）第 5 页　共 5 页

（34）

询问笔录（第一次）（捺指纹）

时间　2015 年 02 月 10 日 10 时 42 分至 2015 年 02 月 10 日 11 时 22 分

地点　××路派出所办案区

询问人　张某、郭某　工作单位　××市公安局××区分局××路派出所

被询问人　陈某 1　性别　女　年龄　39　出生日期　1975 年 03 月 15 日

身份证件种类及号码　居民身份证 65203×××××××××××

现住址　××市××区农场七队　联系方式　155×××6861

户籍所在地　××市××区××乡××村

问：我们是××市公安局××区分局××路派出所的民警（出示工作证件），现依法向你询问有关问题，根据刑事诉讼法的有关规定，你应当如实提供证据、证言，如果有意作伪证或者隐匿罪证的，要负法律责任，你听明白了吗？

答：明白。

问：现向你宣读《被害人诉讼权利义务告知书》（向当事人宣读《被害人诉讼权利义务告知书》，并将《被害人诉讼权利义务告知书》送交当事人），你对你的权利义务是否清楚？

答：清楚了。

问：你的个人情况？

答：我叫陈某 1，曾用名无，女，1975 年 3 月 15 日出生，汉族，文盲，户籍所在地××市××区××乡××村，现住××市××区农场 7 队，现在无工作，身份

（捺指纹）陈某 1（陈鹏代签 ）　　张某、郭某　　　　　第 1 页　共 3 页

（35）

证号码 652031×××××××××××，联系电话 155×××6861。

问：你今天来××区分局××路派出所有什么事吗？

答：我被邻居何某和他的妻子打了，我今天来说明情况。

问：你把事情的经过讲一下？

答：2014 年 10 月 21 日 13 时许，我拉着电动车从位于××××农场的家出来准备去打工的时候，梅某拿着一把铁锹站在我家门口，在我走出去后梅某

啥话没说就用手里的铁锹在我后背和腹部打了几下，将我打倒了，然后她就跑到她家房子后面开始骂我，内容我没听清，这时候我姐陈某2过来叫我和她一起去干活，陈某2看见我被打了，就走到梅某跟前问她为什么打我，我起来往她俩跟前走，我侄子陈某3也走了过来，陈某2问梅某为什么要打我，梅某啥话没说将陈某2的衣领抓住，我在旁边站着，我侄子陈伟就拉开梅某和陈某2，陈伟把她俩拉开后，我和陈某3、陈某2往我家门口走的时候，我看见何某骑着自行车回来了，何某把自行车停在他家门口从他家院子里走了进去，紧接着何某手里拿了一根钢管从院子里出来对他老婆喊道"打"，何某就向我跑了过来，然后何某就用钢管打的我的后背、腹部、小腿和头部位置，我就用手护住我的头部，我看见梅某用铁锹打我姐，我侄子陈某3在旁边拉

（捺指纹）陈某1（陈鹏代签）　　　张某　郭某　　　　　　第 2 页　共 4 页

（**36**）

她俩，何军用钢管在我后脑勺打了一下，当时我就被打晕了，后面的事我就不知道了，等我醒来后我已经在医院了。

问：你为什么现在才来派出所说明情况？

答：因我受伤了，我在医院看病。

问：梅某为什么打你，你们有什么矛盾？

答：我不知道她为什么打我，我们也没有矛盾。

问：事发当天 12 时许你有没有到梅某出来？

答：没有。

问：当时动手打人的都是谁？

答：就何某和梅某。

问：你有没有还手？

答：没有。

问：梅某在你家门口用铁锹打你的时候你有没有抢她手中的铁锹？

答：没有。

问：你姐陈某2有没有动手打人？

答：没有。

问：你侄子有没有动手打人？

答：没有。

问：陈某 2 有没有动手抢铁锹？

（捺指纹）陈某 1（陈鹏代签）　　张某　郭某　　　　　　第 3 页　共 4 页

（37）

答：没有。

问：何某和梅某用什么东西打你们的？

答：梅某用铁锹，何某用的一根钢管。

问：梅某拿的铁锹是什么样的，从什么地方拿的？

答：铁锹长大概 1 米，锹头是圆的，从什么地方拿的我不知道。

问：何某拿的钢管是什么样的？

答：我没看清。

问：都谁受伤了，什么部位受伤及伤势如何？

答：我和我姐姐都受伤了。

问：梅某眼睛上的伤是怎么造成的？

答：我不知道。

问：当时都有谁在场？

答：再没有了。

问：你是否申请作伤情鉴定？

答：我已经作了伤情鉴定。

问：你还有什么需要补充说明的？

答：没有了

问：你以上所述是否属实？

答：属实。

张某 郭某（捺指纹）陈某 1（陈某 4 代签）　　　　　　第 4 页　共 4 页

（38）

问：你受否有阅读能力？

答：没有。

问：以上笔录我会向你如实宣读，如果记录有误请你指出来，我们及给予更正，确认无误后再在笔录上逐页签名。

答：好的。

以上笔录已向我原文宣读过，和我说的相符。

（捺指纹）陈某1（陈某4代签）　2015.1.27

张某　　郭某

（捺指纹）第 4 页　共 4 页

（**39**）

询问笔录（第二次）（捺指纹）

时间　2015 年 02 月 15 日 10 时 32 分至 2015 年 02 月 15 日 11 时 12 分

地点　××路派出所办案区

询问人　张某、郭某　工作单位　　××市公安局××区分局××路派出所

被询问人　陈某1　性别　女　年龄　39　出生日期　1975 年 03 月 15 日

身份证件种类及号码　居民身份证 652031×××××××××××

现住址　××市××区农场七队　　联系方式　　155×××6861

户籍所在地　　××市××区××乡××村

问：我们是××市公安局××区分局××路派出所的民警（出示工作证件），现依法向你询问有关问题，根据刑事诉讼法的有关规定，你应当如实提供证据、证言，如果有意作伪证或者隐匿罪证的，要负法律责任，你听明白了吗？

答：明白。

问：向你宣读《被害人诉讼权利义务告知书》（向当事人宣读《被害人诉讼权利义务告知书》，并将《被害人诉讼权利义务告知书》送交当事人），你对你的权利义务是否清楚？

答：清楚了。

问：你的个人情况？

答：我叫陈某1，曾用名无，女，1975年03月15日出生，汉族，文盲，

（捺指纹）陈某1（陈某4代签）　　　张某、郭某　　　　第1页　共3页

（40）

户籍所在地，××市西林区新营乡长义村。现住××市西林区农场7队，现在无工作，身份证号码65203××××××××××，联系电话1553509××××。

问：你今天来××市公安局××区分局××路派出所有什么事吗？

答：2014年10月21日，我在××区农场何某家门口被他打了，我的伤情鉴定作出来了，今天我来派出所说明情况。

问：何某是怎么打你的？

答：他用钢管在我的胳膊、左腿、胸部、背部各打了几下，用钢管在我的头顶打了三下，头顶没有打烂，最后又在我的后脑勺打了一钢管，将我的后脑勺打烂了。

问：你动手打何某了吗？

答：我没有动手。

问：你姐姐陈某2有没有动手？

答：没有。

问：陈某2是否将何某的脸部抓伤了？

答：没有。

问：根据法医伤情鉴定，你现在清楚你的伤情了吗？

答：我不知道。

问：2015年1月28日××市物证鉴定所对你的伤情鉴定，你的伤情结果为

（捺指纹）陈某1（弟弟陈某4代签）　　　张某、郭某　　　　第2页　共3页

（41）

轻伤二级，你现在清楚了吗？

答：我清楚了。

问：根据法律规定，轻伤害案件要到××区法院自诉，你是否愿意到××区

法院自诉?

答：对方不和我谈，我要求公诉。

问：你还有什么补充说明的吗?

答：没有了。

问：你以上所述是否属实?

答：属实。

问：你是否有阅读能力?

答：没有。

问：以上笔录我会向你如实宣读，如果记录有误请你指出来，我们及时给予更正，确认无误后再在笔录上逐页签名。

答：好的。

以上笔录已向我原文宣读，和我说的相符。

（捺指纹）陈某1（弟弟陈某4代签）

2015. 2. 15.

张某、郭某

第 3 页　共 3 页

（42）

常住人口详细信息

姓名	何某	公民身份证号码	652003××××××××××	
曾用名		性别	男	
民族	汉	出生日期	1962.08.11	
户口类别		与户主关系	户主	照片
监护人一姓名		监护人一公民身份号码		
监护人一监护关系		监护人二公民身份号码		
监护人二姓名		监护人二监护关系		
父亲姓名		父亲公民身份号码		
母亲姓名		母亲公民身份号码		
配偶姓名		配偶公民身份号码		
宗教信仰		文化程度	高中毕业	
婚姻状况		兵役状况	退出现役	
身高	170厘米	血型	O型	
职业		职业类别		
户籍住址		××市××区××路派出所集体户×号		
其他住址				
服务处所				

注：此件下载于××公安人口信息查询系统，经当事人核对后无误。

提取人：陈某

核对人：吴某

2014.10.21

（印章）

（43）

××市公安局××区分局
接受证据材料清单

序号	名称	证据数量	特征	备注
1	钢管及诊断证明书	5张		陈某1在××市第一人民医院的门诊病历及疾病诊断证明书

提交人：
时间： 年 月 日
保管人：
时间： 年 月 日

受案民警：陈某 吴某
　　　　　××路派出所
2014 年 10 月 22 日
（印章）

一式三份，一份交提交人，一份交保管人，一份附卷。

（44）

××市公安局××区分局

接受证据材料清单

序号	名称	证据数量	特征	备注
1	病历	2张		梅某在××市第一人民医院的门诊病历。

提交人：
时间：　年　月　日
保管人：
时间：　年　月　日

受案民警：陈某　吴某
××路派出所
2014 年 10 月 30 日
（印章）

　　一式三份，一份交提交人，一份交保管人，一份附卷。

（45）

××市公安局××区分局
接受证据材料清单

序号	名称	证据数量	特征	备注
1	病历	2 张		陈某 1 在自治区人民医院的门诊病历

提交人： 时间：　年　月　日 保管人： 时间：　年　月　日	受案民警：陈某　吴某 ××路派出所 2014 年 10 月 22 日 （印章）

　　一式三份，一份交提交人，一份交保管人，一份附卷。

（46）

抓获经过

　　抓获人员：何某，男，1962 年 08 月 11 日出生，汉族，小学文化程度，身份证号码：652003××××××××××××，户籍所在地：××市××区××路派出所集体户×号，现住××市××区农场 7 队，身高约 170 厘米，中等身材，花白头发，肤色较黑，到案时身穿灰色夹克衫，黑色西裤。

到案方式：口头传唤到案。

线索来源：嫌疑人报案。

到案经过：2014 年 10 月 21 日 12 时 11 分，接 110 指令：××区农场七队何某家有人打架，出警到达现场了解：报警人何某的妻子梅某与邻居陈某 1，陈某 1 的姐姐陈某 2 因琐事发生厮打，后何某用钢管将陈某 1 的后脑勺打伤。我所民警现场将放任何某抓获，并以当日 15 时 40 分将何某口头传唤回派出所审查，而陈某 1 即被送医院救治。

何某在被抓获过程中，没有反抗、逃跑等行为。

涉案物品：钢管 1 根。

办案民警：张某　吴某

××区公安分局××路派出所

二〇一四年十月二十一日

（印章）

鉴 定 文 书

滨公（ ）鉴（ ）字［201511330］ 号

×× 市公安局

物证鉴定所

（48）

本鉴定机构声明：

1. 本鉴定文书的鉴定意见仅对受理的检材和样本有效。

2. 如对本鉴定文书的鉴定意见有异议或者疑问，请与本鉴定机构联系。

3. 未经本鉴定机构的书面同意，任何单位或者个人不得部分复印本鉴定书（全部复印除外）。

（49）

××市公安局物证鉴定所

法医学人体损伤程度鉴定书

（滨）公（物）鉴（伤）字［2015］230 号

一、绪论

1. 委托单位：××市公安局××区分局××路派出所。

2. 送检人：陈某、吴某。

3. 受理日期：2015 年 1 月 28 日。

4. 案情摘要：陈某 1 及家人述，2014 年 10 月 21 日 14 时，在××市××区农场七队何某家门口被他人致伤后就诊于××市第一人民医院。

5. 检验对象：陈某 1，女，40 岁，现住址：××市××区农场××队。

6. 送检材料：××市第一人民医院门诊病历两本、住院病历一本，相关 X 线、CT、耳内窥镜检查、纯音听阈测定、稳态听觉系统测试及脑干诱发电位等，疾病诊断证明。

7. 鉴定要求：陈某 1 身体所受损伤程度。

8. 检验日期：2015 年 1 月 28 日。

9. 检验地点：××市公安局物证鉴定所。

二、检验

检验方法，本检验依据 2013 年 8 月 30 日，最高人民法院、最高人民检察院、公安部、国家安全部、司法部联合发布的《人体损伤程度鉴定标准》，法医临床学检查方法。

1. 原始病历资料摘要：

单位名称：××市公安局物证鉴定所 电话：023-×××652   -1-

地址：××市××区×××路××号 邮编6××001

（50）

①××市第一人民医院门诊病历记载：

2014年10月21日，14点40分被人打伤后约半小时（有昏迷史）。查体：神清，精神差，头颅部、后颈部可见一5厘米伤口，流血，左肩、左髋压痛（+）。诊断：多发伤。

2014年10月22日，12点35分头部外伤1天。昨日下午被人用钢管打伤头部，当时有短暂昏迷史，具体时间不详，清醒后头痛、头晕、恶心，逆行遗忘史。查体：神清，左枕头皮裂伤5厘米，已缝合，双瞳孔等大等圆，约3毫米，光反应灵敏，颈软，NS（-）。头颅CT：两次检查未见异常。诊断1.脑震荡，2.头皮裂伤（左枕）。

②××市第一人民医院住院病历（住院号9493）记载：

入院日期：2014年10月22日，12点50分。

出院日期：2014年11月11日，14点00分。

主诉：被人打伤致全身多次疼痛1天。

体格检查：T 36.4℃，P 63次/分，R 24次/分，BP 124/72mmHg，神志清楚，精神正常，自动体位。右侧面颊部皮肤擦伤，左上肢、左下肢皮肤瘀血，发青，头枕部可见一约5厘米规则横行伤口，已缝合。双瞳孔等大等圆，直径3毫米，对光反应灵敏。胸廓对称无畸形，双肺叩诊清音，双肺呼吸音粗，未闻及干湿性啰音。

辅助检查：头颅、胸部CT示：1.头颅CT平扫未见明显异常；2.考虑双下肺创伤性湿肺并双侧少量胸腔积液。耳鼻喉内窥镜诊断报告（2014.11.4，

单位名称：××市公安局物证鉴定所 电话：023-×××652   -2-

地址：××市××区××××路××号 邮编6××001

(51)

ID：141104002）示：左侧鼓膜紧张部可见不规则穿孔，边缘少许血痂，鼓膜未见充血。点听力测定（2014.11.04）：左耳平均听阈为81dBHL，右耳平均听阈为22.2dBHL。

诊疗经过：治疗过程中自觉左耳听力下降，复查内窥镜，提示左耳鼓膜穿孔，建议避免进水及抗感染治疗。

出院诊断：1. 急性闭合性胸部损伤：双侧创伤性湿肺，双侧胸腔积液（少量）；2. 急性闭合性颅脑损伤：脑震荡，头皮裂伤，头皮血肿；3. 全身多次软组织挫伤；4. 左耳外伤性鼓膜穿孔。

③耳鼻喉科复查：耳鼻喉内窥镜诊断：

（2014.12.3，ID：141203001）：左耳鼓膜紧张部穿孔。听觉稳态系统测试（2015.1.28，报告号：2015-0055）：1. 考虑左耳平均听阈约为36dBHL，2. 考虑右耳平均听阈约为25dBHL。脑干诱发电位（2015.1.28，报告号：2015-0033）示：考虑双耳大致正常。

2. 临床法医学检验及诊断：

临床法医学检验：伤者神志清楚，步入诊室，对答切题，语言流畅，呼吸平稳，查体合作，一般情况可。头颅五官端正，枕部见一2.5厘米红色条状瘢痕；双眼睑闭合全，双侧瞳孔等大等圆，对光反射灵敏，双眼球活动可；双耳听力粗测正常；鼻梁正，鼻腔通气可；伸舌居中，张口活动度可；颈软，

单位名称：××市公安局物证鉴定所 电话：023-××××652　　-3-
地址：××市××区××××路××号　邮编6××001

(52)

活动可，气管居中；心肺腹查无特殊体征；脊柱、四肢活动正常。

临床法医学诊断：1. 左耳外伤性鼓膜穿孔；2. 头皮裂伤，头皮下血肿；3. 头面部及全身多处软组织损伤。

三、分析说明

根据伤者自诉受伤经过、提供的医院病历资料及临床法医学检验所见等综合分析认为，陈某1系因外伤致：1. 左耳外伤性鼓膜穿孔，2. 头皮裂伤，头皮下血肿，3. 头面部及全身多处软组织损伤。经医院完善相关检查，予以

对症支持治疗，6周后复查电子提示左耳鼓膜穿孔未愈合，经相关听力检查提示双耳大致正常，故依据《人体损伤程度鉴定标准》第5.3.4a号之规定，其身体所受损伤程度属轻伤二级。

四、鉴定意见

陈某1身体所受损伤程度评定为轻伤二级。

鉴定人：主检法医师　金某　（签名）

副主任法医师　江某　（签名）

二〇一五年二月五日

（印章）

附：伤者陈某1照片两张

案件照片图片文件上传

照片名称	违法行为人何某持有的作案工具钢管一根		案卷类型	刑事案件
涉案人员姓名	何某		涉案人员类型	犯罪嫌疑人
文书中文名称	作案工具照片			
照片				

提取人：陈某

核对人：吴某

2014. 10. 21

（印章）

中华人民共和国刑事诉讼法

（1979 年 7 月 1 日第五届全国人民代表大会第二次会议通过；根据 1996 年 3 月 17 日第八届全国人民代表大会第四次会议《关于修改〈中华人民共和国刑事诉讼法〉的决定》第一次修正；根据 2012 年 3 月 14 日第十一届全国人民代表大会第五次会议《关于修改〈中华人民共和国刑事诉讼法〉的决定》第二次修正。）

目 录

第一编　总　则

第一章　任务和基本原则

第一条　为了保证刑法的正确实施，惩罚犯罪，保护人民，保障国家安全和社会公共安全，维护社会主义社会秩序，根据宪法，制定本法。

第二条　中华人民共和国刑事诉讼法的任务，是保证准确、及时地查明犯罪事实，正确应用法律，惩罚犯罪分子，保障无罪的人不受刑事追究，教育公民自觉遵守法律，积极同犯罪行为作斗争，维护社会主义法制，尊重和保障人权，保护公民的人身权利、财产权利、民主权利和其他权利，保障社会主义建设事业的顺利进行。

第三条 对刑事案件的侦查、拘留、执行逮捕、预审，由公安机关负责。检察、批准逮捕、检察机关直接受理的案件的侦查、提起公诉，由人民检察院负责。审判由人民法院负责。除法律特别规定的以外，其他任何机关、团体和个人都无权行使这些权力。

人民法院、人民检察院和公安机关进行刑事诉讼，必须严格遵守本法和其他法律的有关规定。

第四条 国家安全机关依照法律规定，办理危害国家安全的刑事案件，行使与公安机关相同的职权。

第五条 人民法院依照法律规定独立行使审判权，人民检察院依照法律规定独立行使检察权，不受行政机关、社会团体和个人的干涉。

第六条 人民法院、人民检察院和公安机关进行刑事诉讼，必须依靠群众，必须以事实为根据，以法律为准绳。对于一切公民，在适用法律上一律平等，在法律面前，不允许有任何特权。

第七条 人民法院、人民检察院和公安机关进行刑事诉讼，应当分工负责，互相配合，互相制约，以保证准确有效地执行法律。

第八条 人民检察院依法对刑事诉讼实行法律监督。

第九条 各民族公民都有用本民族语言文字进行诉讼的权利。人民法院、人民检察院和公安机关对于不通晓当地通用的语言文字的诉讼参与人，应当为他们翻译。

在少数民族聚居或者多民族杂居的地区，应当用当地通用的语言进行审讯，用当地通用的文字发布判决书、布告和其他文件。

第十条 人民法院审判案件，实行两审终审制。

第十一条 人民法院审判案件，除本法另有规定的以外，一律公开进行。被告人有权获得辩护，人民法院有义务保证被告人获得辩护。

第十二条 未经人民法院依法判决，对任何人都不得确定有罪。

第十三条 人民法院审判案件，依照本法实行人民陪审员陪审的制度。

第十四条 人民法院、人民检察院和公安机关应当保障犯罪嫌疑人、被告人和其他诉讼参与人依法享有的辩护权和其他诉讼权利。

诉讼参与人对于审判人员、检察人员和侦查人员侵犯公民诉讼权利和人身侮辱的行为，有权提出控告。

第十五条 有下列情形之一的，不追究刑事责任，已经追究的，应当撤销案件，或者不起诉，或者终止审理，或者宣告无罪：

（一）情节显著轻微、危害不大，不认为是犯罪的；

（二）犯罪已过追诉时效期限的；

（三）经特赦令免除刑罚的；

（四）依照刑法告诉才处理的犯罪，没有告诉或者撤回告诉的；

（五）犯罪嫌疑人、被告人死亡的；

（六）其他法律规定免予追究刑事责任的。

第十六条 对于外国人犯罪应当追究刑事责任的，适用本法的规定。

对于享有外交特权和豁免权的外国人犯罪应当追究刑事责任的，通过外交途径解决。

第十七条 根据中华人民共和国缔结或者参加的国际条约，或者按照互惠原则，我国司法机关和外国司法机关可以相互请求刑事司法协助。

第二章 管 辖

第十八条 刑事案件的侦查由公安机关进行，法律另有规定的除外。

贪污贿赂犯罪，国家工作人员的渎职犯罪，国家机关工作人员利用职权实施的非法拘禁、刑讯逼供、报复陷害、非法搜查的侵犯公民人身权利的犯罪以及侵犯公民民主权利的犯罪，由人民检察院立案侦查。对于国家机关工作人员利用职权实施的其他重大的犯罪案件，需要由人民检察院直接受理的时候，经省级以上人民检察院决定，可以由人民检察院立案侦查。

自诉案件，由人民法院直接受理。

第十九条 基层人民法院管辖第一审普通刑事案件，但是依照本法由上级人民法院管辖的除外。

第二十条 中级人民法院管辖下列第一审刑事案件：

（一）危害国家安全、恐怖活动案件；

（二）可能判处无期徒刑、死刑的案件。

第二十一条 高级人民法院管辖的第一审刑事案件，是全省（自治区、直辖市）性的重大刑事案件。

第二十二条 最高人民法院管辖的第一审刑事案件，是全国性的重大刑事案件。

第二十三条　上级人民法院在必要的时候，可以审判下级人民法院管辖的第一审刑事案件；下级人民法院认为案情重大、复杂需要由上级人民法院审判的第一审刑事案件，可以请求移送上一级人民法院审判。

第二十四条　刑事案件由犯罪地的人民法院管辖。如果由被告人居住地的人民法院审判更为适宜的，可以由被告人居住地的人民法院管辖。

第二十五条　几个同级人民法院都有权管辖的案件，由最初受理的人民法院审判。在必要的时候，可以移送主要犯罪地的人民法院审判。

第二十六条　上级人民法院可以指定下级人民法院审判管辖不明的案件，也可以指定下级人民法院将案件移送其他人民法院审判。

第二十七条　专门人民法院案件的管辖另行规定。

第三章　回　避

第二十八条　审判人员、检察人员、侦查人员有下列情形之一的，应当自行回避，当事人及其法定代理人也有权要求他们回避：

（一）是本案的当事人或者是当事人的近亲属的；

（二）本人或者他的近亲属和本案有利害关系的；

（三）担任过本案的证人、鉴定人、辩护人、诉讼代理人的；

（四）与本案当事人有其他关系，可能影响公正处理案件的。

第二十九条　审判人员、检察人员、侦查人员不得接受当事人及其委托的人的请客送礼，不得违反规定会见当事人及其委托的人。

审判人员、检察人员、侦查人员违反前款规定的，应当依法追究法律责任。当事人及其法定代理人有权要求他们回避。

第三十条　审判人员、检察人员、侦查人员的回避，应当分别由院长、检察长、公安机关负责人决定；院长的回避，由本院审判委员会决定；检察长和公安机关负责人的回避，由同级人民检察院检察委员会决定。

对侦查人员的回避作出决定前，侦查人员不能停止对案件的侦查。

对驳回申请回避的决定，当事人及其法定代理人可以申请复议一次。

第三十一条　本章关于回避的规定适用于书记员、翻译人员和鉴定人。

辩护人、诉讼代理人可以依照本章的规定要求回避、申请复议。

第四章　辩护与代理

第三十二条　犯罪嫌疑人、被告人除自己行使辩护权以外，还可以委托一至二人作为辩护人。下列的人可以被委托为辩护人：

（一）律师；

（二）人民团体或者犯罪嫌疑人、被告人所在单位推荐的人；

（三）犯罪嫌疑人、被告人的监护人、亲友。

正在被执行刑罚或者依法被剥夺、限制人身自由的人，不得担任辩护人。

第三十三条　犯罪嫌疑人自被侦查机关第一次讯问或者采取强制措施之日起，有权委托辩护人；在侦查期间，只能委托律师作为辩护人。被告人有权随时委托辩护人。

侦查机关在第一次讯问犯罪嫌疑人或者对犯罪嫌疑人采取强制措施的时候，应当告知犯罪嫌疑人有权委托辩护人。人民检察院自收到移送审查起诉的案件材料之日起三日以内，应当告知犯罪嫌疑人有权委托辩护人。人民法院自受理案件之日起三日以内，应当告知被告人有权委托辩护人。犯罪嫌疑人、被告人在押期间要求委托辩护人的，人民法院、人民检察院和公安机关应当及时转达其要求。

犯罪嫌疑人、被告人在押的，也可以由其监护人、近亲属代为委托辩护人。

辩护人接受犯罪嫌疑人、被告人委托后，应当及时告知办理案件的机关。

第三十四条　犯罪嫌疑人、被告人因经济困难或者其他原因没有委托辩护人的，本人及其近亲属可以向法律援助机构提出申请。对符合法律援助条件的，法律援助机构应当指派律师为其提供辩护。

犯罪嫌疑人、被告人是盲、聋、哑人，或者是尚未完全丧失辨认或者控制自己行为能力的精神病人，没有委托辩护人的，人民法院、人民检察院和公安机关应当通知法律援助机构指派律师为其提供辩护。

犯罪嫌疑人、被告人可能被判处无期徒刑、死刑，没有委托辩护人的，人民法院、人民检察院和公安机关应当通知法律援助机构指派律师为其提供辩护。

第三十五条　辩护人的责任是根据事实和法律，提出犯罪嫌疑人、被告人无罪、罪轻或者减轻、免除其刑事责任的材料和意见，维护犯罪嫌疑人、被告人的诉讼权利和其他合法权益。

第三十六条 辩护律师在侦查期间可以为犯罪嫌疑人提供法律帮助；代理申诉、控告；申请变更强制措施；向侦查机关了解犯罪嫌疑人涉嫌的罪名和案件有关情况，提出意见。

第三十七条 辩护律师可以同在押的犯罪嫌疑人、被告人会见和通信。其他辩护人经人民法院、人民检察院许可，也可以同在押的犯罪嫌疑人、被告人会见和通信。

辩护律师持律师执业证书、律师事务所证明和委托书或者法律援助公函要求会见在押的犯罪嫌疑人、被告人的，看守所应当及时安排会见，至迟不得超过四十八小时。

危害国家安全犯罪、恐怖活动犯罪、特别重大贿赂犯罪案件，在侦查期间辩护律师会见在押的犯罪嫌疑人，应当经侦查机关许可。上述案件，侦查机关应当事先通知看守所。

辩护律师会见在押的犯罪嫌疑人、被告人，可以了解案件有关情况，提供法律咨询等；自案件移送审查起诉之日起，可以向犯罪嫌疑人、被告人核实有关证据。辩护律师会见犯罪嫌疑人、被告人时不被监听。

辩护律师同被监视居住的犯罪嫌疑人、被告人会见、通信，适用第一款、第三款、第四款的规定。

第三十八条 辩护律师自人民检察院对案件审查起诉之日起，可以查阅、摘抄、复制本案的案卷材料。其他辩护人经人民法院、人民检察院许可，也可以查阅、摘抄、复制上述材料。

第三十九条 辩护人认为在侦查、审查起诉期间公安机关、人民检察院收集的证明犯罪嫌疑人、被告人无罪或者罪轻的证据材料未提交的，有权申请人民检察院、人民法院调取。

第四十条 辩护人收集的有关犯罪嫌疑人不在犯罪现场、未达到刑事责任年龄、属于依法不负刑事责任的精神病人的证据，应当及时告知公安机关、人民检察院。

第四十一条 辩护律师经证人或者其他有关单位和个人同意，可以向他们收集与本案有关的材料，也可以申请人民检察院、人民法院收集、调取证据，或者申请人民法院通知证人出庭作证。

辩护律师经人民检察院或者人民法院许可，并且经被害人或者其近亲属、被害人提供的证人同意，可以向他们收集与本案有关的材料。

第四十二条　辩护人或者其他任何人，不得帮助犯罪嫌疑人、被告人隐匿、毁灭、伪造证据或者串供，不得威胁、引诱证人作伪证以及进行其他干扰司法机关诉讼活动的行为。

违反前款规定的，应当依法追究法律责任，辩护人涉嫌犯罪的，应当由办理辩护人所承办案件的侦查机关以外的侦查机关办理。辩护人是律师的，应当及时通知其所在的律师事务所或者所属的律师协会。

第四十三条　在审判过程中，被告人可以拒绝辩护人继续为他辩护，也可以另行委托辩护人辩护。

第四十四条　公诉案件的被害人及其法定代理人或者近亲属，附带民事诉讼的当事人及其法定代理人，自案件移送审查起诉之日起，有权委托诉讼代理人。自诉案件的自诉人及其法定代理人，附带民事诉讼的当事人及其法定代理人，有权随时委托诉讼代理人。

人民检察院自收到移送审查起诉的案件材料之日起三日以内，应当告知被害人及其法定代理人或者其近亲属、附带民事诉讼的当事人及其法定代理人有权委托诉讼代理人。人民法院自受理自诉案件之日起三日以内，应当告知自诉人及其法定代理人、附带民事诉讼的当事人及其法定代理人有权委托诉讼代理人。

第四十五条　委托诉讼代理人，参照本法第三十二条的规定执行。

第四十六条　辩护律师对在执业活动中知悉的委托人的有关情况和信息，有权予以保密。但是，辩护律师在执业活动中知悉委托人或者其他人，准备或者正在实施危害国家安全、公共安全以及严重危害他人人身安全的犯罪的，应当及时告知司法机关。

第四十七条　辩护人、诉讼代理人认为公安机关、人民检察院、人民法院及其工作人员阻碍其依法行使诉讼权利的，有权向同级或者上一级人民检察院申诉或者控告。人民检察院对申诉或者控告应当及时进行审查，情况属实的，通知有关机关予以纠正。

第五章　证据（修 5 增 8，共 16 条）

第四十八条　可以用于证明案件事实的材料，都是证据。

证据包括：

（一）物证；

（二）书证；

（三）证人证言；

（四）被害人陈述；

（五）犯罪嫌疑人、被告人供述和辩解；

（六）鉴定意见；

（七）勘验、检查、辨认、侦查实验等笔录；

（八）视听资料、电子数据。

证据必须经过查证属实，才能作为定案的根据。

第四十九条 公诉案件中被告人有罪的举证责任由人民检察院承担，自诉案件中被告人有罪的举证责任由自诉人承担。

第五十条 审判人员、检察人员、侦查人员必须依照法定程序，收集能够证实犯罪嫌疑人、被告人有罪或者无罪、犯罪情节轻重的各种证据。严禁刑讯逼供和以威胁、引诱、欺骗以及其他非法方法收集证据，不得强迫任何人证实自己有罪。必须保证一切与案件有关或者了解案情的公民，有客观地充分地提供证据的条件，除特殊情况外，可以吸收他们协助调查。

第五十一条 公安机关提请批准逮捕书、人民检察院起诉书、人民法院判决书，必须忠实于事实真象。故意隐瞒事实真象的，应当追究责任。

第五十二条 人民法院、人民检察院和公安机关有权向有关单位和个人收集、调取证据。有关单位和个人应当如实提供证据。

行政机关在行政执法和查办案件过程中收集的物证、书证、视听资料、电子数据等证据材料，在刑事诉讼中可以作为证据使用。

对涉及国家秘密、商业秘密、个人隐私的证据，应当保密。

凡是伪造证据、隐匿证据或者毁灭证据的，无论属于何方，必须受法律追究。

第五十三条 对一切案件的判处都要重证据，重调查研究，不轻信口供。只有被告人供述，没有其他证据的，不能认定被告人有罪和处以刑罚；没有被告人供述，证据确实、充分的，可以认定被告人有罪和处以刑罚。

证据确实、充分，应当符合以下条件：

（一）定罪量刑的事实都有证据证明；

（二）据以定案的证据均经法定程序查证属实；

（三）综合全案证据，对所认定事实已排除合理怀疑。

第五十四条 采用刑讯逼供等非法方法收集的犯罪嫌疑人、被告人供述和采用暴力、威胁等非法方法收集的证人证言、被害人陈述，应当予以排除。收集物证、书证不符合法定程序，可能严重影响司法公正的，应当予以补正或者作出合理解释；不能补正或者作出合理解释的，对该证据应当予以排除。

在侦查、审查起诉、审判时发现有应当排除的证据的，应当依法予以排除，不得作为起诉意见、起诉决定和判决的依据。

第五十五条 人民检察院接到报案、控告、举报或者发现侦查人员以非法方法收集证据的，应当进行调查核实。对于确有以非法方法收集证据情形的，应当提出纠正意见；构成犯罪的，依法追究刑事责任。

第五十六条 法庭审理过程中，审判人员认为可能存在本法第五十四条规定的以非法方法收集证据情形的，应当对证据收集的合法性进行法庭调查。

当事人及其辩护人、诉讼代理人有权申请人民法院对以非法方法收集的证据依法予以排除。申请排除以非法方法收集的证据的，应当提供相关线索或者材料。

第五十七条 在对证据收集的合法性进行法庭调查的过程中，人民检察院应当对证据收集的合法性加以证明。

现有证据材料不能证明证据收集的合法性的，人民检察院可以提请人民法院通知有关侦查人员或者其他人员出庭说明情况；人民法院可以通知有关侦查人员或者其他人员出庭说明情况。有关侦查人员或者其他人员也可以要求出庭说明情况。经人民法院通知，有关人员应当出庭。

第五十八条 对于经过法庭审理，确认或者不能排除存在本法第五十四条规定的以非法方法收集证据情形的，对有关证据应当予以排除。

第五十九条 证人证言必须在法庭上经过公诉人、被害人和被告人、辩护人双方质证并且查实以后，才能作为定案的根据。法庭查明证人有意作伪证或者隐匿罪证的时候，应当依法处理。

第六十条 凡是知道案件情况的人，都有作证的义务。

生理上、精神上有缺陷或者年幼，不能辨别是非、不能正确表达的人，不能作证人。

第六十一条 人民法院、人民检察院和公安机关应当保障证人及其近亲属的安全。

对证人及其近亲属进行威胁、侮辱、殴打或者打击报复，构成犯罪的，依法追究刑事责任；尚不够刑事处罚的，依法给予治安管理处罚。

第六十二条　对于危害国家安全犯罪、恐怖活动犯罪、黑社会性质的组织犯罪、毒品犯罪等案件，证人、鉴定人、被害人因在诉讼中作证，本人或者其近亲属的人身安全面临危险的，人民法院、人民检察院和公安机关应当采取以下一项或者多项保护措施：

（一）不公开真实姓名、住址和工作单位等个人信息；

（二）采取不暴露外貌、真实声音等出庭作证措施；

（三）禁止特定的人员接触证人、鉴定人、被害人及其近亲属；

（四）对人身和住宅采取专门性保护措施；

（五）其他必要的保护措施。

证人、鉴定人、被害人认为因在诉讼中作证，本人或者其近亲属的人身安全面临危险的，可以向人民法院、人民检察院、公安机关请求予以保护。

人民法院、人民检察院、公安机关依法采取保护措施，有关单位和个人应当配合。

第六十三条　证人因履行作证义务而支出的交通、住宿、就餐等费用，应当给予补助。证人作证的补助列入司法机关业务经费，由同级政府财政予以保障。

有工作单位的证人作证，所在单位不得克扣或者变相克扣其工资、奖金及其他福利待遇。

第六章　强制措施（第 64~101 条，共 38 条）

第六十四条　人民法院、人民检察院和公安机关根据案件情况，对犯罪嫌疑人、被告人可以拘传、取保候审或者监视居住。

第六十五条　人民法院、人民检察院和公安机关对有下列情形之一的犯罪嫌疑人、被告人，可以取保候审：

（一）可能判处管制、拘役或者独立适用附加刑的；

（二）可能判处有期徒刑以上刑罚，采取取保候审不致发生社会危险性的；

（三）患有严重疾病、生活不能自理，怀孕或者正在哺乳自己婴儿的妇女，采取取保候审不致发生社会危险性的；

（四）羁押期限届满，案件尚未办结，需要采取取保候审的。

取保候审由公安机关执行。

第六十六条 人民法院、人民检察院和公安机关决定对犯罪嫌疑人、被告人取保候审，应当责令犯罪嫌疑人、被告人提出保证人或者交纳保证金。

第六十七条 保证人必须符合下列条件：

（一）与本案无牵连；

（二）有能力履行保证义务；

（三）享有政治权利，人身自由未受到限制；

（四）有固定的住处和收入。

第六十八条 保证人应当履行以下义务：

（一）监督被保证人遵守本法第六十九条的规定；

（二）发现被保证人可能发生或者已经发生违反本法第六十九条规定的行为的，应当及时向执行机关报告。

被保证人有违反本法第六十九条规定的行为，保证人未履行保证义务的，对保证人处以罚款，构成犯罪的，依法追究刑事责任。

第六十九条（原56条） 被取保候审的犯罪嫌疑人、被告人应当遵守以下规定：

（一）未经执行机关批准不得离开所居住的市、县；

（二）住址、工作单位和联系方式发生变动的，在二十四小时以内向执行机关报告；

（三）在传讯的时候及时到案；

（四）不得以任何形式干扰证人作证；

（五）不得毁灭、伪造证据或者串供。

人民法院、人民检察院和公安机关可以根据案件情况，责令被取保候审的犯罪嫌疑人、被告人遵守以下一项或者多项规定：

（一）不得进入特定的场所；

（二）不得与特定的人员会见或者通信；

（三）不得从事特定的活动；

（四）将护照等出入境证件、驾驶证件交执行机关保存。

被取保候审的犯罪嫌疑人、被告人违反前两款规定，已交纳保证金的，没收部分或者全部保证金，并且区别情形，责令犯罪嫌疑人、被告人具结悔过，重新交纳保证金、提出保证人，或者监视居住、予以逮捕。

对违反取保候审规定，需要予以逮捕的，可以对犯罪嫌疑人、被告人先行拘留。

第七十条（原56条） 取保候审的决定机关应当综合考虑保证诉讼活动正常进行的需要，被取保候审人的社会危险性，案件的性质、情节，可能判处刑罚的轻重，被取保候审人的经济状况等情况，确定保证金的数额。

提供保证金的人应当将保证金存入执行机关指定银行的专门账户。

第七十一条（原56条） 犯罪嫌疑人、被告人在取保候审期间未违反本法第六十九条规定的，取保候审结束的时候，凭解除取保候审的通知或者有关法律文书到银行领取退还的保证金。

第七十二条 人民法院、人民检察院和公安机关对符合逮捕条件，有下列情形之一的犯罪嫌疑人、被告人，可以监视居住：

（一）患有严重疾病、生活不能自理的；

（二）怀孕或者正在哺乳自己婴儿的妇女；

（三）系生活不能自理的人的唯一扶养人；

（四）因为案件的特殊情况或者办理案件的需要，采取监视居住措施更为适宜的；

（五）羁押期限届满，案件尚未办结，需要采取监视居住措施的。

对符合取保候审条件，但犯罪嫌疑人、被告人不能提出保证人，也不交纳保证金的，可以监视居住。

监视居住由公安机关执行。

第七十三条 监视居住应当在犯罪嫌疑人、被告人的住处执行；无固定住处的，可以在指定的居所执行。对于涉嫌危害国家安全犯罪、恐怖活动犯罪、特别重大贿赂犯罪，在住处执行可能有碍侦查的，经上一级人民检察院或者公安机关批准，也可以在指定的居所执行。但是，不得在羁押场所、专门的办案场所执行。

指定居所监视居住的，除无法通知的以外，应当在执行监视居住后二十四小时以内，通知被监视居住人的家属。

被监视居住的犯罪嫌疑人、被告人委托辩护人，适用本法第三十三条的规定。

人民检察院对指定居所监视居住的决定和执行是否合法实行监督。

第七十四条 指定居所监视居住的期限应当折抵刑期。被判处管制的，监视居住一日折抵刑期一日；被判处拘役、有期徒刑的，监视居住二日折抵刑期一日。

第七十五条 被监视居住的犯罪嫌疑人、被告人应当遵守以下规定：

（一）未经执行机关批准不得离开执行监视居住的处所；

（二）未经执行机关批准不得会见他人或者通信；

（三）在传讯的时候及时到案；

（四）不得以任何形式干扰证人作证；

（五）不得毁灭、伪造证据或者串供；

（六）将护照等出入境证件、身份证件、驾驶证件交执行机关保存。

被监视居住的犯罪嫌疑人、被告人违反前款规定，情节严重的，可以予以逮捕；需要予以逮捕的，可以对犯罪嫌疑人、被告人先行拘留。

第七十六条 执行机关对被监视居住的犯罪嫌疑人、被告人，可以采取电子监控、不定期检查等监视方法对其遵守监视居住规定的情况进行监督；在侦查期间，可以对被监视居住的犯罪嫌疑人的通信进行监控。

第七十七条 人民法院、人民检察院和公安机关对犯罪嫌疑人、被告人取保候审最长不得超过十二个月，监视居住最长不得超过六个月。

在取保候审、监视居住期间，不得中断对案件的侦查、起诉和审理。对于发现不应当追究刑事责任或者取保候审、监视居住期限届满的，应当及时解除取保候审、监视居住。解除取保候审、监视居住，应当及时通知被取保候审、监视居住人和有关单位。

第七十八条 逮捕犯罪嫌疑人、被告人，必须经过人民检察院批准或者人民法院决定，由公安机关执行。

第七十九条 对有证据证明有犯罪事实，可能判处徒刑以上刑罚的犯罪嫌疑人、被告人，采取取保候审尚不足以防止发生下列社会危险性的，应当予以逮捕：

（一）可能实施新的犯罪的；

（二）有危害国家安全、公共安全或者社会秩序的现实危险的；

（三）可能毁灭、伪造证据，干扰证人作证或者串供的；

（四）可能对被害人、举报人、控告人实施打击报复的；

（五）企图自杀或者逃跑的。

对有证据证明有犯罪事实，可能判处十年有期徒刑以上刑罚的，或者有证据证明有犯罪事实，可能判处徒刑以上刑罚，曾经故意犯罪或者身份不明的，应当予以逮捕。

被取保候审、监视居住的犯罪嫌疑人、被告人违反取保候审、监视居住规定，情节严重的，可以予以逮捕。

第八十条 公安机关对于现行犯或者重大嫌疑分子，如果有下列情形之一的，可以先行拘留：

（一）正在预备犯罪、实行犯罪或者在犯罪后即时被发觉的；

（二）被害人或者在场亲眼看见的人指认他犯罪的；

（三）在身边或者住处发现有犯罪证据的；

（四）犯罪后企图自杀、逃跑或者在逃的；

（五）有毁灭、伪造证据或者串供可能的；

（六）不讲真实姓名、住址，身份不明的；

（七）有流窜作案、多次作案、结伙作案重大嫌疑的。

第八十一条 公安机关在异地执行拘留、逮捕的时候，应当通知被拘留、逮捕人所在地的公安机关，被拘留、逮捕人所在地的公安机关应当予以配合。

第八十二条 对于有下列情形的人，任何公民都可以立即扭送公安机关、人民检察院或者人民法院处理：

（一）正在实行犯罪或者在犯罪后即时被发觉的；

（二）通缉在案的；

（三）越狱逃跑的；

（四）正在被追捕的。

第八十三条 公安机关拘留人的时候，必须出示拘留证。

拘留后，应当立即将被拘留人送看守所羁押，至迟不得超过二十四小时。除无法通知或者涉嫌危害国家安全犯罪、恐怖活动犯罪通知可能有碍侦查的情形以外，应当在拘留后二十四小时以内，通知被拘留人的家属。有碍侦查的情形消失以后，应当立即通知被拘留人的家属。

第八十四条 公安机关对被拘留的人，应当在拘留后的二十四小时以内进行讯问。在发现不应当拘留的时候，必须立即释放，发给释放证明。

第八十五条 公安机关要求逮捕犯罪嫌疑人的时候，应当写出提请批准逮捕书，连同案卷材料、证据，一并移送同级人民检察院审查批准。必要的时候，人民检察院可以派人参加公安机关对于重大案件的讨论。

第八十六条　人民检察院审查批准逮捕，可以讯问犯罪嫌疑人；有下列情形之一的，应当讯问犯罪嫌疑人：

（一）对是否符合逮捕条件有疑问的；

（二）犯罪嫌疑人要求向检察人员当面陈述的；

（三）侦查活动可能有重大违法行为的。

人民检察院审查批准逮捕，可以询问证人等诉讼参与人，听取辩护律师的意见；辩护律师提出要求的，应当听取辩护律师的意见。

第八十七条　人民检察院审查批准逮捕犯罪嫌疑人由检察长决定。重大案件应当提交检察委员会讨论决定。

第八十八条　人民检察院对于公安机关提请批准逮捕的案件进行审查后，应当根据情况分别作出批准逮捕或者不批准逮捕的决定。对于批准逮捕的决定，公安机关应当立即执行，并且将执行情况及时通知人民检察院。对于不批准逮捕的，人民检察院应当说明理由，需要补充侦查的，应当同时通知公安机关。

第八十九条　公安机关对被拘留的人，认为需要逮捕的，应当在拘留后的三日以内，提请人民检察院审查批准。在特殊情况下，提请审查批准的时间可以延长一日至四日。

对于流窜作案、多次作案、结伙作案的重大嫌疑分子，提请审查批准的时间可以延长至三十日。

人民检察院应当自接到公安机关提请批准逮捕书后的七日以内，作出批准逮捕或者不批准逮捕的决定。人民检察院不批准逮捕的，公安机关应当在接到通知后立即释放，并且将执行情况及时通知人民检察院。对于需要继续侦查，并且符合取保候审、监视居住条件的，依法取保候审或者监视居住。

第九十条　公安机关对人民检察院不批准逮捕的决定，认为有错误的时候，可以要求复议，但是必须将被拘留的人立即释放。如果意见不被接受，可以向上一级人民检察院提请复核。上级人民检察院应当立即复核，作出是否变更的决定，通知下级人民检察院和公安机关执行。

第九十一条　公安机关逮捕人的时候，必须出示逮捕证。

逮捕后，应当立即将被逮捕人送看守所羁押。除无法通知的以外，应当在逮捕后二十四小时以内，通知被逮捕人的家属。

第九十二条　人民法院、人民检察院对于各自决定逮捕的人，公安机关对于经人民检察院批准逮捕的人，都必须在逮捕后的二十四小时以内进行讯问。在发现不应当逮捕的时候，必须立即释放，发给释放证明。

第九十三条　犯罪嫌疑人、被告人被逮捕后，人民检察院仍应当对羁押的必要性进行审查。对不需要继续羁押的，应当建议予以释放或者变更强制措施。有关机关应当在十日以内将处理情况通知人民检察院。

第九十四条　人民法院、人民检察院和公安机关如果发现对犯罪嫌疑人、被告人采取强制措施不当的，应当及时撤销或者变更。公安机关释放被逮捕的人或者变更逮捕措施的，应当通知原批准的人民检察院。

第九十五（原52条）　犯罪嫌疑人、被告人及其法定代理人、近亲属或者辩护人有权申请变更强制措施。人民法院、人民检察院和公安机关收到申请后，应当在三日以内作出决定；不同意变更强制措施的，应当告知申请人，并说明不同意的理由。

第九十六条　犯罪嫌疑人、被告人被羁押的案件，不能在本法规定的侦查羁押、审查起诉、一审、二审期限内办结的，对犯罪嫌疑人、被告人应当予以释放；需要继续查证、审理的，对犯罪嫌疑人、被告人可以取保候审或者监视居住。

第九十七条　人民法院、人民检察院或者公安机关对被采取强制措施法定期限届满的犯罪嫌疑人、被告人，应当予以释放、解除取保候审、监视居住或者依法变更强制措施。犯罪嫌疑人、被告人及其法定代理人、近亲属或者辩护人对于人民法院、人民检察院或者公安机关采取强制措施法定期限届满的，有权要求解除强制措施。

第九十八条　人民检察院在审查批准逮捕工作中，如果发现公安机关的侦查活动有违法情况，应当通知公安机关予以纠正，公安机关应当将纠正情况通知人民检察院。

第七章　附带民事诉讼

第九十九条　被害人由于被告人的犯罪行为而遭受物质损失的，在刑事诉讼过程中，有权提起附带民事诉讼。被害人死亡或者丧失行为能力的，被害人的法定代理人、近亲属有权提起附带民事诉讼。

如果是国家财产、集体财产遭受损失的，人民检察院在提起公诉的时候，可以提起附带民事诉讼。

第一百条 人民法院在必要的时候，可以采取保全措施，查封、扣押或者冻结被告人的财产。附带民事诉讼原告人或者人民检察院可以申请人民法院采取保全措施。人民法院采取保全措施，适用民事诉讼法的有关规定。

第一百零一条 人民法院审理附带民事诉讼案件，可以进行调解，或者根据物质损失情况作出判决、裁定。

第一百零二条 附带民事诉讼应当同刑事案件一并审判，只有为了防止刑事案件审判的过分迟延，才可以在刑事案件审判后，由同一审判组织继续审理附带民事诉讼。

第八章 期间、送达

第一百零三条 期间以时、日、月计算。

期间开始的时和日不算在期间以内。

法定期间不包括路途上的时间。上诉状或者其他文件在期满前已经交邮的，不算过期。

期间的最后一日为节假日的，以节假日后的第一日为期满日期，但犯罪嫌疑人、被告人或者罪犯在押期间，应当至期满之日为止，不得因节假日而延长。

第一百零四条 当事人由于不能抗拒的原因或者有其他正当理由而耽误期限的，在障碍消除后五日以内，可以申请继续进行应当在期满以前完成的诉讼活动。

前款申请是否准许，由人民法院裁定。

第一百零五条 送达传票、通知书和其他诉讼文件应当交给收件人本人；如果本人不在，可以交给他的成年家属或者所在单位的负责人员代收。

收件人本人或者代收人拒绝接收或者拒绝签名、盖章的时候，送达人可以邀请他的邻居或者其他见证人到场，说明情况，把文件留在他的住处，在送达证上记明拒绝的事由、送达的日期，由送达人签名，即认为已经送达。

第九章 其他规定

第一百零六条 本法下列用语的含意是：

（一）"侦查"是指公安机关、人民检察院在办理案件过程中，依照法律进行的专门调查工作和有关的强制性措施；

（二）"当事人"是指被害人、自诉人、犯罪嫌疑人、被告人、附带民事诉讼的原告人和被告人；

（三）"法定代理人"是指被代理人的父母、养父母、监护人和负有保护责任的机关、团体的代表；

（四）"诉讼参与人"是指当事人、法定代理人、诉讼代理人、辩护人、证人、鉴定人和翻译人员；

（五）"诉讼代理人"是指公诉案件的被害人及其法定代理人或者近亲属、自诉案件的自诉人及其法定代理人委托代为参加诉讼的人和附带民事诉讼的当事人及其法定代理人委托代为参加诉讼的人；

（六）"近亲属"是指夫、妻、父、母、子、女、同胞兄弟姊妹。

第二编　立案、侦查和提起公诉

第一章　立　案

第一百零七条　公安机关或者人民检察院发现犯罪事实或者犯罪嫌疑人，应当按照管辖范围，立案侦查。

第一百零八条　任何单位和个人发现有犯罪事实或者犯罪嫌疑人，有权利也有义务向公安机关、人民检察院或者人民法院报案或者举报。

被害人对侵犯其人身、财产权利的犯罪事实或者犯罪嫌疑人，有权向公安机关、人民检察院或者人民法院报案或者控告。

公安机关、人民检察院或者人民法院对于报案、控告、举报，都应当接受。对于不属于自己管辖的，应当移送主管机关处理，并且通知报案人、控告人、举报人；对于不属于自己管辖而又必须采取紧急措施的，应当先采取紧急措施，然后移送主管机关。

犯罪人向公安机关、人民检察院或者人民法院自首的，适用第三款规定。

第一百零九条　报案、控告、举报可以用书面或者口头提出。接受口头报案、控告、举报的工作人员，应当写成笔录，经宣读无误后，由报案人、控告人、举报人签名或者盖章。

接受控告、举报的工作人员，应当向控告人、举报人说明诬告应负的法律责任。但是，只要不是捏造事实，伪造证据，即使控告、举报的事实有出入，甚至是错告的，也要和诬告严格加以区别。

公安机关、人民检察院或者人民法院应当保障报案人、控告人、举报人及其近亲属的安全。报案人、控告人、举报人如果不愿公开自己的姓名和报案、控告、举报的行为，应当为他保守秘密。

第一百一十条　人民法院、人民检察院或者公安机关对于报案、控告、举报和自首的材料，应当按照管辖范围，迅速进行审查，认为有犯罪事实需要追究刑事责任的时候，应当立案；认为没有犯罪事实，或者犯罪事实显著轻微，不需要追究刑事责任的时候，不予立案，并且将不立案的原因通知控告人。控告人如果不服，可以申请复议。

第一百一十一条　人民检察院认为公安机关对应当立案侦查的案件而不立案侦查的，或者被害人认为公安机关对应当立案侦查的案件而不立案侦查，向人民检察院提出的，人民检察院应当要求公安机关说明不立案的理由。人民检察院认为公安机关不立案理由不能成立的，应当通知公安机关立案，公安机关接到通知后应当立案。

第一百一十二条　对于自诉案件，被害人有权向人民法院直接起诉。被害人死亡或者丧失行为能力的，被害人的法定代理人、近亲属有权向人民法院起诉。人民法院应当依法受理。

第二章　侦　查

第一节　一般规定

第一百一十三条　公安机关对已经立案的刑事案件，应当进行侦查，收集、调取犯罪嫌疑人有罪或者无罪、罪轻或者罪重的证据材料。对现行犯或者重大嫌疑分子可以依法先行拘留，对符合逮捕条件的犯罪嫌疑人，应当依法逮捕。

第一百一十四条　公安机关经过侦查，对有证据证明有犯罪事实的案件，应当进行预审，对收集、调取的证据材料予以核实。

第一百一十五条　当事人和辩护人、诉讼代理人、利害关系人对于司法机关及其工作人员有下列行为之一的，有权向该机关申诉或者控告：

（一）采取强制措施法定期限届满，不予以释放、解除或者变更的；

（二）应当退还取保候审保证金不退还的；

（三）对与案件无关的财物采取查封、扣押、冻结措施的；

（四）应当解除查封、扣押、冻结不解除的；

（五）贪污、挪用、私分、调换、违反规定使用查封、扣押、冻结的财物的。

受理申诉或者控告的机关应当及时处理。对处理不服的，可以向同级人民检察院申诉；人民检察院直接受理的案件，可以向上一级人民检察院申诉。人民检察院对申诉应当及时进行审查，情况属实的，通知有关机关予以纠正。

第二节　讯问犯罪嫌疑人

第一百一十六条　讯问犯罪嫌疑人必须由人民检察院或者公安机关的侦查人员负责进行。讯问的时候，侦查人员不得少于二人。

犯罪嫌疑人被送交看守所羁押以后，侦查人员对其进行讯问，应当在看守所内进行。

第一百一十七条　对不需要逮捕、拘留的犯罪嫌疑人，可以传唤到犯罪嫌疑人所在市、县内的指定地点或者到他的住处进行讯问，但是应当出示人民检察院或者公安机关的证明文件。对在现场发现的犯罪嫌疑人，经出示工作证件，可以口头传唤，但应当在讯问笔录中注明。

传唤、拘传持续的时间不得超过十二小时；案情特别重大、复杂，需要采取拘留、逮捕措施的，传唤、拘传持续的时间不得超过二十四小时。

不得以连续传唤、拘传的形式变相拘禁犯罪嫌疑人。传唤、拘传犯罪嫌疑人，应当保证犯罪嫌疑人的饮食和必要的休息时间。

第一百一十八条　侦查人员在讯问犯罪嫌疑人的时候，应当首先讯问犯罪嫌疑人是否有犯罪行为，让他陈述有罪的情节或者无罪的辩解，然后向他提出问题。犯罪嫌疑人对侦查人员的提问，应当如实回答。但是对与本案无关的问题，有拒绝回答的权利。

侦查人员在讯问犯罪嫌疑人的时候，应当告知犯罪嫌疑人如实供述自己罪行可以从宽处理的法律规定。

第一百一十九条　讯问聋、哑的犯罪嫌疑人，应当有通晓聋、哑手势的人参加，并且将这种情况记明笔录。

第一百二十条　讯问笔录应当交犯罪嫌疑人核对，对于没有阅读能力的，应当向他宣读。如果记载有遗漏或者差错，犯罪嫌疑人可以提出补充或者改正。犯罪嫌疑人承认笔录没有错误后，应当签名或者盖章。侦查人员也应当在笔录上签名。犯罪嫌疑人请求自行书写供述的，应当准许。必要的时候，侦查人员也可以要犯罪嫌疑人亲笔书写供词。

第一百二十一条 侦查人员在讯问犯罪嫌疑人的时候，可以对讯问过程进行录音或者录像；对于可能判处无期徒刑、死刑的案件或者其他重大犯罪案件，应当对讯问过程进行录音或者录像。

录音或者录像应当全程进行，保持完整性。

第三节 询问证人

第一百二十二条 侦查人员询问证人，可以在现场进行，也可以到证人所在单位、住处或者证人提出的地点进行，在必要的时候，可以通知证人到人民检察院或者公安机关提供证言。在现场询问证人，应当出示工作证件，到证人所在单位、住处或者证人提出的地点询问证人，应当出示人民检察院或者公安机关的证明文件。

询问证人应当个别进行。

第一百二十三条 询问证人，应当告知他应当如实地提供证据、证言和有意作伪证或者隐匿罪证要负的法律责任。

第一百二十四条 本法第一百二十条的规定，也适用于询问证人。

第一百二十五条 询问被害人，适用本节各条规定。

第四节 勘验、检查

第一百二十六条 侦查人员对于与犯罪有关的场所、物品、人身、尸体应当进行勘验或者检查。在必要的时候，可以指派或者聘请具有专门知识的人，在侦查人员的主持下进行勘验、检查。

第一百二十七条 任何单位和个人，都有义务保护犯罪现场，并且立即通知公安机关派员勘验。

第一百二十八条 侦查人员执行勘验、检查，必须持有人民检察院或者公安机关的证明文件。

第一百二十九条 对于死因不明的尸体，公安机关有权决定解剖，并且通知死者家属到场。

第一百三十条 为了确定被害人、犯罪嫌疑人的某些特征、伤害情况或者生理状态，可以对人身进行检查，可以提取指纹信息，采集血液、尿液等生物样本。

犯罪嫌疑人如果拒绝检查，侦查人员认为必要的时候，可以强制检查。

检查妇女的身体，应当由女工作人员或者医师进行。

第一百三十一条 勘验、检查的情况应当写成笔录，由参加勘验、检查的人和见证人签名或者盖章。

第一百三十二条 人民检察院审查案件的时候，对公安机关的勘验、检查，认为需要复验、复查时，可以要求公安机关复验、复查，并且可以派检察人员参加。

第一百三十三条 为了查明案情，在必要的时候，经公安机关负责人批准，可以进行侦查实验。

侦查实验的情况应当写成笔录，由参加实验的人签名或者盖章。

侦查实验，禁止一切足以造成危险、侮辱人格或者有伤风化的行为。

第五节　搜　查

第一百三十四条 为了收集犯罪证据、查获犯罪人，侦查人员可以对犯罪嫌疑人以及可能隐藏罪犯或者犯罪证据的人的身体、物品、住处和其他有关的地方进行搜查。

第一百三十五条 任何单位和个人，有义务按照人民检察院和公安机关的要求，交出可以证明犯罪嫌疑人有罪或者无罪的物证、书证、视听资料等证据。

第一百三十六条 进行搜查，必须向被搜查人出示搜查证。

在执行逮捕、拘留的时候，遇有紧急情况，不另用搜查证也可以进行搜查。

第一百三十七条 在搜查的时候，应当有被搜查人或者他的家属，邻居或者其他见证人在场。

搜查妇女的身体，应当由女工作人员进行。

第一百三十八条 搜查的情况应当写成笔录，由侦查人员和被搜查人或者他的家属，邻居或者其他见证人签名或者盖章。如果被搜查人或者他的家属在逃或者拒绝签名、盖章，应当在笔录上注明。

第六节　查封、扣押物证、书证

第一百三十九条　在侦查活动中发现的可用以证明犯罪嫌疑人有罪或者无罪的各种财物、文件，应当查封、扣押；与案件无关的财物、文件，不得查封、扣押。

对查封、扣押的财物、文件，要妥善保管或者封存，不得使用、调换或者损毁。

第一百四十条　对查封、扣押的财物、文件，应当会同在场见证人和被查封、扣押财物、文件持有人查点清楚，当场开列清单一式二份，由侦查人员、见证人和持有人签名或者盖章，一份交给持有人，另一份附卷备查。

第一百四十一条　侦查人员认为需要扣押犯罪嫌疑人的邮件、电报的时候，经公安机关或者人民检察院批准，即可通知邮电机关将有关的邮件、电报检交扣押。

不需要继续扣押的时候，应即通知邮电机关。

第一百四十二条　人民检察院、公安机关根据侦查犯罪的需要，可以依照规定查询、冻结犯罪嫌疑人的存款、汇款、债券、股票、基金份额等财产。有关单位和个人应当配合。

犯罪嫌疑人的存款、汇款、债券、股票、基金份额等财产已被冻结的，不得重复冻结。

第一百四十三条　对查封、扣押的财物、文件、邮件、电报或者冻结的存款、汇款、债券、股票、基金份额等财产，经查明确实与案件无关的，应当在三日以内解除查封、扣押、冻结，予以退还。

第七节　鉴　定

第一百四十四条　为了查明案情，需要解决案件中某些专门性问题的时候，应当指派、聘请有专门知识的人进行鉴定。

第一百四十五条　鉴定人进行鉴定后，应当写出鉴定意见，并且签名。

鉴定人故意作虚假鉴定的，应当承担法律责任。

第一百四十六条　侦查机关应当将用作证据的鉴定意见告知犯罪嫌疑人、被害人。如果犯罪嫌疑人、被害人提出申请，可以补充鉴定或者重新鉴定。

第一百四十七条　对犯罪嫌疑人作精神病鉴定的期间不计入办案期限。

第八节　技术侦查措施

第一百四十八条　公安机关在立案后，对于危害国家安全犯罪、恐怖活动犯罪、黑社会性质的组织犯罪、重大毒品犯罪或者其他严重危害社会的犯罪案件，根据侦查犯罪的需要，经过严格的批准手续，可以采取技术侦查措施。

人民检察院在立案后，对于重大的贪污、贿赂犯罪案件以及利用职权实施的严重侵犯公民人身权利的重大犯罪案件，根据侦查犯罪的需要，经过严格的批准手续，可以采取技术侦查措施，按照规定交有关机关执行。

追捕被通缉或者批准、决定逮捕的在逃的犯罪嫌疑人、被告人，经过批准，可以采取追捕所必需的技术侦查措施。

第一百四十九条　批准决定应当根据侦查犯罪的需要，确定采取技术侦查措施的种类和适用对象。批准决定自签发之日起三个月以内有效。对于不需要继续采取技术侦查措施的，应当及时解除；对于复杂、疑难案件，期限届满仍有必要继续采取技术侦查措施的，经过批准，有效期可以延长，每次不得超过三个月。

第一百五十条　采取技术侦查措施，必须严格按照批准的措施种类、适用对象和期限执行。

侦查人员对采取技术侦查措施过程中知悉的国家秘密、商业秘密和个人隐私，应当保密；对采取技术侦查措施获取的与案件无关的材料，必须及时销毁。

采取技术侦查措施获取的材料，只能用于对犯罪的侦查、起诉和审判，不得用于其他用途。

公安机关依法采取技术侦查措施，有关单位和个人应当配合，并对有关情况予以保密。

第一百五十一条　为了查明案情，在必要的时候，经公安机关负责人决定，可以由有关人员隐匿其身份实施侦查。但是，不得诱使他人犯罪，不得采用可能危害公共安全或者发生重大人身危险的方法。

对涉及给付毒品等违禁品或者财物的犯罪活动，公安机关根据侦查犯罪的需要，可以依照规定实施控制下交付。

第一百五十二条　依照本节规定采取侦查措施收集的材料在刑事诉讼中

可以作为证据使用。如果使用该证据可能危及有关人员的人身安全，或者可能产生其他严重后果的，应当采取不暴露有关人员身份、技术方法等保护措施，必要的时候，可以由审判人员在庭外对证据进行核实。

第九节　通　缉

第一百五十三条　应当逮捕的犯罪嫌疑人如果在逃，公安机关可以发布通缉令，采取有效措施，追捕归案。

各级公安机关在自己管辖的地区以内，可以直接发布通缉令；超出自己管辖的地区，应当报请有权决定的上级机关发布。

第十节　侦查终结

第一百五十四条　对犯罪嫌疑人逮捕后的侦查羁押期限不得超过二个月。案情复杂、期限届满不能终结的案件，可以经上一级人民检察院批准延长一个月。

第一百五十五条　因为特殊原因，在较长时间内不宜交付审判的特别重大复杂的案件，由最高人民检察院报请全国人民代表大会常务委员会批准延期审理。

第一百五十六条　下列案件在本法第一百五十四条规定的期限届满不能侦查终结的，经省、自治区、直辖市人民检察院批准或者决定，可以延长二个月：

（一）交通十分不便的边远地区的重大复杂案件；

（二）重大的犯罪集团案件；

（三）流窜作案的重大复杂案件；

（四）犯罪涉及面广，取证困难的重大复杂案件。

第一百五十七条　对犯罪嫌疑人可能判处十年有期徒刑以上刑罚，依照本法第一百五十六条规定延长期限届满，仍不能侦查终结的，经省、自治区、直辖市人民检察院批准或者决定，可以再延长二个月。

第一百五十八条　在侦查期间，发现犯罪嫌疑人另有重要罪行的，自发现之日起依照本法第一百五十四条的规定重新计算侦查羁押期限。

犯罪嫌疑人不讲真实姓名、住址，身份不明的，应当对其身份进行调查，侦查羁押期限自查清其身份之日起计算，但是不得停止对其犯罪行为的侦查取证。对于犯罪事实清楚，证据确实、充分，确实无法查明其身份的，也可以按其自报的姓名起诉、审判。

第一百五十九条 在案件侦查终结前，辩护律师提出要求的，侦查机关应当听取辩护律师的意见，并记录在案。辩护律师提出书面意见的，应当附卷。

第一百六十条 公安机关侦查终结的案件，应当做到犯罪事实清楚，证据确实、充分，并且写出起诉意见书，连同案卷材料、证据一并移送同级人民检察院审查决定；同时将案件移送情况告知犯罪嫌疑人及其辩护律师。

第一百六十一条 在侦查过程中，发现不应对犯罪嫌疑人追究刑事责任的，应当撤销案件；犯罪嫌疑人已被逮捕的，应当立即释放，发给释放证明，并且通知原批准逮捕的人民检察院。

第十一节　人民检察院对直接受理的案件的侦查

第一百六十二条 人民检察院对直接受理的案件的侦查适用本章规定。

第一百六十三条 人民检察院直接受理的案件中符合本法第七十九条、第八十条第四项、第五项规定情形，需要逮捕、拘留犯罪嫌疑人的，由人民检察院作出决定，由公安机关执行。

第一百六十四条 人民检察院对直接受理的案件中被拘留的人，应当在拘留后的二十四小时以内进行讯问。在发现不应当拘留的时候，必须立即释放，发给释放证明。

第一百六十五条 人民检察院对直接受理的案件中被拘留的人，认为需要逮捕的，应当在十四日以内作出决定。在特殊情况下，决定逮捕的时间可以延长一日至三日。对不需要逮捕的，应当立即释放；对需要继续侦查，并且符合取保候审、监视居住条件的，依法取保候审或者监视居住。

第一百六十六条 人民检察院侦查终结的案件，应当作出提起公诉、不起诉或者撤销案件的决定。

第三章　提起公诉

第一百六十七条 凡需要提起公诉的案件，一律由人民检察院审查决定。

第一百六十八条 人民检察院审查案件的时候，必须查明：

（一）犯罪事实、情节是否清楚，证据是否确实、充分，犯罪性质和罪名的认定是否正确；

（二）有无遗漏罪行和其他应当追究刑事责任的人；

（三）是否属于不应追究刑事责任的；

（四）有无附带民事诉讼；

（五）侦查活动是否合法。

第一百六十九条 人民检察院对于公安机关移送起诉的案件，应当在一个月以内作出决定，重大、复杂的案件，可以延长半个月。

人民检察院审查起诉的案件，改变管辖的，从改变后的人民检察院收到案件之日起计算审查起诉期限。

第一百七十条 人民检察院审查案件，应当讯问犯罪嫌疑人，听取辩护人、被害人及其诉讼代理人的意见，并记录在案。辩护人、被害人及其诉讼代理人提出书面意见的，应当附卷。

第一百七十一条 人民检察院审查案件，可以要求公安机关提供法庭审判所必需的证据材料；认为可能存在本法第五十四条规定的以非法方法收集证据情形的，可以要求其对证据收集的合法性作出说明。

人民检察院审查案件，对于需要补充侦查的，可以退回公安机关补充侦查，也可以自行侦查。

对于补充侦查的案件，应当在一个月以内补充侦查完毕。补充侦查以二次为限。补充侦查完毕移送人民检察院后，人民检察院重新计算审查起诉期限。

对于二次补充侦查的案件，人民检察院仍然认为证据不足，不符合起诉条件的，应当作出不起诉的决定。

第一百七十二条 人民检察院认为犯罪嫌疑人的犯罪事实已经查清，证据确实、充分，依法应当追究刑事责任的，应当作出起诉决定，按照审判管辖的规定，向人民法院提起公诉，并将案卷材料、证据移送人民法院。

第一百七十三条 犯罪嫌疑人没有犯罪事实，或者有本法第十五条规定的情形之一的，人民检察院应当作出不起诉决定。

对于犯罪情节轻微，依照刑法规定不需要判处刑罚或者免除刑罚的，人民检察院可以作出不起诉决定。

人民检察院决定不起诉的案件，应当同时对侦查中查封、扣押、冻结的财物解除查封、扣押、冻结。对被不起诉人需要给予行政处罚、行政处分或者需要没收其违法所得的，人民检察院应当提出检察意见，移送有关主管机关处理。有关主管机关应当将处理结果及时通知人民检察院。

第一百七十四条　不起诉的决定，应当公开宣布，并且将不起诉决定书送达被不起诉人和他的所在单位。如果被不起诉人在押，应当立即释放。

第一百七十五条　对于公安机关移送起诉的案件，人民检察院决定不起诉的，应当将不起诉决定书送达公安机关。公安机关认为不起诉的决定有错误的时候，可以要求复议，如果意见不被接受，可以向上一级人民检察院提请复核。

第一百七十六条　对于有被害人的案件，决定不起诉的，人民检察院应当将不起诉决定书送达被害人。被害人如果不服，可以自收到决定书后七日以内向上一级人民检察院申诉，请求提起公诉。人民检察院应当将复查决定告知被害人。对人民检察院维持不起诉决定的，被害人可以向人民法院起诉。被害人也可以不经申诉，直接向人民法院起诉。人民法院受理案件后，人民检察院应当将有关案件材料移送人民法院。

第一百七十七条　对于人民检察院依照本法第一百七十三条第二款规定作出的不起诉决定，被不起诉人如果不服，可以自收到决定书后七日以内向人民检察院申诉。人民检察院应当作出复查决定，通知被不起诉的人，同时抄送公安机关。

第三编　审　判

第一章　审判组织

第一百七十八条　基层人民法院、中级人民法院审判第一审案件，应当由审判员三人或者由审判员和人民陪审员共三人组成合议庭进行，但是基层人民法院适用简易程序的案件可以由审判员一人独任审判。

高级人民法院、最高人民法院审判第一审案件，应当由审判员三人至七人或者由审判员和人民陪审员共三人至七人组成合议庭进行。

人民陪审员在人民法院执行职务，同审判员有同等的权利。

人民法院审判上诉和抗诉案件，由审判员三人至五人组成合议庭进行。

合议庭的成员人数应当是单数。

合议庭由院长或者庭长指定审判员一人担任审判长。院长或者庭长参加审判案件的时候，自己担任审判长。

第一百七十九条 合议庭进行评议的时候，如果意见分歧，应当按多数人的意见作出决定，但是少数人的意见应当写入笔录。评议笔录由合议庭的组成人员签名。

第一百八十条 合议庭开庭审理并且评议后，应当作出判决。对于疑难、复杂、重大的案件，合议庭认为难以作出决定的，由合议庭提请院长决定提交审判委员会讨论决定。审判委员会的决定，合议庭应当执行。

第二章　第一审程序

第一节　公诉案件

第一百八十一条 人民法院对提起公诉的案件进行审查后，对于起诉书中有明确的指控犯罪事实的，应当决定开庭审判。

第一百八十二条 人民法院决定开庭审判后，应当确定合议庭的组成人员，将人民检察院的起诉书副本至迟在开庭十日以前送达被告人及其辩护人。

在开庭以前，审判人员可以召集公诉人、当事人和辩护人、诉讼代理人，对回避、出庭证人名单、非法证据排除等与审判相关的问题，了解情况，听取意见。

人民法院确定开庭日期后，应当将开庭的时间、地点通知人民检察院，传唤当事人，通知辩护人、诉讼代理人、证人、鉴定人和翻译人员，传票和通知书至迟在开庭三日以前送达。公开审判的案件，应当在开庭三日以前先期公布案由、被告人姓名、开庭时间和地点。

上述活动情形应当写入笔录，由审判人员和书记员签名。

第一百八十三条 人民法院审判第一审案件应当公开进行。但是有关国家秘密或者个人隐私的案件，不公开审理；涉及商业秘密的案件，当事人申请不公开审理的，可以不公开审理。

不公开审理的案件，应当当庭宣布不公开审理的理由。

第一百八十四条 人民法院审判公诉案件，人民检察院应当派员出席法庭支持公诉。

第一百八十五条 开庭的时候，审判长查明当事人是否到庭，宣布案由；宣布合议庭的组成人员、书记员、公诉人、辩护人、诉讼代理人、鉴定人和翻译人员的名单；告知当事人有权对合议庭组成人员、书记员、公诉人、鉴定人和翻译人员申请回避；告知被告人享有辩护权利。

第一百八十六条 公诉人在法庭上宣读起诉书后，被告人、被害人可以就起诉书指控的犯罪进行陈述，公诉人可以讯问被告人。

被害人、附带民事诉讼的原告人和辩护人、诉讼代理人，经审判长许可，可以向被告人发问。

审判人员可以讯问被告人。

第一百八十七条 公诉人、当事人或者辩护人、诉讼代理人对证人证言有异议，且该证人证言对案件定罪量刑有重大影响，人民法院认为证人有必要出庭作证的，证人应当出庭作证。

人民警察就其执行职务时目击的犯罪情况作为证人出庭作证，适用前款规定。

公诉人、当事人或者辩护人、诉讼代理人对鉴定意见有异议，人民法院认为鉴定人有必要出庭的，鉴定人应当出庭作证。经人民法院通知，鉴定人拒不出庭作证的，鉴定意见不得作为定案的根据。

第一百八十八条 经人民法院通知，证人没有正当理由不出庭作证的，人民法院可以强制其到庭，但是被告人的配偶、父母、子女除外。

证人没有正当理由拒绝出庭或者出庭后拒绝作证的，予以训诫，情节严重的，经院长批准，处以十日以下的拘留。被处罚人对拘留决定不服的，可以向上一级人民法院申请复议。复议期间不停止执行。

第一百八十九条 证人作证，审判人员应当告知他要如实地提供证言和有意作伪证或者隐匿罪证要负的法律责任。公诉人、当事人和辩护人、诉讼代理人经审判长许可，可以对证人、鉴定人发问。审判长认为发问的内容与案件无关的时候，应当制止。

审判人员可以询问证人、鉴定人。

第一百九十条 公诉人、辩护人应当向法庭出示物证，让当事人辨认，对未到庭的证人的证言笔录、鉴定人的鉴定意见、勘验笔录和其他作为证据的文书，应当当庭宣读。审判人员应当听取公诉人、当事人和辩护人、诉讼代理人的意见。

第一百九十一条 法庭审理过程中，合议庭对证据有疑问的，可以宣布休庭，对证据进行调查核实。

人民法院调查核实证据，可以进行勘验、检查、查封、扣押、鉴定和查询、冻结。

第一百九十二条 法庭审理过程中，当事人和辩护人、诉讼代理人有权申请通知新的证人到庭，调取新的物证，申请重新鉴定或者勘验。

公诉人、当事人和辩护人、诉讼代理人可以申请法庭通知有专门知识的人出庭，就鉴定人作出的鉴定意见提出意见。

法庭对于上述申请，应当作出是否同意的决定。

第二款规定的有专门知识的人出庭，适用鉴定人的有关规定。

第一百九十三条 法庭审理过程中，对与定罪、量刑有关的事实、证据都应当进行调查、辩论。

经审判长许可，公诉人、当事人和辩护人、诉讼代理人可以对证据和案件情况发表意见并且可以互相辩论。

审判长在宣布辩论终结后，被告人有最后陈述的权利。

第一百九十四条 在法庭审判过程中，如果诉讼参与人或者旁听人员违反法庭秩序，审判长应当警告制止。对不听制止的，可以强行带出法庭；情节严重的，处以一千元以下的罚款或者十五日以下的拘留。罚款、拘留必须经院长批准。被处罚人对罚款、拘留的决定不服的，可以向上一级人民法院申请复议。复议期间不停止执行。

对聚众哄闹、冲击法庭或者侮辱、诽谤、威胁、殴打司法工作人员或者诉讼参与人，严重扰乱法庭秩序，构成犯罪的，依法追究刑事责任。

第一百九十五条 在被告人最后陈述后，审判长宣布休庭，合议庭进行评议，根据已经查明的事实、证据和有关的法律规定，分别作出以下判决：

（一）案件事实清楚，证据确实、充分，依据法律认定被告人有罪的，应当作出有罪判决；

（二）依据法律认定被告人无罪的，应当作出无罪判决；

（三）证据不足，不能认定被告人有罪的，应当作出证据不足、指控的犯罪不能成立的无罪判决。

第一百九十六条 宣告判决，一律公开进行。

当庭宣告判决的，应当在五日以内将判决书送达当事人和提起公诉的人民检察院；定期宣告判决的，应当在宣告后立即将判决书送达当事人和提起公诉的人民检察院。判决书应当同时送达辩护人、诉讼代理人。

第一百九十七条　判决书应当由审判人员和书记员署名，并且写明上诉的期限和上诉的法院。

第一百九十八条　在法庭审判过程中，遇有下列情形之一，影响审判进行的，可以延期审理：

（一）需要通知新的证人到庭，调取新的物证，重新鉴定或者勘验的；

（二）检察人员发现提起公诉的案件需要补充侦查，提出建议的；

（三）由于申请回避而不能进行审判的。

第一百九十九条　依照本法第一百九十八条第二项的规定延期审理的案件，人民检察院应当在一个月以内补充侦查完毕。

第二百条　在审判过程中，有下列情形之一，致使案件在较长时间内无法继续审理的，可以中止审理：

（一）被告人患有严重疾病，无法出庭的；

（二）被告人脱逃的；

（三）自诉人患有严重疾病，无法出庭，未委托诉讼代理人出庭的；

（四）由于不能抗拒的原因。

中止审理的原因消失后，应当恢复审理。中止审理的期间不计入审理期限。

第二百零一条　法庭审判的全部活动，应当由书记员写成笔录，经审判长审阅后，由审判长和书记员签名。

法庭笔录中的证人证言部分，应当当庭宣读或者交给证人阅读。证人在承认没有错误后，应当签名或者盖章。

法庭笔录应当交给当事人阅读或者向他宣读。当事人认为记载有遗漏或者差错的，可以请求补充或者改正。当事人承认没有错误后，应当签名或者盖章。

第二百零二条　人民法院审理公诉案件，应当在受理后二个月以内宣判，至迟不得超过三个月。对于可能判处死刑的案件或者附带民事诉讼的案件，以及有本法第一百五十六条规定情形之一的，经上一级人民法院批准，可以延长三个月；因特殊情况还需要延长的，报请最高人民法院批准。

人民法院改变管辖的案件，从改变后的人民法院收到案件之日起计算审理期限。

人民检察院补充侦查的案件，补充侦查完毕移送人民法院后，人民法院重新计算审理期限。

第二百零三条 人民检察院发现人民法院审理案件违反法律规定的诉讼程序，有权向人民法院提出纠正意见。

第二节 自诉案件

第二百零四条 自诉案件包括下列案件：

（一）告诉才处理的案件；

（二）被害人有证据证明的轻微刑事案件；

（三）被害人有证据证明对被告人侵犯自己人身、财产权利的行为应当依法追究刑事责任，而公安机关或者人民检察院不予追究被告人刑事责任的案件。

第二百零五条 人民法院对于自诉案件进行审查后，按照下列情形分别处理：

（一）犯罪事实清楚，有足够证据的案件，应当开庭审判；

（二）缺乏罪证的自诉案件，如果自诉人提不出补充证据，应当说服自诉人撤回自诉，或者裁定驳回。

自诉人经两次依法传唤，无正当理由拒不到庭的，或者未经法庭许可中途退庭的，按撤诉处理。

法庭审理过程中，审判人员对证据有疑问，需要调查核实的，适用本法第一百九十一条的规定。

第二百零六条 人民法院对自诉案件，可以进行调解；自诉人在宣告判决前，可以同被告人自行和解或者撤回自诉。本法第二百零四条第三项规定的案件不适用调解。

人民法院审理自诉案件的期限，被告人被羁押的，适用本法第二百零二条第一款、第二款的规定；未被羁押的，应当在受理后六个月以内宣判。

第二百零七条 自诉案件的被告人在诉讼过程中，可以对自诉人提起反诉。反诉适用自诉的规定。

第三节 简易程序

第二百零八条 基层人民法院管辖的案件，符合下列条件的，可以适用简易程序审判：

（一）案件事实清楚、证据充分的；

（二）被告人承认自己所犯罪行，对指控的犯罪事实没有异议的；

（三）被告人对适用简易程序没有异议的。

人民检察院在提起公诉的时候，可以建议人民法院适用简易程序。

第二百零九条 有下列情形之一的，不适用简易程序：

（一）被告人是盲、聋、哑人，或者是尚未完全丧失辨认或者控制自己行为能力的精神病人的；

（二）有重大社会影响的；

（三）共同犯罪案件中部分被告人不认罪或者对适用简易程序有异议的；

（四）其他不宜适用简易程序审理的。

第二百一十条 适用简易程序审理案件，对可能判处三年有期徒刑以下刑罚的，可以组成合议庭进行审判，也可以由审判员一人独任审判；对可能判处的有期徒刑超过三年的，应当组成合议庭进行审判。

适用简易程序审理公诉案件，人民检察院应当派员出席法庭。

第二百一十一条 适用简易程序审理案件，审判人员应当询问被告人对指控的犯罪事实的意见，告知被告人适用简易程序审理的法律规定，确认被告人是否同意适用简易程序审理。

第二百一十二条 适用简易程序审理案件，经审判人员许可，被告人及其辩护人可以同公诉人、自诉人及其诉讼代理人互相辩论。

第二百一十三条 适用简易程序审理案件，不受本章第一节关于送达期限、讯问被告人、询问证人、鉴定人、出示证据、法庭辩论程序规定的限制。但在判决宣告前应当听取被告人的最后陈述意见。

第二百一十四条 适用简易程序审理案件，人民法院应当在受理后二十日以内审结；对可能判处的有期徒刑超过三年的，可以延长至一个半月。

第二百一十五条 人民法院在审理过程中，发现不宜适用简易程序的，应当按照本章第一节或者第二节的规定重新审理。

第三章 第二审程序

第二百一十六条 被告人、自诉人和他们的法定代理人，不服地方各级人民法院第一审的判决、裁定，有权用书状或者口头向上一级人民法院上诉。被告人的辩护人和近亲属，经被告人同意，可以提出上诉。

附带民事诉讼的当事人和他们的法定代理人，可以对地方各级人民法院第一审的判决、裁定中的附带民事诉讼部分，提出上诉。

对被告人的上诉权，不得以任何借口加以剥夺。

第二百一十七条 地方各级人民检察院认为本级人民法院第一审的判决、裁定确有错误的时候，应当向上一级人民法院提出抗诉。

第二百一十八条 被害人及其法定代理人不服地方各级人民法院第一审的判决的，自收到判决书后五日以内，有权请求人民检察院提出抗诉。人民检察院自收到被害人及其法定代理人的请求后五日以内，应当作出是否抗诉的决定并且答复请求人。

第二百一十九条 不服判决的上诉和抗诉的期限为十日，不服裁定的上诉和抗诉的期限为五日，从接到判决书、裁定书的第二日起算。

第二百二十条 被告人、自诉人、附带民事诉讼的原告人和被告人通过原审人民法院提出上诉的，原审人民法院应当在三日以内将上诉状连同案卷、证据移送上一级人民法院，同时将上诉状副本送交同级人民检察院和对方当事人。

被告人、自诉人、附带民事诉讼的原告人和被告人直接向第二审人民法院提出上诉的，第二审人民法院应当在三日以内将上诉状交原审人民法院送交同级人民检察院和对方当事人。

第二百二十一条 地方各级人民检察院对同级人民法院第一审判决、裁定的抗诉，应当通过原审人民法院提出抗诉书，并且将抗诉书抄送上一级人民检察院。原审人民法院应当将抗诉书连同案卷、证据移送上一级人民法院，并且将抗诉书副本送交当事人。

上级人民检察院如果认为抗诉不当，可以向同级人民法院撤回抗诉，并且通知下级人民检察院。

第二百二十二条 第二审人民法院应当就第一审判决认定的事实和适用法律进行全面审查，不受上诉或者抗诉范围的限制。

共同犯罪的案件只有部分被告人上诉的，应当对全案进行审查，一并处理。

第二百二十三条 第二审人民法院对于下列案件，应当组成合议庭，开庭审理：

（一）被告人、自诉人及其法定代理人对第一审认定的事实、证据提出异议，可能影响定罪量刑的上诉案件；

（二）被告人被判处死刑的上诉案件；

（三）人民检察院抗诉的案件；

（四）其他应当开庭审理的案件。

第二审人民法院决定不开庭审理的，应当讯问被告人，听取其他当事人、辩护人、诉讼代理人的意见。

第二审人民法院开庭审理上诉、抗诉案件，可以到案件发生地或者原审人民法院所在地进行。

第二百二十四条 人民检察院提出抗诉的案件或者第二审人民法院开庭审理的公诉案件，同级人民检察院都应当派员出席法庭。第二审人民法院应当在决定开庭审理后及时通知人民检察院查阅案卷。人民检察院应当在一个月以内查阅完毕。人民检察院查阅案卷的时间不计入审理期限。

第二百二十五条 第二审人民法院对不服第一审判决的上诉、抗诉案件，经过审理后，应当按照下列情形分别处理：

（一）原判决认定事实和适用法律正确、量刑适当的，应当裁定驳回上诉或者抗诉，维持原判；

（二）原判决认定事实没有错误，但适用法律有错误，或者量刑不当的，应当改判；

（三）原判决事实不清楚或者证据不足的，可以在查清事实后改判；也可以裁定撤销原判，发回原审人民法院重新审判。

原审人民法院对于依照前款第三项规定发回重新审判的案件作出判决后，被告人提出上诉或者人民检察院提出抗诉的，第二审人民法院应当依法作出判决或者裁定，不得再发回原审人民法院重新审判。

第二百二十六条 第二审人民法院审理被告人或者他的法定代理人、辩护人、近亲属上诉的案件，不得加重被告人的刑罚。第二审人民法院发回原审人民法院重新审判的案件，除有新的犯罪事实，人民检察院补充起诉的以外，原审人民法院也不得加重被告人的刑罚。

人民检察院提出抗诉或者自诉人提出上诉的，不受前款规定的限制。

第二百二十七条 第二审人民法院发现第一审人民法院的审理有下列违反法律规定的诉讼程序的情形之一的，应当裁定撤销原判，发回原审人民法院重新审判：

（一）违反本法有关公开审判的规定的；

（二）违反回避制度的；

（三）剥夺或者限制了当事人的法定诉讼权利，可能影响公正审判的；

（四）审判组织的组成不合法的；

（五）其他违反法律规定的诉讼程序，可能影响公正审判的。

第二百二十八条 原审人民法院对于发回重新审判的案件，应当另行组成合议庭，依照第一审程序进行审判。对于重新审判后的判决，依照本法第二百一十六条、第二百一十七条、第二百一十八条的规定可以上诉、抗诉。

第二百二十九条 第二审人民法院对不服第一审裁定的上诉或者抗诉，经过审查后，应当参照本法第二百二十五条、第二百二十七条和第二百二十八条的规定，分别情形用裁定驳回上诉、抗诉，或者撤销、变更原裁定。

第二百三十条 第二审人民法院发回原审人民法院重新审判的案件，原审人民法院从收到发回的案件之日起，重新计算审理期限。

第二百三十一条 第二审人民法院审判上诉或者抗诉案件的程序，除本章已有规定的以外，参照第一审程序的规定进行。

第二百三十二条 第二审人民法院受理上诉、抗诉案件，应当在二个月以内审结。对于可能判处死刑的案件或者附带民事诉讼的案件，以及有本法第一百五十六条规定情形之一的，经省、自治区、直辖市高级人民法院批准或者决定，可以延长二个月；因特殊情况还需要延长的，报请最高人民法院批准。

最高人民法院受理上诉、抗诉案件的审理期限，由最高人民法院决定。

第二百三十三条 第二审的判决、裁定和最高人民法院的判决、裁定，都是终审的判决、裁定。

第二百三十四条 公安机关、人民检察院和人民法院对查封、扣押、冻结的犯罪嫌疑人、被告人的财物及其孳息，应当妥善保管，以供核查，并制作清单，随案移送。任何单位和个人不得挪用或者自行处理。对被害人的合法财产，应当及时返还。对违禁品或者不宜长期保存的物品，应当依照国家有关规定处理。

对作为证据使用的实物应当随案移送，对不宜移送的，应当将其清单、照片或者其他证明文件随案移送。

人民法院作出的判决，应当对查封、扣押、冻结的财物及其孳息作出处理。

人民法院作出的判决生效以后，有关机关应当根据判决对查封、扣押、冻结的财物及其孳息进行处理。对查封、扣押、冻结的赃款赃物及其孳息，除依法返还被害人的以外，一律上缴国库。

司法工作人员贪污、挪用或者私自处理查封、扣押、冻结的财物及其孳息的，依法追究刑事责任；不构成犯罪的，给予处分。

第四章　死刑复核程序

第二百三十五条　死刑由最高人民法院核准。

第二百三十六条　中级人民法院判处死刑的第一审案件，被告人不上诉的，应当由高级人民法院复核后，报请最高人民法院核准。高级人民法院不同意判处死刑的，可以提审或者发回重新审判。

高级人民法院判处死刑的第一审案件被告人不上诉的，和判处死刑的第二审案件，都应当报请最高人民法院核准。

第二百三十七条　中级人民法院判处死刑缓期二年执行的案件，由高级人民法院核准。

第二百三十八条　最高人民法院复核死刑案件，高级人民法院复核死刑缓期执行的案件，应当由审判员三人组成合议庭进行。

第二百三十九条　最高人民法院复核死刑案件，应当作出核准或者不核准死刑的裁定。对于不核准死刑的，最高人民法院可以发回重新审判或者予以改判。

第二百四十条　最高人民法院复核死刑案件，应当讯问被告人，辩护律师提出要求的，应当听取辩护律师的意见。

在复核死刑案件过程中，最高人民检察院可以向最高人民法院提出意见。最高人民法院应当将死刑复核结果通报最高人民检察院。

第五章　审判监督程序

第二百四十一条　当事人及其法定代理人、近亲属，对已经发生法律效力的判决、裁定，可以向人民法院或者人民检察院提出申诉，但是不能停止判决、裁定的执行。

第二百四十二条　当事人及其法定代理人、近亲属的申诉符合下列情形之一的，人民法院应当重新审判：

（一）有新的证据证明原判决、裁定认定的事实确有错误，可能影响定罪量刑的；

（二）据以定罪量刑的证据不确实、不充分、依法应当予以排除，或者证明案件事实的主要证据之间存在矛盾的；

（三）原判决、裁定适用法律确有错误的；

（四）违反法律规定的诉讼程序，可能影响公正审判的；

（五）审判人员在审理该案件的时候，有贪污受贿，徇私舞弊，枉法裁判行为的。

第二百四十三条 各级人民法院院长对本院已经发生法律效力的判决和裁定，如果发现在认定事实上或者在适用法律上确有错误，必须提交审判委员会处理。

最高人民法院对各级人民法院已经发生法律效力的判决和裁定，上级人民法院对下级人民法院已经发生法律效力的判决和裁定，如果发现确有错误，有权提审或者指令下级人民法院再审。

最高人民检察院对各级人民法院已经发生法律效力的判决和裁定，上级人民检察院对下级人民法院已经发生法律效力的判决和裁定，如果发现确有错误，有权按照审判监督程序向同级人民法院提出抗诉。

人民检察院抗诉的案件，接受抗诉的人民法院应当组成合议庭重新审理，对于原判决事实不清楚或者证据不足的，可以指令下级人民法院再审。

第二百四十四条 上级人民法院指令下级人民法院再审的，应当指令原审人民法院以外的下级人民法院审理；由原审人民法院审理更为适宜的，也可以指令原审人民法院审理。

第二百四十五条 人民法院按照审判监督程序重新审判的案件，由原审人民法院审理的，应当另行组成合议庭进行。如果原来是第一审案件，应当依照第一审程序进行审判，所作的判决、裁定，可以上诉、抗诉；如果原来是第二审案件，或者是上级人民法院提审的案件，应当依照第二审程序进行审判，所作的判决、裁定，是终审的判决、裁定。

人民法院开庭审理的再审案件，同级人民检察院应当派员出席法庭。

第二百四十六条 人民法院决定再审的案件，需要对被告人采取强制措施的，由人民法院依法决定；人民检察院提出抗诉的再审案件，需要对被告人采取强制措施的，由人民检察院依法决定。

人民法院按照审判监督程序审判的案件，可以决定中止原判决、裁定的执行。

第二百四十七条 人民法院按照审判监督程序重新审判的案件，应当在作出提审、再审决定之日起三个月以内审结，需要延长期限的，不得超过六个月。

接受抗诉的人民法院按照审判监督程序审判抗诉的案件，审理期限适用前款规定；对需要指令下级人民法院再审的，应当自接受抗诉之日起一个月以内作出决定，下级人民法院审理案件的期限适用前款规定。

第四编　执　行

第二百四十八条 判决和裁定在发生法律效力后执行。

下列判决和裁定是发生法律效力的判决和裁定：

（一）已过法定期限没有上诉、抗诉的判决和裁定；

（二）终审的判决和裁定；

（三）最高人民法院核准的死刑的判决和高级人民法院核准的死刑缓期二年执行的判决。

第二百四十九条 第一审人民法院判决被告人无罪、免除刑事处罚的，如果被告人在押，在宣判后应当立即释放。

第二百五十条 最高人民法院判处和核准的死刑立即执行的判决，应当由最高人民法院院长签发执行死刑的命令。

被判处死刑缓期二年执行的罪犯，在死刑缓期执行期间，如果没有故意犯罪，死刑缓期执行期满，应当予以减刑，由执行机关提出书面意见，报请高级人民法院裁定；如果故意犯罪，查证属实，应当执行死刑，由高级人民法院报请最高人民法院核准。

第二百五十一条 下级人民法院接到最高人民法院执行死刑的命令后，应当在七日以内交付执行。但是发现有下列情形之一的，应当停止执行，并且立即报告最高人民法院，由最高人民法院作出裁定：

（一）在执行前发现判决可能有错误的；

（二）在执行前罪犯揭发重大犯罪事实或者有其他重大立功表现，可能需要改判的；

（三）罪犯正在怀孕。

前款第一项、第二项停止执行的原因消失后，必须报请最高人民法院院长再签发执行死刑的命令才能执行；由于前款第三项原因停止执行的，应当报请最高人民法院依法改判。

第二百五十二条　人民法院在交付执行死刑前，应当通知同级人民检察院派员临场监督。

死刑采用枪决或者注射等方法执行。

死刑可以在刑场或者指定的羁押场所内执行。

指挥执行的审判人员，对罪犯应当验明正身，讯问有无遗言、信札，然后交付执行人员执行死刑。在执行前，如果发现可能有错误，应当暂停执行，报请最高人民法院裁定。

执行死刑应当公布，不应示众。

执行死刑后，在场书记员应当写成笔录。交付执行的人民法院应当将执行死刑情况报告最高人民法院。

执行死刑后，交付执行的人民法院应当通知罪犯家属。

第二百五十三条罪犯被交付执行刑罚的时候，应当由交付执行的人民法院在判决生效后十日以内将有关的法律文书送达公安机关、监狱或者其他执行机关。

对被判处死刑缓期二年执行、无期徒刑、有期徒刑的罪犯，由公安机关依法将该罪犯送交监狱执行刑罚。对被判处有期徒刑的罪犯，在被交付执行刑罚前，剩余刑期在三个月以下的，由看守所代为执行。对被判处拘役的罪犯，由公安机关执行。

对未成年犯应当在未成年犯管教所执行刑罚。

执行机关应当将罪犯及时收押，并且通知罪犯家属。

判处有期徒刑、拘役的罪犯，执行期满，应当由执行机关发给释放证明书。

第二百五十四条　对被判处有期徒刑或者拘役的罪犯，有下列情形之一的，可以暂予监外执行：

（一）有严重疾病需要保外就医的；

（二）怀孕或者正在哺乳自己婴儿的妇女；

（三）生活不能自理，适用暂予监外执行不致危害社会的。

对被判处无期徒刑的罪犯，有前款第二项规定情形的，可以暂予监外执行。

对适用保外就医可能有社会危险性的罪犯，或者自伤自残的罪犯，不得保外就医。

对罪犯确有严重疾病，必须保外就医的，由省级人民政府指定的医院诊断并开具证明文件。

在交付执行前，暂予监外执行由交付执行的人民法院决定；在交付执行后，暂予监外执行由监狱或者看守所提出书面意见，报省级以上监狱管理机关或者设区的市一级以上公安机关批准。

第二百五十五条　监狱、看守所提出暂予监外执行的书面意见的，应当将书面意见的副本抄送人民检察院。人民检察院可以向决定或者批准机关提出书面意见。

第二百五十六条　决定或者批准暂予监外执行的机关应当将暂予监外执行决定抄送人民检察院。人民检察院认为暂予监外执行不当的，应当自接到通知之日起一个月以内将书面意见送交决定或者批准暂予监外执行的机关，决定或者批准暂予监外执行的机关接到人民检察院的书面意见后，应当立即对该决定进行重新核查。

第二百五十七条　对暂予监外执行的罪犯，有下列情形之一的，应当及时收监：

（一）发现不符合暂予监外执行条件的；

（二）严重违反有关暂予监外执行监督管理规定的；

（三）暂予监外执行的情形消失后，罪犯刑期未满的。

对于人民法院决定暂予监外执行的罪犯应当予以收监的，由人民法院作出决定，将有关的法律文书送达公安机关、监狱或者其他执行机关。

不符合暂予监外执行条件的罪犯通过贿赂等非法手段被暂予监外执行的，在监外执行的期间不计入执行刑期。罪犯在暂予监外执行期间脱逃的，脱逃的期间不计入执行刑期。

罪犯在暂予监外执行期间死亡的，执行机关应当及时通知监狱或者看守所。

第二百五十八条　对被判处管制、宣告缓刑、假释或者暂予监外执行的罪犯，依法实行社区矫正，由社区矫正机构负责执行。

第二百五十九条 对被判处剥夺政治权利的罪犯，由公安机关执行。执行期满，应当由执行机关书面通知本人及其所在单位、居住地基层组织。

第二百六十条 被判处罚金的罪犯，期满不缴纳的，人民法院应当强制缴纳；如果由于遭遇不能抗拒的灾祸缴纳确实有困难的，可以裁定减少或者免除。

第二百六十一条 没收财产的判决，无论附加适用或者独立适用，都由人民法院执行；在必要的时候，可以会同公安机关执行。

第二百六十二条 罪犯在服刑期间又犯罪的，或者发现了判决的时候所没有发现的罪行，由执行机关移送人民检察院处理。

被判处管制、拘役、有期徒刑或者无期徒刑的罪犯，在执行期间确有悔改或者立功表现，应当依法予以减刑、假释的时候，由执行机关提出建议书，报请人民法院审核裁定，并将建议书副本抄送人民检察院。人民检察院可以向人民法院提出书面意见。

第二百六十三条 人民检察院认为人民法院减刑、假释的裁定不当，应当在收到裁定书副本后二十日以内，向人民法院提出书面纠正意见。人民法院应当在收到纠正意见后一个月以内重新组成合议庭进行审理，作出最终裁定。

第二百六十四条 监狱和其他执行机关在刑罚执行中，如果认为判决有错误或者罪犯提出申诉，应当转请人民检察院或者原判人民法院处理。

第二百六十五条 人民检察院对执行机关执行刑罚的活动是否合法实行监督。如果发现有违法的情况，应当通知执行机关纠正。

第五编 特别程序

第一章 未成年人刑事案件诉讼程序

第二百六十六条 对犯罪的未成年人实行教育、感化、挽救的方针，坚持教育为主、惩罚为辅的原则。

人民法院、人民检察院和公安机关办理未成年人刑事案件，应当保障未成年人行使其诉讼权利，保障未成年人得到法律帮助，并由熟悉未成年人身心特点的审判人员、检察人员、侦查人员承办。

第二百六十七条　未成年犯罪嫌疑人、被告人没有委托辩护人的，人民法院、人民检察院、公安机关应当通知法律援助机构指派律师为其提供辩护。

第二百六十八条　公安机关、人民检察院、人民法院办理未成年人刑事案件，根据情况可以对未成年犯罪嫌疑人、被告人的成长经历、犯罪原因、监护教育等情况进行调查。

第二百六十九条　对未成年犯罪嫌疑人、被告人应当严格限制适用逮捕措施。人民检察院审查批准逮捕和人民法院决定逮捕，应当讯问未成年犯罪嫌疑人、被告人，听取辩护律师的意见。

对被拘留、逮捕和执行刑罚的未成年人与成年人应当分别关押、分别管理、分别教育。

第二百七十条　对于未成年人刑事案件，在讯问和审判的时候，应当通知未成年犯罪嫌疑人、被告人的法定代理人到场。无法通知、法定代理人不能到场或者法定代理人是共犯的，也可以通知未成年犯罪嫌疑人、被告人的其他成年亲属，所在学校、单位、居住地基层组织或者未成年人保护组织的代表到场，并将有关情况记录在案。到场的法定代理人可以代为行使未成年犯罪嫌疑人、被告人的诉讼权利。

到场的法定代理人或者其他人员认为办案人员在讯问、审判中侵犯未成年人合法权益的，可以提出意见。讯问笔录、法庭笔录应当交给到场的法定代理人或者其他人员阅读或者向他宣读。

讯问女性未成年犯罪嫌疑人，应当有女工作人员在场。

审判未成年人刑事案件，未成年被告人最后陈述后，其法定代理人可以进行补充陈述。

询问未成年被害人、证人，适用第一款、第二款、第三款的规定。

第二百七十一条　对于未成年人涉嫌刑法分则第四章、第五章、第六章规定的犯罪，可能判处一年有期徒刑以下刑罚，符合起诉条件，但有悔罪表现的，人民检察院可以作出附条件不起诉的决定。人民检察院在作出附条件不起诉的决定以前，应当听取公安机关、被害人的意见。

对附条件不起诉的决定，公安机关要求复议、提请复核或者被害人申诉的，适用本法第一百七十五条、第一百七十六条的规定。

未成年犯罪嫌疑人及其法定代理人对人民检察院决定附条件不起诉有异议的，人民检察院应当作出起诉的决定。

第二百七十二条　在附条件不起诉的考验期内，由人民检察院对被附条件不起诉的未成年犯罪嫌疑人进行监督考察。未成年犯罪嫌疑人的监护人，应当对未成年犯罪嫌疑人加强管教，配合人民检察院做好监督考察工作。

附条件不起诉的考验期为六个月以上一年以下，从人民检察院作出附条件不起诉的决定之日起计算。

被附条件不起诉的未成年犯罪嫌疑人，应当遵守下列规定：

（一）遵守法律法规，服从监督；

（二）按照考察机关的规定报告自己的活动情况；

（三）离开所居住的市、县或者迁居，应当报经考察机关批准；

（四）按照考察机关的要求接受矫治和教育。

第二百七十三条　被附条件不起诉的未成年犯罪嫌疑人，在考验期内有下列情形之一的，人民检察院应当撤销附条件不起诉的决定，提起公诉：

（一）实施新的犯罪或者发现决定附条件不起诉以前还有其他犯罪需要追诉的；

（二）违反治安管理规定或者考察机关有关附条件不起诉的监督管理规定，情节严重的。

被附条件不起诉的未成年犯罪嫌疑人，在考验期内没有上述情形，考验期满的，人民检察院应当作出不起诉的决定。

第二百七十四条　审判的时候被告人不满十八周岁的案件，不公开审理。但是，经未成年被告人及其法定代理人同意，未成年被告人所在学校和未成年人保护组织可以派代表到场。

第二百七十五条　犯罪的时候不满十八周岁，被判处五年有期徒刑以下刑罚的，应当对相关犯罪记录予以封存。

犯罪记录被封存的，不得向任何单位和个人提供，但司法机关为办案需要或者有关单位根据国家规定进行查询的除外。依法进行查询的单位，应当对被封存的犯罪记录的情况予以保密。

第二百七十六条　办理未成年人刑事案件，除本章已有规定的以外，按照本法的其他规定进行。

第二章　当事人和解的公诉案件诉讼程序

第二百七十七条　下列公诉案件，犯罪嫌疑人、被告人真诚悔罪，通过向被害人赔偿损失、赔礼道歉等方式获得被害人谅解，被害人自愿和解的，双方当事人可以和解：

（一）因民间纠纷引起，涉嫌刑法分则第四章、第五章规定的犯罪案件，可能判处三年有期徒刑以下刑罚的；

（二）除渎职犯罪以外的可能判处七年有期徒刑以下刑罚的过失犯罪案件。

犯罪嫌疑人、被告人在五年以内曾经故意犯罪的，不适用本章规定的程序。

第二百七十八条　双方当事人和解的，公安机关、人民检察院、人民法院应当听取当事人和其他有关人员的意见，对和解的自愿性、合法性进行审查，并主持制作和解协议书。

第二百七十九条　对于达成和解协议的案件，公安机关可以向人民检察院提出从宽处理的建议。人民检察院可以向人民法院提出从宽处罚的建议；对于犯罪情节轻微，不需要判处刑罚的，可以作出不起诉的决定。人民法院可以依法对被告人从宽处罚。

第三章　犯罪嫌疑人、被告人逃匿、死亡案件违法所得的没收程序

第二百八十条　对于贪污贿赂犯罪、恐怖活动犯罪等重大犯罪案件，犯罪嫌疑人、被告人逃匿，在通缉一年后不能到案，或者犯罪嫌疑人、被告人死亡，依照刑法规定应当追缴其违法所得及其他涉案财产的，人民检察院可以向人民法院提出没收违法所得的申请。

公安机关认为有前款规定情形的，应当写出没收违法所得意见书，移送人民检察院。

没收违法所得的申请应当提供与犯罪事实、违法所得相关的证据材料，并列明财产的种类、数量、所在地及查封、扣押、冻结的情况。

人民法院在必要的时候，可以查封、扣押、冻结申请没收的财产。

第二百八十一条　没收违法所得的申请，由犯罪地或者犯罪嫌疑人、被告人居住地的中级人民法院组成合议庭进行审理。

人民法院受理没收违法所得的申请后，应当发出公告。公告期间为六个月。犯罪嫌疑人、被告人的近亲属和其他利害关系人有权申请参加诉讼，也可以委托诉讼代理人参加诉讼。

人民法院在公告期满后对没收违法所得的申请进行审理。利害关系人参加诉讼的，人民法院应当开庭审理。

第二百八十二条 人民法院经审理，对经查证属于违法所得及其他涉案财产，除依法返还被害人的以外，应当裁定予以没收；对不属于应当追缴的财产的，应当裁定驳回申请，解除查封、扣押、冻结措施。

对于人民法院依照前款规定作出的裁定，犯罪嫌疑人、被告人的近亲属和其他利害关系人或者人民检察院可以提出上诉、抗诉。

第二百八十三条 在审理过程中，在逃的犯罪嫌疑人、被告人自动投案或者被抓获的，人民法院应当终止审理。

没收犯罪嫌疑人、被告人财产确有错误的，应当予以返还、赔偿。

第四章　依法不负刑事责任的精神病人的强制医疗程序

第二百八十四条 实施暴力行为，危害公共安全或者严重危害公民人身安全，经法定程序鉴定依法不负刑事责任的精神病人，有继续危害社会可能的，可以予以强制医疗。

第二百八十五条 根据本章规定对精神病人强制医疗的，由人民法院决定。

公安机关发现精神病人符合强制医疗条件的，应当写出强制医疗意见书，移送人民检察院。对于公安机关移送的或者在审查起诉过程中发现的精神病人符合强制医疗条件的，人民检察院应当向人民法院提出强制医疗的申请。人民法院在审理案件过程中发现被告人符合强制医疗条件的，可以作出强制医疗的决定。

对实施暴力行为的精神病人，在人民法院决定强制医疗前，公安机关可以采取临时的保护性约束措施。

第二百八十六条 人民法院受理强制医疗的申请后，应当组成合议庭进行审理。

人民法院审理强制医疗案件，应当通知被申请人或者被告人的法定代理人到场。被申请人或者被告人没有委托诉讼代理人的，人民法院应当通知法律援助机构指派律师为其提供法律帮助。

第二百八十七条 人民法院经审理，对于被申请人或者被告人符合强制医疗条件的，应当在一个月以内作出强制医疗的决定。

被决定强制医疗的人、被害人及其法定代理人、近亲属对强制医疗决定不服的，可以向上一级人民法院申请复议。

第二百八十八条 强制医疗机构应当定期对被强制医疗的人进行诊断评估。对于已不具有人身危险性，不需要继续强制医疗的，应当及时提出解除意见，报决定强制医疗的人民法院批准。

被强制医疗的人及其近亲属有权申请解除强制医疗。

第二百八十九条 人民检察院对强制医疗的决定和执行实行监督。

附　则

第二百九十条 军队保卫部门对军队内部发生的刑事案件行使侦查权。

对罪犯在监狱内犯罪的案件由监狱进行侦查。

军队保卫部门、监狱办理刑事案件，适用本法的有关规定。

参考文献

［1］［美］盖瑞·史宾塞：《最佳辩护》，魏丰等译，世界知识出版社 2003 年版。

［2］陈光中主编：《〈中华人民共和国刑事诉讼法〉修改条文释疑与点评》，人民法院出版社 2012 年版。

［3］冀祥德主编：《新刑事诉讼法释疑》，中国政法大学出版社 2012 年版。

［4］程荣斌主编：《刑事诉讼法》，中国人民大学出版社 2013 年版。

［5］郭林虎主编：《法律文书情境写作教程》，中国检察出版社 2012 年版。

［6］陈瑞华：《看得见的正义》（第 2 版），北京大学出版社 2013 年版。

［7］谢佑平：《刑事司法程序的一般理论》，复旦大学出版社 2003 年版。

［8］［日］谷口安平：《程序的正义与诉讼》，刘荣军译，中国政法大学出版社 1996 年版。

［9］陈瑞华：《刑事审判原理论》，北京大学出版社 1997 年版。

［10］刘枚、洪道德编：《刑事诉讼法案例研习》，中国政法大学出版社 2013 年版。

［11］陈学权编：《模拟法庭实验教程》，高等教育出版社 2009 年版。

［12］刘晓霞主编：《模拟法庭》，科学出版社 2010 年版。

［13］［意］贝卡里亚：《论犯罪与刑罚》，黄风译，中国大百科全书出版社 1997 年版。

［14］杨宗辉主编：《刑事案件侦查实务》，中国检察出版社 2011 年版。

［15］古福生、王兵辉编：《刑事侦查卷宗组装模式与制作规范》，中国检察出版社 2005 年版。

［16］顾永忠等：《刑事辩护——国际标准与中国实践》，北京大学出版社 2012 年版。

［17］陈瑞华：《法律人的思维方式》，北京大学出版社 2011 年版。

［18］季卫东：《法治秩序的构建》，中国政法大学出版社 1999 年版。

［19］本书中的案例来源：最高人民法院官网→裁判文书→刑事案件。

［20］本书中的文书格式及范例来源：最高人民检察院信息公开网、公安部印发《公安机关刑事法律文书式样》（2012 版）。

后 记

　　本书是作者二十年来从事法学教育，探索诉讼法实践教学方法的一点经验总结，能以这样的方式与读者分享颇感欣慰。希望书中的教学方式能对从事诉讼法教学的同行和法学专业学生有所帮助和启示。在本书的资料收集、整理和写作过程中，特别感谢法学院于常青教授、赵丽副教授给予的帮助和鼓励，还要特别感谢法学院学生给予的配合，他们为书稿的修改提出了许多宝贵的建议，最后要特别感谢宁夏教育厅和北方民族大学法学院给予的经费支持！

梁旭红

2018 年 3 月于银川